W9-AXQ-723

EDITORIAL
UNILIT

KATHRYN KUHLMAN

LA MUJER DETRÁS DE LOS MILAGROS

Wayne E. Warner

Publicado por
Editorial **Unilit**
Miami, Fl, U.S.A.
Derechos reservados

1995 Primera edición

Original en inglés publicado por:
Servant Publications, Ann Arbor, Michigan
con el título: *Kathryn Kuhlman; The Woman Behind the Miracles*

Traducido al castellano por: Héctor Aguilar
Cubierta diseñada por: Rafael Bernal

Producto 550117
ISBN 1-56063-780-3
Impreso en Colombia
Printed in Colombia

A

Mis hijas y sus esposos
quienes me animaron todo el tiempo

Avonna y Tim Schirman
Lolisa y Tom Collins
Lori y Mark Mentze

y en memoria de su madre
Evangeline Joy (1935-1973)

CONTENIDO

Reconocimientos

MI PROFUNDO AGRADECIMIENTO es para con los muchos que me ayudaron en el proyecto de este libro, incluyendo a los amigos de la niñez de Kathryn Kuhlman en la ciudad de Concordia, Missouri; amigos y conocidos en el Noroeste, Denver, Franklin, Pennsylvania, Youngstown, Los Angeles y otros lugares a lo largo del camino.

Algunos merecen una mención especial por su ayuda; Larry Ahlborn (el «campeón mundial» en los recuerdos de Kathryn Kuhlman), Matthew Allender, Lottie Anthtony, mi personal en los archivos de las Asambleas de Dios –Glen Gohr, Joyce Lee, y Cindy Riemenchneider–, la doctora Dr. Edith Blumhofer, Dr. Richard Casdorph, Glen Ellard, Doug Grandstaff, la Fundación Kathryn Kuhlman, el Proyecto Lilly Endowment-funded –«Pentecostal Currents in the American Church» (Corrientes Pentecostales en la Iglesia Americana)–, Joe Marics y su personal en la Biblioteca del God Theological Seminary de las Asambleas de Dios, la Biblioteca de Mason City, Iowa, el Dr. Gary B. McGee, George Miller, Glen E. Seaborg, Ann Spangler y Beth Feia –de Servant Publications–, Robert Shuster y el personal de los archivos del Billy Graham Center, Ernie Tavilla, la doctora Elizabeth Vaughan, Millie Heldman, Harry Jackson, David Verzilli, Alice Westlake, y otros antiguos asociados de Kathryn Kuhlman.

Un agradecimiento especial para Grant Wacker, de la Universidad Duke, por leer el manuscrito y ofrecer sugerencias. Y tengo una deuda de gratitud con los biógrafos de Kathryn Kuhlman que me precedieron en forma impresa:

• Allen Spragget. *Kathryn Kuhlman: The Woman Who Believes in Miracles*, Thomas Y. Crowell Co., 1970.

• Jamie Buckingham. *Daughter of Destiny, Kathryn Kuhlman ... Her Story*, Logos, International, 1976.

• Helen Kooiman Hosier, *Kathryn Kuhlman, The Life She Led, The Legacy She Left*, Fleming House, 1990.

• Además, recibí la ayuda de dos disertaciones: *Charismatic Communication and Faith Healers: A critical Study of Rhetorical Behavior* por Todd Vernon Lewis, 1980; y *An Historical and Critical Study of the Pittsburgh Preaching Career of Kathryn Kuhlman* por Katherine Jane Leisering, 1981. • Un trabajo de 1984 por Larry C. Skogen, *Kathryn Kuhlman: A Bio-bibliography*, fue de mucha ayuda para los años de la señorita Kuhlman en Concordia.

Introducción

DESDE MIS PRIMEROS recuerdos, mis ocho hermanos y yo aprendimos en casa y en la iglesia que Dios sana a los enfermos. La mejor ilustración era mi padre. Mucho antes de que yo naciera se le diagnosticó cáncer, pero luego recibió una oración en una reunión de sanidad dirigida por el doctor Charles S. Price. El siguiente examen mostró que ya no tenía cáncer, y vivió hasta los 91 años.

¿Un diagnóstico equivocado? Hasta ahora no hay pruebas, pero siempre preferimos creer que Dios lo había sanado.

Después recuerdo que me enviaron en la mitad de la noche, junto con mi hermana Helen, a buscar ayuda porque mi hermano pequeño, George, estaba teniendo convulsiones y su mandíbula se había trabado. Mamá nos podría haber enviado por el doctor Atwood, el único doctor en aquel pequeño poblado de Oregon, pero sin vacilar nos dijo:

—¡Vayan por el hermano Gear!

El hermano Gear vino, ungió a George con aceite, oró, y vimos cómo se recuperó.

Aún no sabemos lo que sufría mi hermano, pero –como en el caso de Papá– decidimos pensar que Dios lo había sanado.   Con una niñez atada a la creencia de que la sanidad divina era posible, era natural que yo me interesara en los informes de las grandes reuniones de salvación y sanidad que empezaron después de la Segunda Guerra Mundial. Primero ocurrió con William Branham, quien comenzara con un pequeño ministerio en Indiana, para alcanzar luego una reputación internacional, mayormente a causa de la forma en que utilizaba la palabra de sabiduría y sanidad (dones espirituales registrados en 1ª Corintios 12). «Puede leer tus pensamientos», se nos había dicho, «y las personas eran sanadas».

Como estaba llegando a la pubertad, no estaba muy entusiasmada en alguien que pudiera leer mis pensamientos, no obstante aun así existía cierto interés. Luego el temor recorrió mi joven mente cuando mis amigos me hablaron sobre demonios que se precipitaban cerca del santuario. «Es mejor que cierres tus ojos cuando el hermano Branham le saque los demonios a alguien», me previnieron, «¡porque el demonio se te puede meter por lo ojos y en el alma!»

El hermano Gear debió saber que jugábamos ocasionalmente cuando él oraba por los enfermos en el altar de la Iglesia de la Biblia Abierta, pero jamás dijo nada sobre demonios que pudieran entrar por los ojos.

Por alguna razón –lo cual lamento en la actualidad– no pude ver al legendario William Branham en sus famosos servicio del noroeste, allá por 1947.

Luego empezaron a llegar los evangelistas en tiendas. A. A. Allen, Oral Roberts, Jack Coe y muchos más, aunque menos conocidos. Aún recuerdo el haber ayudado a colocar la gran tienda de Roberts en un terreno de Eugene. Mis amigos y yo jamás habíamos cargado tantas sillas en toda nuestra vida, pero nos encantó. Inclusive creí que Dios me estaba llamando para que condujera uno de los camiones de Roberts y para que lo ayudara en las cruzadas. Lo que pareció una confirmación cuando un amigo que trabajaba con Roberts me dijo que había soñado que yo viajaba con ellos. Pero el casarme y enrolarme en el Eugene Bible College cambió todo eso.

En pocas palabras, creo que se podría decir que mi interés en el movimiento de sanidad vino de forma natural. Y conforme han pasado los años, la experiencia y la teología han refinado mis puntos de vista.

Poco después de casarme, escuché a una mujer en la radio de Pittsburgh, su saludo era cariñoso y poco normal. «¡Hola a todos! ¿Estaban esperándome?» No pude decir que la esperaba, pero captó mi atención.

Su nombre era Kathryn Kuhlman. Ella también decía que Dios sanaba a los enfermos, y generalmente tenía historias convincentes para apoyar sus afirmaciones.

En el año 1976, al morir, todo el mundo estaba de acuerdo en que Kathryn Kuhlman debería ser recordada con algo más que libros, artículos y un especial de TV. ¿Cuál fue la magnitud del ministerio Kuhlman?

Predicó durante cuarenta y ocho años y volvió a llenar el Shrine Auditorium de Los Angeles en su último servicio. Es probable que haya publicado más libros de los que usted haya leído el año pasado, y algunos de sus libros han sido traducidos a trece idiomas. Produjo 500 programas de televisión, de los cuales todos han sido preservados. Produjo miles de programas de radio, muchos de los cuales están grabados en cintas. Dirigió servicios de sanidad en los cuales miles afirmaron que fueron sanados. Dio fondos para construir más de veinte edificios para iglesias en el extranjero. Fue honrada por varias ciudades, por el gobierno de Vietnam del Sur y por todo el mundo, desde los pobres inmigrantes del norte de Pittsburgh hasta el Papa Paulo VI.[1] Y actualmente hay gente que lee sus libros, que escucha sus sermones y que viaja cientos de kilómetros para ver sus videocasetes.[2]

No es algo pequeño.

Ella dijo ser la persona más común que jamás haya vivido, que nació sin ningún talento, «ni siquiera con cabello, sólo una pelusa rojiza». Decía que no tenía dones, nada que le pudiera ofrecer al Señor.

No lo crean.

Un comentarista dijo que ella fue «una mujer compleja, que variablemente exhibió una profunda consagración a Cristo, vanidad femenina, compasión por la gente, celo, sumisión al Espíritu Santo, por un lado credulidad y por otro sagacidad, y un enorme deseo de perseverar en el llamamiento de Dios».[3]

El alejarnos de la época de Kuhlman nos capacita para tomar una vista panorámica más amplia de sus contribuciones e influencias. Pude descubrir información adicional que desconocían los biógrafos Jamie Buckingham y Helen Kooiman Hosier, en 1976. Ningún investigador puede encontrar todo lo que se debe decir sobre una persona. Aun más, cada biógrafo se acercará a su sujeto con una actitud diferente, o utilizará material que los escritores anteriores eligieron no utilizar. Eso es parte de lo que hace que este libro sea peculiar.

Así como otros libros se apoyarán en el mío, este libro depende de biógrafos anteriores, aunque no solamente con la ventaja de proveer material nuevo, sino que también es capaz de evaluar su ministerio y darle a Kathryn Kuhlman el lugar que se merece en el movimiento de salvación y sanidad del siglo veinte. Desafortunadamente, algunos de los biógrafos anteriores fueron víctimas de la manera particular en que Kathryn Kuhlman controlaba la historia. He intentado dispersar algunos de los mitos investigando yo mismo y dándoles notas finales, cuidadosamente documentadas, para que pueda revisar las fuentes si lo desea.

Algunos argumentarán que a Kathryn Kuhlman se la puede colocar detrás de Oral Roberts, quien tuvo el mayor impacto entre los evangelistas de sanidad. Otros la colocarán en primer lugar. Creo que Oral tuvo el mayor impacto en los años sesenta, pero luego Kathryn Kuhlman tomó la delantera y mantuvo ese lugar hasta su muerte, una década después.

Considerando el nuevo material sobre la vida de Kathryn Kuhlman, hay mucho para tener en cuenta. No hay duda de que querrán saber qué sucedió con la Fundación Kuhlman después de 1976. ¿Qué sucedió con la gente que estaba cerca de ella? ¿Siguen en demanda sus libros y cintas? ¿Qué piensan los seguidores de Kuhlman sobre otros ministros que han copiado los servicios de milagros de Kathryn?

¿Es cierto que su hermana murió mientras cruzaba la calle, al igual que su padre, en el año 1943? ¿Es cierto que su antiguo esposo murió en la prisión, y que uno de sus colaboradores más cercanos fue encontrado culpable de fraude y sentenciado a pasar un tiempo en una penitenciaría? ¿Es verdad que algunos de sus seguidores no se pueden ajustar a otros ministerios y que todavía andan como errantes, pensando en los días de gloria del ministerio Kuhlman? No todas las respuestas están disponibles, pero he descubierto mucho en mis investigaciones sobre esta fascinante mujer.

¿Por qué debería estar interesado en la historia de Kathryn Kuhlman? Ella tuvo una posición única en el movimiento de salvación y sanidad posterior a la Segunda Guerra Mundial. No fue sólo una sanadora por fe (¡Ahhh!; ¡cómo me molestaba ese mote!) Ella fue un puente sobre el cual se unían las tradiciones religiosas –no como organizaciones sino en compañerismo y alabanza.

Siguiendo a Maria B. Woodworth-Etter (1844-1924) y a Aimee Semple McPherson (1890-1944), Kathryn Kuhlman continuó la tradición de sanidad con un ministerio femenino sin interrupción durante casi cien años. Aun con lo independientes que eran estas tres superestrellas, podrán darse cuenta que le daban poco crédito a otras personas por sus éxitos y por su ministerio. A Dios, claro que sí. Pero no a otros seres humanos –especialmente a otras mujeres.

Sería muy difícil colocar a las tres en el movimiento feminista —las tres saldrían volando de sus tumbas, enojadas, si lo hiciéramos— pero de una manera autoritaria grabaron su propia definición del feminismo. Esto incluía el derecho a predicar el Evangelio, orar por los enfermos, hablar con autoridad, dedicar a bebés, casar y sepultar a los muertos. Podrían haber sido acusadas de usurpar la autoridad de los hombres, pero miles de hombres las amaban y competían por tener un lugar cerca de estas evangelistas superestrellas.

Desde su tradición metodista y bautista en Concordia, Missouri, Kathryn Kuhlman se movía con libertad entre los movimientos pentecostales y carismáticos, los independientes, las denominaciones antiguas y la iglesia católica, no cerrándóse jamás a ningún grupo. En 1948, mientras los ecuménicos diseñaban programas para una unidad denominacional, Kathryn Kuhlman abrió las pesadas puertas del Carnegie Music Hall de Pittsburgh. Pasando a través de sus puertas y apresurándose a tomar un asiento llegaron los protestantes, los católicos, los ortodoxos orientales, los judíos y otros grupos, la mayoría relacionados con las iglesias existentes, aunque no todos. Y regresaron a la semana siguiente, y la siguiente.

Kathryn Kuhlman era ecuménica, pero sin una agenda enfocada en eso. Inclusive en la época de la Gran Depresión invitó a todas las denominaciones a sus servicios en el Denver Revival Tabernacle, los cuales se llevaban a cabo todas las noches, con excepción de los lunes. Y tenía una restricción con respecto a recoger a niños para que asistieran a la Escuela Dominical: los conductores no debían recoger a niños que estuvieran relacionados con otras iglesias.

No se hacía proselitismo en absoluto.

Cuando Kathryn Kuhlman murió, en 1976, dejó innumerables redes de comunión, al igual que muchas personas quedaron sin contacto por todo el mundo. Vale la pena —aunque se consuma tiempo— el seguir esos caminos y descubrir de pronto a personas por uno y otro lado. Si gusta de las historias sin ritmo de Charles Kuralt, gozará de algunas de las historias que he tomado de diferentes lugares de Norte América. Estos son algunos de los recuerdos de las personas que conocieron a Kathryn Kuhlman en los distintos capítulos de su vida y ministerio.

Una pregunta que surge invariablemente cuando se discute sobre Kathryn Kuhlman es si las personas realmente eran sanadas. Los escépticos continúan diciendo que, si en verdad ocurrieron sanidades en los «servicios de milagros» de Kathryn Kuhlman (siempre ponen la palabra *milagros* entre comillas), los destinatarios fueron sanados de problemas sicosomáticos y no de enfermedades orgánicas. Según ellos, la señorita Kuhlman simplemente presionaba el botón correcto que motivaba las curas. Un conocido cirujano llegó a escribir un libro negando las curaciones, diciendo que eran alivios temporales de problemas sicosomáticos. Estos problemas, aseguró, pueden regresar a las personas que afirman haber sido sanadas antes de que salgan del edificio.

Pero otro doctor lo refutó escribiendo otro libro, en el cual argumentaba –con pruebas de rayos-X y declaraciones médicas– que las enfermedades orgánicas realmente habían sido curadas por el ministerio de la señorita Kuhlman.

Si el segundo doctor tenía razón, ¿cuántas sanidades ocurrieron en el ministerio de la señorita Kuhlman? Alguien mencionó la cifra de dos millones, pero nadie parece saber cómo se llega a esa cifra.[4] Indudablemente, a quien afirmara tal cosa se lo presionaría para que mostrase un documento –el cual siempre era demandado por la señorita Kuhlman antes de publicar una sanidad,.

Pude seguir sólo unas cuantas de las afirmaciones de sanidad que sucedieron hace veinte o treinta años, sencillamente porque no hay registros disponibles. Mis contactos generalmente vinieron a través de largas llamadas telefónicas, pero valió la pena el esfuerzo. Hablé con Mary

Pettigrew de Cobden, Ontario después de leer *God Can Do It Again* (Dios puede hacerlo otra vez), en el cual describía su sanidad de esclerosis múltiple. Su doctor corroboró que había sido sanada, y su terapeuta apareció con la señora Pettigrew en el programa de televisión de la señorita Kuhlman *I Believe in Miracles* (Creo en los milagros). Ella y otras personas con las que hablé continúan tan emocionadas como cuando hablaron por primera vez acerca de su sanidad, añadiendo así credibilidad a sus historias.

Antes de inclinarse hacia un lado o hacia el otro en la pregunta de la sanidad, sugiero que lea los libros más vendidos de la señorita Kuhlman, *I Believe in Miracles* (Creo en los milagros, 1962), *God Can Do It Again* (Dios puede hacerlo otra vez, 1969) y *Nothing Is Imposible with God* (Con Dios nada es imposible, 1974). Estos libros tienen testimonios personales de gente que habla de sus enfermedades y de qué fue lo que sucedió cuando asistieron a un servicio de milagros. (Encontrará más sobre el controversial ministerio de sanidad en el capítulo 9).

Ya sea que usted decida descartar o no el ministerio de sanidad de Kathryn Kuhlman, encontrará difícil el decir que ella no creía en lo que predicaba. Y que no estaba dedicada a su llamamiento. Ella siempre dijo, sobre todas las cosas, que su vida pertenecía a Dios, y que estaba a sus órdenes.

Las personas que asistieron a sus servicios de milagros pero que jamás conocieron a la señorita Kuhlman, al igual que aquellos que estaban cerca de ella, le dirán que cuando ella le dio su vida a Dios, jamás la volvió a tomar.

Wayne Warner
Febrero 1993

UNO

El primer paso hacia un ministerio de sanidad

*«Entonces supe», en su conversión a los catorce años,
«lo que quería hacer: quería predicar, quería decirle
a todo el mundo lo que sentía, y eso es lo que estoy
intentando hacer, quiero hablar acerca de la Palabra de Dios».*
—KATHRYN KUHLMAN
PITTSBURGH SUN TELEGRAM, 6 DE DICIEMBRE DE 1948

LA EVANGELISTA Kathryn Kuhlman había predicado antes en Pittsburgh, pero jamás había tenido grandes multitudes escuchándola. Empezando en julio de 1948, y tres veces a la semana, cientos esperaban afuera del North Side Carnegie Music Hall desde muy temprano hasta que abrían las puertas a las 3:30 de la tarde para el servicio de la noche.

Las multitudes estaban allí para escuchar a la «Dama predicadora». Muchos venían con la esperanza de ser sanados, mientras ella hablaba muy emocionada sobre sus temas favoritos: nacer de nuevo y creer que Dios podía hacer milagros.

Las personas que asistían a las reuniones podían esperar ver a aquellos que estaban lisiados, levantarse de sus sillas de ruedas, caminar y salir del edificio afirmando que habían sido sanados. Algunos de los afligidos que habían entrado iban con males desde el acné hasta el cáncer, y de simples verrugas hasta tumores, compartiendo con los presentes que ellos también habían sido sanados. Otros se quitaban las vendas, tiraban sus muletas, y por fe daban sus primeros pasos, mientras que otros afirmaban que de repente habían tenido una sensación de calor sobre las áreas en que sentían molestias.

Todo esto sucedía mientras Kuhlman predicaba o apuntaba con su dedo hacia una sección, como por ejemplo el balcón, y declaraba: «Dios está sanando a alguien en el balcón». Y luego mencionaba un mal en forma específica. De pronto, cambiando su atención hacia el piso principal, podía decir: «Alguien está siendo sanado de sordera», y continuaba señalando de un lado a otro. Luego llegaba el momento cuando se les pedía, a aquellos que creían que habían sido sanados, que pasaran al frente y hablaran sobre el milagro ocurrido.

Las personas siempre aceptaban la invitación y caminaban hacia la plataforma en donde ella les preguntaba sobre su enfermedad y curación. Si habían estado paralíticos, les pedía que caminaran por la plataforma para demostrar que habían sido sanados. Si habían estado sordos, probaba sus oídos. Luego les pedía que hicieran una cita con sus respectivos doctores para que tuvieran la seguridad de que habían sido sanados.

El periódico local *Pittsburgh Press* tomó nota de lo que estaba sucediendo en el lado norte de la ciudad. El 5 de agosto de 1948 un encabezado decía que la organización de Kathryn Kuhlman había puesto «la fe en remate». Los ministros locales estaban divididos en esta cuestión. Algunos le brindaron todo su apoyo, mientras que otros criticaban lo que hacía y afirmaban que predicaba una doctrina falsa. Para algunos ella fue sólo un fraude; para otros era un don de Dios para el sufrimiento de la humanidad.

Más tarde, en 1950, después de una investigación considerable, la revista *Redbook* le dio publicidad nacional a Kathryn Kuhlman con un artículo titulado: «¿Puede la fe en Dios sanar a los enfermos?» La revista afirmaba que los muchos informes increíbles de casos de sanidad de Pittsburgh iban más allá de cualquier contradicción.[1]

No hay duda del por qué la sala se atestó de personas cuando se escuchó que los milagros sucedían de una manera regular en Pittsburgh. Los enfermos que estaban ahorrando su dinero para ir en peregrinación al Santuario de Lourdes ahora venían a Pittsburgh. Venían por avión, auto, tren, autobuses rentados –de cualquier forma que podían– para llegar al nuevo altar de curación de América. En otro servicio, inclusive antes de que fuese publicado el artículo de *Redbook* , dieciocho estados habían estado presentes.

Aquellos a quienes no les era posible llegar a Pittsburgh –algunos de ellos muy enfermos– escribían cartas a la predicadora. Recibía más de mil cartas regulares diarias, más un promedio de veinte cartas certificadas y telegramas. Todo en un solo día.

Ella a menudo exclamaba: «Creo en los milagros, porque creo en Dios». A quienes buscaban su toque de sanidad les decía que ella no tenía poder de sanidad, que ella no tenía nada que ver con los milagros; explicaba que era el Espíritu Santo el que ministraba a los paralíticos y a los enfermos. «Yo le muestro a las personas la fe y ellos la ven, tienen fe y se les permite ser sanados».[2]

A través de un sermón en la mezquita siria de Pittsburgh, Kuhlman sintió que las 4.500 personas que estaban en el edificio estaban esperando sus milagros –un problema que ella debería confrontar por el resto de sus días. «Por favor, por favor, quiten sus miradas de Kathryn Kuhlman», les rogaba. «Pongan sus ojos y su fe en Dios».[3] Aun así, miles llegaban a Pittsburgh para ser tocados por ella y escuchar una palabra suya.

En Pittsburgh, a principios de su ministerio, las preguntas que más frecuentemente se hacían sobre Kathryn Kuhlman eran sobre quién era y de dónde había venido.

Ella era de Missouri de nacimiento, pero vivía en Franklin, Pennsylvania, cerca de 160 kilómetros al norte de Pittsburgh, donde predicaba en el Templo de Fe los domingos. Fue en Franklin donde se informó de sus primeros milagros. Eran personas que estaban sentadas en la congregación las que testificaban que habían sido sanadas. Kathryn pronto determinó que, ya que Dios es soberano, su Espíritu Santo haría sanidades en una atmósfera de fe y expectación. Las largas filas de oración –las cuales ella había utilizado anteriormente– no eran ahora necesarias, y eso la separó de aquellos predicadores que hacían formar filas de enfermos para orar por ellos.

Ella vino a tener reuniones en Pittsburgh el 4 de julio de 1948, sin saber el tiempo que se iba a quedar. Cinco meses después dijo que se iba a quedar «hasta que mi trabajo aquí esté terminado».[4] Y así fue; su obra terminó en Pittsburgh el día de su muerte, veintiocho años después.

Antes de mudarse a Franklin, en 1946, Kuhlman había sido una evangelista nómada. Jamás vivió en ningún lugar por más de cinco años desde que salió de Concordia, una comunidad del centro de Missouri, cuando tenía tan sólo diecisiete años. Allí fue cuando dejó el bachillerato para viajar con su hermana Myrtle y su cuñado Everett Parrott, en el circuito de reuniones en tiendas, durante el verano de 1924.

Los Parrott no sólo fueron la inspiración de Kathryn para convertirse en evangelista –e instructores en todas las áreas del evangelismo en carpas– sino que también la introdujeron en la sanidad por fe, el ministerio por el cual es más conocida. La tendencia de Kathryn hacia el pentecostalismo puede atribuírsele tempranamente a los Parrott.

Con esa clase de influencia, las vidas y el ministerio de los Parrott merece un vistazo más de cerca.

Nativo de Missouri, Everett Parrott creció en una iglesia metodista, donde sintió el llamamiento al ministerio. Después de haber estudiado en lo que ahora es la Universidad Estatal del Centro de Missouri, en Warrensburg, ingresó al Instituto Bíblico Moody, en Chicago, y se graduó en 1914.

Su relación con los Kuhlman empezó en 1913, cuando dirigía una reuniones de avivamiento durante las vacaciones de verano. Desde su pueblo natal, el pueblo de Missouri que ostenta el nombre muy singular de Knob Noster, la atención de Parrott fue atraída hacia lo que él llamaba «la mala» Concordia, unos treinta y cinco kilómetros al noroeste.

Allí fue cuando Myrtle Kuhlman conoció a su futuro esposo. Myrtle escribió: «Tomé un periódico del día, y en la primera página había un encabezado que decía: "Metodistas y bautistas se unen en avivamiento"»[5] Incapaz de sacar de su mente el nombre de Parrott, esperaba con ansiedad el primer servicio del domingo. Ese domingo por la mañana, mientras Myrtle enseñaba su clase de Escuela Dominical en la iglesia bautista, su corazón casi se le sube a la garganta: pasando por la puerta y con una Biblia en la mano, entró el evangelista Parrott, de veintitrés años de edad, el hombre más guapo que ella jamás había visto. Caminó hacia el frente, tomó asiento y escuchó atentamente, mientras la joven Myrtle intentaba nerviosamente terminar con su lección. Más tarde, Myrtle, al igual que otras chicas de su edad en Concordia, escuchó predicar al evangelista, pero parecía más interesada en hablar con Parrott, el nuevo solterón más codiciado de Concordia.

«Mis amigas se estaban familiarizando con él», dijo Myrtle. «Lo invitaron a sus casas, y noté que iban a la misma esquina donde él se encontraba, pero jamás me habló a mi. Pensé que ni siquiera se había percatado que existía».[6]

Pero Parrott ya había puesto su mirada en Myrtle. Era bella, con personalidad, y, probablemente lo más importante, podía tocar el piano y el órgano, habilidades esenciales en la esposa de un evangelista. Después de la reunión en Concordia, Parrott sorprendió a Myrtle con una carta desde el siguiente lugar donde habría reuniones de avivamiento, una iglesia presbiteriana a veinticuatro kilómetros de distancia. Era una invitación para tocar el órgano, orar y dar consejería alrededor del altar en sus reuniones de avivamiento.

La sorprendida –aunque complacida– Myrtle le pasó la carta a sus padres, Joe y Emma Kuhlman. La respuesta de su padre era de esperarse: «No; no puede ir. Nunca me han gustado los predicadores.»

Y en realidad, no le gustaban.

Afortunadamente, Parrott escribió –tal vez no era completamente cierto lo que decía– que su invitación no era por razones personales sino para el avance del Reino. Sólo por ello, Joe y Emma le dieron permiso a su hija para que ayudara al joven evangelista. Esa decisión no sólo dictaría el futuro de Myrtle hacia el ministerio, sino también el de su hermana Kathryn, de tan sólo seis años de edad.

Como lo contó Myrtle posteriormente, estuvo con Parrott en las reuniones, tocando el órgano y dando consejería a las personas después del sermón. Entre más conocía al joven evangelista, más convencida estaba de que Dios los había unido para ministrar como equipo y ganar almas para el reino. ¿Qué mejor llamamiento puede uno tener? Y ¿qué mejor manera para salir de Concordia?

Por supuesto, Everett iba un paso más adelante que Myrtle.

Contra la voluntad de sus padres, Myrtle se casó con Everett Parrott –a quien ella siempre llamó «señor»– poco tiempo después, el 6 de octubre de 1913, marchándose a Chicago. Myrtle recordaba, veintidós años después: «Nos inscribimos en la escuela [Seminario Bíblico Moody] un día después de habernos casado, y hemos continuando con todo nuestro ahínco desde ese entonces. Aún no hemos tenido nuestra luna de miel».[7]

Después de la graduación de Everett, la joven pareja salió a ganar el mundo para Cristo. El entrenamiento en Moody los había preparado para evangelizar fuera de la iglesia, incluyendo reuniones en tiendas, carretas, reuniones en la calle, distribución de literatura y trabajo personal. Parte de este mismo entrenamiento fue el que le pasaron a Kathryn posteriormente, en el Noroeste.

A través de los años y de los kilómetros, los Parrott aprendieron a ponerle buena cara a los malos tiempos –todo como parte del compromiso que los evangelistas aceptaban.

Mientras tenían una serie de reuniones en Des Moines, una persona entró por la noche, bañó la tienda con aceite y provocó un incendio. Afortunadamente nadie salió herido y el pastor que los invitó pudo organizar un equipo de limpieza y recaudó dinero para comprar una tienda más grande. Con toda la publicidad gratuita, Everett Parrott le predicó a una multitud más grande de la que había antes del incendio.

Unos cuantos años más tarde, en St. Louis, un tornado despedazó la tienda. Nuevamente un mejor lugar de adoración fue provisto, esta vez el Auditorio Keil.[8]

La exposición inicial de Kathryn al movimiento pentecostal –el cual enseña que el bautismo del Espíritu Santo está acompañado del hablar en lenguas, como la experiencia de los 120 en el día de Pentecostés– vino como el resultado indirecto del interés de su cuñado por una reunión de evangelismo que Charles S. Price dirigía en Albany, Oregon.

Price, un antiguo pastor congregacional en Lodi, California, había sido bautizado en el Espíritu bajo el ministerio de la evangelista Aimee Semple McPherson unos años antes. Entonces Price, de voz baja pero con una gran habilidad en la oratoria, inició sus propias campañas de sanidad por todo el país y en Canadá. Parrott subsecuentemente se convirtió en pentecostal a través de la consejería y de las oraciones de Price.

Los Parrott ya habían estado en el campo evangelístico durante diez años para la primavera de 1924, cuando Kathryn terminó su segundo año en el bachillerato de Concordia. Aunque se había convertido tres años antes, aparentemente jamás había estado bajo una disciplina cristiana. Admitió, años después, al enseñar sobre el Señor como un abogado, que ella estaba muy lejos de la perfección después de su conversión. «No me atrevería a decirle a ninguna persona, ni decirle de cara al mundo, que desde que tuve esa maravillosa experiencia haya vivido una vida de perfección». Y luego añadió: «Tengo amigos que lo saben muy bien».[9]

Una compañera de escuela que sabía de aquellos años críticos, habló sobre la falta de perfección en la vida de Kathryn y de la relación que tenía con sus padres. «Sus padres no la podía dominar», recordaba Ann Drummond.[10] Es posible que eso haya ayudado para que Joe y Emma decidieran permitir que la inquieta adolescente se fuera con los Parrott.

Pero Kathryn no fue la única de los Kuhlman que experimentó inquietud esa primavera. Myrtle estaba sintiendo el estrés de viajar de un poblado a otro y ministrar con su esposo noche tras noche. Siempre ayudaba a Everett a levantar y quitar la tienda, a tocar el piano, predicar y ayudar en las reuniones. Ella deseaba estar tranquila por un tiempo, pero Everett sentía que Dios lo había llamado para ser un evangelista itinerante. Desde ya, Myrtle iba a cualquier lado donde Everett tenía reuniones.

A pesar del disgusto que esto le causaba a su esposo, había ocasiones en que Myrtle salía del servicio, en lugar de permanecer sentada a lo largo de un sermón que había escuchado innumerables veces.

Mientras visitaba a su familia en Concordia esa primavera, Myrtle le sugirió a Kathryn que viajara con ellos durante el verano. Eso rompería la monotonía de Myrtle, mientras que para Kathryn seguramente sería más entretenido que estar viendo entrar y salir de Concordia al vapor Missouri Pacific. Kathryn estaba dispuesta, todo lo que las hermanas necesitaban era el permiso de Joe y Emma Kuhlman.

Myrtle recuerda: «Mamá estaba un poco seria, y al principio su respuesta fue no. Temiendo que Papá y Mamá no la dejaran ir, me pasé la noche orando».[11]

Después de dos días de conversaciones, los Kuhlman decidieron que Kathryn iría al Noroeste y viajaría con los Parrott. Tal vez eso la ayudaría a madurar. Tal vez así tomaría la vida con mayor seriedad. Kathryn no lo sabía en ese momento, pero jamás volvería llamar a Concordia, su hogar. Esa decisión tan sencilla en la gran casa de la calle St. Louis –aun tan insignificante como parecía en ese momento– ayudaría a moldear su vida para tener un ministerio internacional de predicación y sanidad.[12]

El verano que viajó con la tienda de evangelismo –llamado «el camino de polvo», debido al polvo que había en el piso de la tienda– pasó rápidamente. Kathryn se adaptó a la rutina de los Parrott: llegar a un pueblo, poner la tienda, distribuir folletos por las calles, invitar a las personas a «la catedral de lona», y prepararse para las reuniones de la noche. Eso incluía lavar, almidonar y planchar las camisas de Everett.

Cantos fervientes y oraciones en voz alta siempre acompañaban a un servicio de verano en la tienda. Eran raras las noches cuando los fieles podían gozar de un servicio sin tener que espantar a las moscas y a los mosquitos, y sin tener que echarse aire para mantenerse frescos. Como los Parrott trabajaban por sí solos, sin un sueldo que los respaldara, no había ningún servicio donde no se le pidiera al rebaño que diera generosamente para los gastos, o que diera «una ofrenda de amor».

Algunas noches las cestas sólo tenían unas cuantas monedas, las cuales no eran lo suficiente para sufragar los gastos. Triste, aunque no desanimado, el equipo aprendió a orar y creer por una ofrenda mayor la noche siguiente. *Tal vez esta será la noche en que alguien ponga un billete de diez dólares en la mano o en el bolsillo de uno de los miembros del equipo, después del servicio.*

Un número especial de música seguía a la ofrenda y a los anuncios. Luego venía la potente predicación de Everett. Hay testigos que recuerdan que era un buen predicador –más fuerte en el evangelismo y en la sanidad de lo que era en la enseñanza. Y siempre era mejor cuando tenía a Myrtle respaldándolo en «su esquina del amén». Uno de sus sermones se tituló: «Sé un tocador», por la historia de la mujer que tocó la túnica de Jesús. David Verzilli recuerda haber escuchado a Parrott predicar ese sermón en New Castle, Pennsylvania, en 1948. «Gritaba: "¡Sé un tocador! ¡Sé un tocador! ¡Sé un tocador!"», y añade: «A la tercera vez, Myrtle levantaba sus manos y exclamaba, ¡y he de decir que eso hacía que el poder fuera derramado!»[13]

Al decir «Todas las cabezas inclinadas y todos los ojos cerrados», Parrott entraba en un llamamiento apasionado, dirigido a los pecadores, para que pasaran al altar y allí pudieran pedirle perdón a Dios y recibir a Cristo como su Salvador.

Myrtle recordaba uno de esos llamamientos al altar en Brownsvile, Oregon, durante el verano de 1924. Vio como Dios trabajaba en el futuro ministerio de Kathryn –aunque ni ella ni su esposo veían el potencial de Kathryn en ese momento. Una noche después del llamamiento típico, sólo seis personas respondieron. Myrtle jamás olvidó la escena siguiente. «Caminando hacia el auto conmigo, Kathryn clamó: "¡No puedo soportarlo! ¡No puedo soportarlo!"»[14]

Cuando la sorprendida Myrtle le preguntó qué era aquello que la molestaba, Kathryn respondió que sólo seis personas respondieron a la invitación de estar bien con Dios. Después de ver reuniones anteriores donde grandes números respondían, Kathryn sabía que más personas habían recibido a Jesús como su Salvador.

Myrtle empezó a pensar en la posibilidad de que Dios estuviera llamando al ministerio a su hermana menor. Como Myrtle lo descubriría después, Kathryn estaba pensando en lo mismo. Veinticinco años más tarde, Kathryn habló sobre su «llamamiento»: Una noche, sentada en la pequeña iglesia de su cuñado (probablemente se refería a la carpa), supo que ella también quería unirse al ministerio.[15]

No teniendo hijos propios sino hasta que adoptaron una hija veinticinco años después de haberse casado, los Parrott tomaron a Kathryn como si fuera su propia hija. El cambio aparentemente ayudó a los tres ese verano.

Con ello vino el consejo materno de Myrtle. «Myrtle tenía un temor constante de que yo fuera a ser una desgracia para ellos», comentaba risueña Kathryn. «Recuerdo a Myrtle diciéndome cientos de veces al día: "No cruces las piernas"»[16]

En ocasiones Parrott llamaba a su cuñada para que recitara algún poema y que hablara sobre su conversión en la iglesia metodista, allá en su pueblo natal de Concordia.

Kathryn jamás se cansó de recordar esa experiencia de 1921, la cual siguió un servicio de domingo por la mañana. Ni siquiera todo el esplendor del centenario de Missouri ocurrido ese año podía estar por encima de la experiencia espiritual de la cual hablaría por el resto de su vida.

Años después, Kathryn llevó a algunas personas de su ministerio en un viaje a Concordia, mientras tenía unas reuniones en Kansas City. Entonces tuvo lugar en la iglesia metodista. Aunque la blanca iglesia de la esquina le parecía mucho más pequeña de lo que ella recordaba cuando era niña, seguía siendo el mismo edificio familiar. La misma campana, los mismos bancos, las mismas pasarelas y el mismo púlpito. Los recuerdos inundaron su mente y su corazón conforme caminaba hacia el santuario.

«Recordé aquel domingo por la mañana de hacía tantos años. Allí de pie, sosteniendo el himnario metodista en mis manos, estaba parada junto a Mamá...

»Ese domingo fue mi primera introducción al Espíritu Santo. No sabía nada acerca de la tercera persona de la trinidad, pero Él vino con una gran convicción sobre mí. Y estando allí, sosteniendo el himnario metodista entre mis manos, empecé a temblar con una gran convicción. Sólo tenía catorce años –así que hice la única cosa que sabía hacer. Me hice a un lado de donde estaba, fui al banco de enfrente, me senté en el rincón, y lloré.

»No fue por tristeza, sino por lo grande de los sentimientos que vinieron sobre mi. Algo me había sucedido...

»Supe, que en ese exacto momento, había nacido de nuevo...

»En ese momento, Jesucristo se convirtió en algo real en mi corazón.»[17]

Tres años después de su experiencia en la Iglesia Metodista, mientras viajaba por el noroeste con Everett y su hermana Myrtle, esa historia causaba gran impacto en la audiencia cada vez que se le pedía a Kathryn que la relatara. Algunos podrían haber pensado en otra cosa mientras Parrott hablaba del infierno en sus sermones, pero todos escuchaban el testimonio de Kathryn, una historia de gracia que redime, con el toque particular del Espíritu Santo.

Al finalizar ese corto verano, la delgada y pelirroja Kathryn Kuhlman, de diecisiete años de edad, sonaba cada vez más como una mujer predicadora.

DOS

El entrenamiento en el Oeste
Un secreto bien guardado

«Cuando el Instituto Bíblico Simpson abrió sus puertas
para iniciar el semestre de otoño de 1924,
tanto el estudiantado como los facultativos notaron
a la muchacha bautista de diecisiete años, pelirroja,
delgada y vivaz, de Concordia, Missouri ....
La gran pregunta era si la nueva chica de Missouri,
de fuerte acento sureño, estaba lista para la clase de reglamentos
de los institutos bíblicos de los años 20».

HACIA FINALES DEL verano del año 1924, Kathryn
planeó dejar a los Parrott en el noroeste y regresar a
Concordia a terminar el bachillerato. Tenía mucho que contarle a sus amigos –algunos de ellos jamás habían salido de
la pequeña Concordia– sobre el ministerio tan peculiar que
había tenido durante el verano. Pero esos planes fueron

interrumpidos antes de que ella abordara el tren hacia Missouri. Cuando llegó el momento de partir, Kathryn ya no quería marcharse.

Posteriormente reconoció que el rehusarse fue algo del Espíritu Santo, y constituiría el principio de un nuevo capítulo en su vida. Después de experimentar el mundo que había fuera de Concordia, algo, en algún otro lado debería ser más emocionante que regresar a terminar sus dos últimos años de bachillerato. Y así fue. Seattle, en el estado de Washington, era aquél lugar.

Myrtle se había enterado de que un instituto bíblico de la Alianza Cristiana y Misionera había abierto sus puertas en Seattle, en una mansión de veintiséis habitaciones, tan sólo cuatro años atrás. Las buenas nuevas era que el Instituto Bíblico Simpson aceptaba a estudiantes prometedores, sin que contaran con el diploma del bachillerato.

¿Qué más podía pedir Kathryn?

Cuando el Instituto Bíblico Simpson abrió sus puertas para iniciar el semestre de otoño de 1924, tanto el estudiantado como los facultativos notaron a la muchacha bautista de diecisiete años, pelirroja, delgada y vivaz, de Concordia, Missouri. Los directores del Simpson también se dieron cuenta de que podía dar un buen testimonio de su conversión, y de que también había seguido al Señor con el bautismo de agua. Asimismo, su ayuda en las reuniones en carpa durante los tres meses previos hablaba de su interés por las cosas espirituales.

La gran pregunta era si la nueva chica de Missouri, de fuerte acento sureño, estaba lista para la clase de reglamentos de los institutos bíblicos de los años 20. ¿Podría con los trabajos de la universidad? ¿Estaba lista para dejar a un lado la mayor parte de su vida social? ¿Podría adaptarse a la vida de los dormitorios? ¿Cómo lo pasaría, estando a 3.200 kilómetros de su familia?

Sólo el tiempo lo diría. El decano Newberry y otros facultativos estaban dispuestos a darle una oportunidad a

Kathryn. Ninguna escuela del país podía estar más preocupada por entrenar a hombres y mujeres para el ministerio y los campos misioneros del mundo que el Instituto Bíblico Simpson. Para algunos, el Simpson era la preparación para un llamado divino al pastorado, o para ir al Tíbet, al África o a algún otro peligroso campo misionero. Era algo serio, y normalmente atraía estudiantes que habían puesto a un lado sus deseos juveniles.

El instituto tomó este nombre por el venerable Albert B. Simpson, fundador de la Alianza Cristiana y Misionera. Los profesores del Simpson podían ser tan serios en sus enseñanzas y el modelo a seguir como el mismo doctor A.B. Simpson.

Es probable que Kathryn jamás hubiera escuchado hablar de A.B.Simpson, como tampoco de la Alianza Cristiana y Misionera antes de mudarse a aquel dormitorio de Seattle. A la edad de diecisiete años, y siendo un año o dos menor que la mayoría de los estudiantes de nuevo ingreso, Kathryn estaba dividida entre la vida piadosa –que Simpson enfatizaba– y los placeres de este mundo– que promovían los escandalosos años veinte.

Roy Southard, quien ahora es un pastor ya retirado en Seattle, se familiarizó mucho con Kathryn mientras cantaban juntos en el mismo cuarteto. El recordaba lo siguiente sobre su compañera de clase en Simpson, en los años 1924-1926: «Era una estudiante excelente, apreciada y siempre dramática».[1]

Otra amiga del seminario, quien hablaba libremente de su amistad con Kathryn –pero que no quiso que su nombre se mencionara– describía a Kathryn como alguien que tenía «mucho sentido del humor y una tremenda fe; como la de una niña pequeña».

Una de las colaboradoras de Kathryn, unos años más tarde, vio un lado diferente de su querida amiga –el lado que la metió en serios problemas en el instituto bíblico. «No era un ángel», recordaba Lottie Anthony, al hablar sobre la educación de Kathryn en la escuela bíblica. «Cuando viajábamos hacia los servicios de avivamiento, Kathryn contaba sobre el tiempo que pasó en Seattle. Me contó cómo se escapaba del dormitorio a través de la ventana, después de la hora que ya nadie debía salir fuera», así como del muchacho con quien se encontraba, quien también se había escapado por su respectiva ventana. Las amistades que conocían esos encuentros sabían que no tendrían un final feliz.[2]

Aunque Kathryn era muy popular y sacaba buenas calificaciones –excepto un curso de homilética que reprobó– años después casi nadie sabía que había asistido al Instituto Bíblico Simpson.[3] A menudo ilustraba sus sermones con historias de Concordia y de Idaho, pero nunca de Seattle. Había eliminado de su conversación su tiempo en Seattle, de la misma manera que haría con su desafortunado matrimonio, veinte años después.

¿Por qué olvidaría Kathryn al instituto bíblico que le había dado la oportunidad de estudiar, aun cuando no había terminado el bachillerato? Si otros biógrafos supieron que Kathryn asistió al Simpson, jamás lo mencionaron. Hasta el astuto reportero Allen Spraggett aceptó la explicación de Kathryn de que lo que ella sabía acerca de Dios y de la Biblia era «lo que he aprendido conforme veo trabajar al Espíritu Santo».[4]

Jamie Buckingham, en el libro *Daughter of Destiny* (Hija del destino), aceptó la repetida afirmación por parte de Kathryn de no haber tenido un entrenamiento teológico: «Obtuve mi enseñanza a los pies del más grande maestro del mundo. No fue en ninguna universidad, ni en ningún seminario teológico. Fue en la escuela de la oración y bajo la enseñanza del Espíritu Santo».[5]

Kathryn le dijo a Helen Hosier durante una entrevista: «¡Ah, yo sé quien ha sido mi Maestro [el Espíritu Santo]! Y sé porqué conozco lo que sé hoy con respecto a la Palabra de Dios. No es una casualidad».[6]

Muy cierto, el Simpson difícilmente se comparaba con la Escuela de Divinidades de Harvard, pero Kathryn sí recibió enseñanza bíblica concentrada en Simpson. A.B. Simpson, quien había muerto tan sólo cinco años atrás, había sido uno de los grandes promotores de la sanidad divina, de una vida cristiana profunda, del evangelismo, y –sobre todo– de las misiones. Después de establecer su base en Pittsburgh, Kathryn ayudó a construir varias iglesias de la Alianza Cristiana y Misionera en otros países. Entonces, ¿por qué es que jamás habló sobre su escuela cuando hablaba de su pasado?

Descubrí la razón a través de uno de sus antiguos compañeros de clase. Fue él quien me reveló la razón, aunque al principio se rehusaba, y no fue sino hasta la tercera vez que lo llamé por teléfono.

Kathryn había cedido a la tentación una vez más de lo permitido. Fue expulsada del Simpson en 1926, después de haber sido encontrada en una cita a la media noche. De pronto, se encontró a más de mil quinientos kilómetros, viviendo en Los Angeles, nuevamente con los Parrott y trabajando en la gran tienda por departamentos Bullocks.

La etapa de Seattle-Los Angeles en la vida de Kathryn es un libro cerrado, excepto para sus amistades de aquella época. Sin embargo, se nota que el llamamiento divino seguía en la mente de Kathryn. Un amigo informó que Kathryn asistía a clases nocturnas en la escuela bíblica de Aimee Semple McPherson, el Lighthouse of International Foursquare Evangelism (cuyo acróstico, L.I.F.E., significa *vida*). Rolph McPherson recuerda que ella asistía a las reuniones para escuchar predicar a Aimee, algo que Kathryn jamás admitió, de la misma manera que nunca admitió haber asistido al Instituto Bíblico Simpson o al L.I.F.E.

Helen Eckes Roth, prima segunda de Kathryn e hija de un famoso dentista de aquella época de la ciudad de Los Angeles, recuerda que Kathryn estuvo viviendo en Los Angeles con Everett y Myrtle Parrott. «Kathryn y Myrtle venían a nuestra casa, y las tres asistíamos a la escuela de Aimee Semple McPherson».[7]

De acuerdo a Lem Stroud, un amigo cercano y solista en las reuniones de Kathryn, ella dijo que se le pidió que dejara L.I.F.E., y Stroud añadió: «Sencillamente no encajaba en un lugar como ese».[8]

Ya que los archivos de L.I.F.E. no muestran que Kathryn haya asistido a la escuela, es probable que haya ido como oyente, y que asistiera a los servicios del Templo Angelus, el cual se encontraba al lado. Pero, ¿por qué es que Kathryn no quiso que se relacionara su nombre con la más grande de las mujeres evangelistas, Aimee Semple McPherson?

Tres razones parecen ser posibles.

No quiso que se supiera que había estado en Seattle o en Los Angeles en ese momento, así que su tiempo de evangelismo con los Parrott se mencionaba vagamente a propósito.

Segundo, el 18 de mayo de 1926, Aimee Semple McPherson desapareció, en lo que se dijo que había sido un secuestro. Cinco semanas después regresó diciendo que había escapado de sus secuestradores en México. Sus seguidores en Foursquare aceptaron su historia, pero los diarios y la policía estaban convencidos de que había desaparecido con su amante. El haber estado asociada con Aimee y su escándalo no hubiese ayudado a la carrera de Kathryn.[9]

Tercero, Kathryn quería hacer algo por sí misma. Ella, el Espíritu Santo y el estudiar por sí misma la habían convertido en lo que era. No Everett y Myrtle Parrott; no el Instituto Bíblico Simpson; no L.I.F.E.; no Aimee Semple McPherson.

Naturalmente, la expulsión del Simpson y del L.I.F.E. eran un vergüenza para Kathryn. Eso apenaba a sus amistades y no servía de mucho para la reputación de las dos escuelas mencionadas. Y se reconoce que aparentemente estas historias jamás pasaron a los medios de comunicación mientras Kathryn estuvo en la cima de su ministerio, en los últimos diez años de su vida.

Los períodos olvidados de Seattle y de Los Angeles sólo son una pequeña parte en la vida de Kathryn Kuhlman. Encontró el perdón, dejó sus experiencias atrás, tomó la resolución de servir a Dios con todo su corazón y encontró un nuevo comienzo.

Pero antes de ver ese nuevo principio, debemos regresar a la pequeña comunidad luterana y campesina que se encuentra a unos 100 kilómetros al este de Kansas City, Missouri, donde Kathryn comenzó su vida en 1907.

TRES

Creciendo en la ciudad de la armonía

> *«A pesar de todas las circunstancias adversas,*
> *Concordia ha ido creciendo gradualmente....*
> *Tiene el aspecto de un pueblo hermoso y saludable;*
> *los planes futuros son mucho mejores de los que haya*
> *habido alguna vez, y en unos cuantos años Concordia*
> *estará entre los primeros pueblos del interior del Oeste».*
> —WILLIAM F. WALKENHORST, ABUELO DE KATHRYN KUHLMAN, 1876[1]

SI WILLIAM F. WALKENHORST estaba pensando en una explosión demográfica e industrial para Concordia, Missouri, al escribir las palabras anteriores hace más de cien años, se equivocó al pensar lo que haría debido al ramal del ferrocarril de St. Louis y Lexington. Fue un mejor profesor y director del correo que profeta.

Pero si Walkenhorst estaba pensando en Concordia como una comunidad ideal en la cual se podía vivir, su poblado favorito había cumplido con sus expectativas. Tanto él como sus amigos estarían orgullos de sus descendientes y del cuidado tan cariñoso que habían tenido para con el pueblo que ellos fundaron en 1860 y que posteriormente llamaron Concordia, un lugar de «armonía».

Las primeras semillas de esta aldea alemana luterana, plantadas por los primeros inmigrantes en 1839, habían crecido. Actualmente existen cinco iglesias, fuertes escuelas públicas, tiendas de descuento, una gran guardería y centro de retiro luterano, y una industria en crecimiento para suplir una agricultura en deterioro, de la cual habían dependido sus fundadores. Su emblema y la frase que lo acompaña son los correctos: tres corazones entrelazados, y las palabras «Concordia, corazones en Armonía desde 1860». Pocas de las 2.160 personas que orgullosamente llaman a Concordia su hogar cambiarían su residencia con los vecinos de Kansas City, que viven a tan sólo noventa kilómetros de distancia.

Los viajeros que salen de la carretera Interestatal 70 para descansar en el centro de Concordia, encontrarán dos placas en negro y oro en el Parque Central, cerca del palacio municipal. La primera placa honra a los concordenses que murieron a manos de los bushwhackers, durante la guerra civil. Al lado, hay otra placa en honor de la antigua residente más famosa del pueblo: Kathryn Johanna Kuhlman.

Durante sus cincuenta años de predicar y de escribir, Kathryn mencionó a menudo su pueblo natal. Y muy rara vez mencionó a Concordia sin decir algo sobre su padre, Joseph Adolf Kuhlman.

Joe Kuhlman nació en una familia campesina, seis kilómetros y medio al sur de Concordia, el 11 de abril de 1865. Fue el séptimo hijo de John y Catherine Kuhlman. John Henry y Catherine se habían casado en Alemania y luego, al escuchar que la tierra prometida era Missouri, hicieron el largo viaje a través del Atlántico para llegar a América, y junto con otros inmigrantes se establecieron allí en 1853. Y allí empezaron a cultivar los campos de Missouri.

El nacimiento del bebé Joe en la familia Kuhlman sucedió durante una de las semanas con más eventos en América.[2] A través de la red de telegramas llegaron las noticias de que el general Lee se había rendido al general Grant, a unos 1.200 kilómetros, en el estado de Virginia.

La mayoría de los de Concordia, al igual que los Kuhlman, habían emigrado desde Alemania buscando un lugar pacífico donde criar a su familia y donde pudieran ganarse la vida. Apenas acababan de llegar a su nuevo hogar cuando, sin esperarlo, estaban atrapados en medio de la guerra civil.

El abuelo de Kathryn, William Walkenhorst, recordó para *The Concordian* en los años 20: «Recuerdo [a los acaudalados terratenientes cerca de Lexington] refiriéndose a los alemanes en Concordia como a "los holandeses", y no podían entender el por qué de nuestra simpatía por los esclavos».[3]

Como se oponían a la esclavitud, los residentes de Concordia se convirtieron en blanco de persecución y muerte de los renegados sureños que simpatizaban con los que eran conocidos como «bushwhackers», quienes recorrían el medioeste como una manada de lobos. Saquearon el pueblo en 1862, asesinando a tres hombres; y luego volvieron en 1863, esta vez asesinando a cuatro jóvenes sólo porque habían servido en la milicia de Missouri. Los bushwhackers regresaron un año después a Concordia para llevar a cabo su más sanguinaria redada, asesinando a veintiséis hombres.

Los de Concordia tenían mucho dolor a causa de la guerra, y descansaron al enterarse que los ejércitos habían depuesto las armas. Las hostilidades seguían presentes, los heridos seguían muriendo, la reedificación tomaría varias generaciones, y algunas de las cicatrices físicas y emocionales jamás sanarían, pero al menos la guerra más sangrienta de América había terminado.

Apenas acababan de llegar las noticias agridulces de que la guerra había terminado cuando se escuchó, por medio del telégrafo, del asesinato de Abraham Lincoln, en el Teatro Ford. El futuro de la nación parecía que estaba mucho más allá de cualquier ayuda humana.

A F.J.Biltz, el pastor luterano en las colonias, se lo reconoce por haber mantenido unida a la gente durante la guerra. Junto con los ministros bautistas y metodistas había sepultado a los muertos y consolado a los que sufrían. Y después de la ira y del derramamiento de sangre, Biltz pensó que la comunidad necesitaba de un nombre que llevara un mensaje de sanidad, esperanza y preocupación por los demás. De esa manera, la pequeña colonia alemana de la pradera que había sufrido tanto o más que otras comunidades de Missouri, se convirtió en Concordia, un lugar de armonía.[4]

Poco podían imaginarse John Henry y Catherine Kuhlman que su hijo Joe crecería junto con el pueblo y se convertiría en el alcalde. Ni tampoco pudieron imaginarse que éste mismo sería el padre de la persona más famosa de Concordia, la evangelista Kathryn Johanna Kuhlman.

Los padres de Joseph eran bautistas, y él se convirtió en un miembro nominal de la iglesia. Nadie sabe por qué Joe no tomó la religión de una forma más seria cuando creció. Las actividades de su iglesia incluían matrimonios, funerales, días especiales y un programa especial en el cual tomaban parte los niños. Es sorprendente que Kathryn se convirtiera en ministro y que su hermana mayor, Myrtle, se casara con uno después de haber visto que a su padre no le gustaban los clérigos. «Los ministros están sólo por dinero», decía el trabajador Kuhlman, y Kathryn recordaba que cruzaba la calle para no encontrarse de frente con un ministro.

Especulando sobre el disgusto de Joseph Kuhlman por la iglesia, uno no puede pasar por alto los problemas que experimentó la iglesia bautista al finalizar el siglo. Una controversia en la iglesia creó una división, un grupo permaneció en el pueblo y el otro organizó la Iglesia Bautista Lafayette, a cuatro kilómetros de distancia, permaneciendo separados hasta 1922.

Es interesante notar que junto con la reunión, la madre de Kathryn –quien había crecido en la iglesia metodista y era la maestra favorita de la escuela dominical– se unió a la iglesia bautista en 1922, el año que los dos grupos decidieron dejar atrás sus diferencias. Aparentemente ella ajustó su teología wesleyana lo suficiente como para seguir enseñando en la escuela dominical en la iglesia bautista.[5] Y claro está que sus hijos asistirían a la iglesia junto con ella.

Myrtle, después de involucrarse en los movimientos fundamentales y pentecostales, dudaba de que alguno de sus padres fuera creyente, aunque los alababa por sus altas normas morales. «Jamás escuché a mi padre maldecir o usar malas palabras», escribió para una revista. «Mi madre jamás nos permitió hablarnos de mala manera entre los de la familia». Y añadió que había visto a su padre caminar ocho kilómetros para pagarle cinco centavos a un hombre al que le había dado menos dinero en el cambio, debido a una equivocación.[6]

Algunos de los vecinos alemanes de Joe Kuhlman, quienes no veían nada de malo en tomarse una cerveza de vez en cuando, creían que él tomaba más de lo que debía. La bebida lo iba a matar, decían, pero ¿cómo alguien podía decirle a Joe Kuhlman que estaba tomando demasiado? Por el otro lado de la familia, los Walkenhorst, el abuelo de Kathryn se casó con Hannah Kuester (de allí Johanna, el segundo nombre de Kathryn) en 1870 y tuvo seis hijos, incluyendo a Emma, quien a los diecinueve años se casó con Joseph Kuhlman, de veintiséis años, en 1891, estableciéndose en la granja de los Kuhlman.

Aunque se casó con un bautista, eso no impidió que Emma tuviese una participación activa en la iglesia metodista –al menos después de haberse mudado al pueblo en el año 1910.

Ann Cates Drummond, quien posteriormente fuera empresaria y miembro del consejo de Springfield, Missouri, era de la edad de Kathryn y una de las alumnas de Emma en la escuela dominical –una experiencia de los domingos que jamás olvidaría.

«La señora Kuhlman era una mujer amable y de buena cultura», recordaba Ann, «pero Joe Kuhlman no hablaba mucho». A los cuarenta y dos años, cuando nació Kathryn, Joe parecía demasiado viejo para estar criando hijos. No obstante, luego todavía tuvo a Geneva.[7]

Tal vez, esa sea la razón por la cual Joe Kuhlman no pudo castigar a la pequeña Kathryn después de hacer alguna travesura. Sin embargo, la señora Kuhlman, por lo que decía Kathryn, parece que nunca tuvo ningún problema.

Fern Kroencke Cullon recuerda haber asistido a la escuela luterana durante los primeros cuatro años y después haber cambiado a la escuela pública, cuando su madre fue casi excomulgada de la iglesia luterana por haberse unido a la estrella del este. Como resultado, su familia también se cambió a la iglesia metodista, y Fern estaba entusiasmado con la escuela dominical y con la clase de los Heraldos del rey de la señora Kuhlman. Fern jamás habría de olvidar a la chica de los rizos rojos.

«Todos pensábamos que iba a ser una actriz», me dijo la maestra retirada de ochenta y cinco años.[8] Otros que no habían visto la vivaz personalidad de Kathryn mientras crecía, pensaron que su estilo en el púlpito era puro teatro.

No, esa era Kathryn desde sus primeros años en Concordia, y su hermana Myrtle lo mencionó después de escuchar a dos mujeres discutiendo en el Shrine Auditorium de Los Ángeles, sobre el estilo de su hermana.

«Es demasiado dramática», decían las dos mujeres, no

estando al tanto de que estaban sentadas junto a la hermana de Kathryn. Myrtle interrumpió a las mujeres para decirles que ella conocía a Kathryn más que ninguna otra persona en el auditorio. «Quiero que sepan que Kathryn es así. Siempre ha sido de esa forma».[9]

Fern Cullon no pudo expresarlo con palabras, pero admitió que Kathryn tenía una habilidad o un don que nadie podía negar. Ella y Kathryn se reunieron una vez más antes de uno de los servicios de milagros en Kansas City. Después de haber estado en el servicio, la señora Cullom dijo: «La niña tenía algo…¡Realmente había algo preparado para ella!»[10]

Roland Petering también pensaba lo mismo. Era otro de los amigos de la niñez de Kathryn, quien vivía en la casa de al lado. Petering se convirtió en un abogado reconocido y en un banquero de Kansas City. Asistía a lo que actualmente es la Iglesia de Cristo Unida Bethel, pero recuerda que Kathryn lo llevaba a la clase de Heraldos del Rey en la iglesia metodista.

«Siempre hubo algo en Kathryn», recordaba Petering, «siempre dramática, con mucho talento».[11]

Siempre que Kathryn publicaba un libro nuevo, Petering estaba en la lista de libros de regalo. Y en una ocasión en que Kathryn dirigió un servicio de milagros en Kansas City, le envió un asiento reservado a su amigo de la niñez.

Sorprendido cuando llegó al auditorio por ver las filas de personas que esperaban horas para entrar, Petering tomó su asiento y esperó que empezara la acción. Jamás había visto algo parecido. Kathryn llamaba a personas del auditorio y les decía que estaban sanadas. «Vi a muchas personas que se emocionaban, y parecía que se iban a desmayar donde estaban sentadas. Y cuando Kathryn las tocaba, caían al piso».[12]

Pero antes de que Kathryn empezara esa parte del servicio, era el período de «calentamiento» para el auditorio. Le dijo al público que pensaba que un amigo de su niñez en Concordia estaba presente: «Si Roland Petering está aquí», dijo, «quiero que pase al frente».

Fue el momento en que Petering casi se desmaya. No estaba esperando algo semejante. Se había perdido entre los miles que llenaban el auditorio, y planeaba observar de incógnito. Pero tenía que pasar. Tenía que convertirse en un participante, no podía ignorar a su vieja amiga.

A su manera tan normal y dramática, Kathryn se rió y le dio una calurosa bienvenida a Petering. Bromeando recordó como había sido la vida en Concordia junto a Petering. Habló de como hacían tartas de lodo y después recordó a la madre de su amigo: «Tu madre hacía las mejores tartas de manzana», exclamó. Petering contestó con un halago sobre el hermoso jardín que cuidaba la madre de Kathryn en su casa de Concordia.

Este siempre era un calentamiento típico al estilo Kuhlman. Siempre era la que entretenía y la que animaba, Kathryn sabía que la gente gozaría del diálogo con Petering, y terminó pidiéndole a la audiencia «que le dijeran un gran "Dios te bendiga" y que de esa forma le dieran la bienvenida en la reunión».

«Cuando llegué a casa», dijo Petering, «mi esposa me preguntó qué me había sucedido. Y yo le respondí que había asistido a la reunión de Kathryn.

»Estás pálido como si hubieras visto a un fantasma», le dijo la señora Petering, mientras lo miraba tratando de examinarlo.

La respuesta de Petering fue la misma en la que muchos miles describen una experiencia en un servicio de milagros: «Creo que he visto al Espíritu Santo».[13]

Sorprendentemente, uno de los eventos de más controversia en la vida de Kathryn, es con respecto a la fecha y lugar de nacimiento. ¿Nació en la granja de la familia, justo al otro lado de la línea del condado Johnson, unos seis kilómetros y medio al sur de Concordia, o en el pueblo mismo?

Kathryn afirmaba que había nacido en la gran casa que

construyó su padre, en el 1918 de la calle St. Louis, a la cual se mudó la familia cerca del año 1910. «Yo llegué con la casa», decía Kathryn. Otros argumentaban que había nacido en una casa de la granja, la cual fue destruida en 1992.

En años recientes, una tercera casa ha sido añadida a la controversia; algunos dicen que Kathryn nació en una casa de la granja y que vivió un corto tiempo en la granja, donde más comúnmente se cree que nació antes de mudarse al pueblo. Myrtle escribió que sus padres se mudaron al pueblo cuando ella tenía dieciocho años, o después del 24 de noviembre de 1909.

¿Cuál es la diferencia?

Todo se resume en la vanidad de una mujer. En correspondencia con Gary L. Beissenherz, el editor de *The Concordian*, Kathryn discutió sobre la placa que finalmente se erigiría después de su muerte. Sólo tenía una petición con respecto a la grabación de la placa: «Que no den el año de mi nacimiento. Por ser mujer soy sensible con respecto a mi edad».[14]

Kathryn sólo decía su edad cuando tenía la necesidad de decirla. Y una placa en Concordia no era el lugar para anunciar que había nacido el 9 de mayo de 1907. No se llevaban registros de nacimiento en esa época, y por alguna razón de *The Concordian* –que indudablemente dio la noticia de su nacimiento– no existe ningún ejemplar entre los años 1907 y 1911. Aparentemente, los únicos registros disponibles que muestran que el nacimiento fue en 1907 son los registros escolares. Estos muestran claramente el año 1907, pero el comité de la placa pasó por alto los registros escolares, o decidió respetar el deseo de Kathryn.

Rudi Plaut, un comerciante de Concordia y miembro del comité de comerciantes, llamó a la oficina de la Fundación Kuhlman e «hizo un último intento a través de la secretaria privada» para obtener la fecha de nacimiento de Kathryn: «Me hubiera gustado erigir la placa, dejando un pequeño espacio vacío para que lo llenásemos después de su muerte», dijo Plaut lleno de frustración, «pero la respuesta siguió siendo negativa».[15]

Inclusive *Los Angeles Times*, al informar sobre la muerte de Kathryn en 1976 con un encabezado a lo largo de la primera plana, le puso sesenta y seis años en lugar de sesenta y ocho.

Kathryn sostenía que su nacimiento había sido en la ciudad. Una teoría es que, al colocar su nacimiento después del año 1910, eso la hacía más joven de lo que realmente era.

El complot obviamente dio resultado. Inclusive ahora, en Concordia, las referencias con respecto al nacimiento de Kathryn a menudo son dadas «alrededor del año 1910».[16]

Kathryn jamás se vanaglorió por ser excelente en la escuela, y sus amigos de la niñez piensan que eso fue prudente de su parte. Acostumbraba decir: «mis calificaciones no eran tan buenas, pero hacía felices a las personas».[17]

El tío de Kathryn, Grant Walkenhorst, quien era parte de la mesa directiva de la escuela, reconoció esa peculiaridad en Kathryn, y admitió que la utilizó para mandar y recibir cartas de la señorita Jessie –la profesora de Kathryn. Así que, jugando a cupido, Kathryn llevaba las cartas de y hacia la escuela, dentro de su libro azul.

Una vez Kathryn habló con unos compañeros para que asistieran a un funeral en la iglesia evangélica. No conocían al occiso, pero estuvieron en la iglesia como si lo hubieran conocido. «Convencí a los chicos de que eso le agradaría al muerto. Era algo para contribuir con la humanidad».[18]

Los directores de la escuela no pensaron mucho en las contribuciones para con la humanidad y la expulsaron. Cerca de dos horas después ya estaba de regreso en su asiento, después de que su padre y su tío Grant le aseguraron al director que no iba a ocurrir otra vez.

Hubo otra travesura que metió a Kathryn en problemas nuevamente, esta vez jugando aquel juego que generalmente no tiene peligro, el de «¡Vuela, cordero! ¡Vuela!»

Cuando llego el momento en que Kathryn tenía que esconder a los niños que estaban en su equipo, eligió el sótano de la profesora. «Escondí a los niños en el sótano de la casa de la profesora y cerré la puerta».[19] Con los niños encerrados en el sótano, la campana de la escuela sonó y Kathryn se fue corriendo a su clase. Sin necesidad de decirlo, la señora Sharper no vio la misma gracia que Kathryn en esa travesura.

Un recuerdo favorito de Kathryn al estar en Concordia era la feria anual en las calles, conocido también como el festival de otoño, el cual sigue siendo algo importante cada mes de setiembre. Las competencias, los algodones de azúcar y otras maravillas hacen que el festival sea el gran evento del año. Sin embargo, una de ellas resultó ser algo traumático, porque involucró la muerte del gallo de Kathryn.

«Decidí que mi gallo entraría en la competencia de aves de corral». Así que, sin informarle a su familia de lo que iba a hacer, colocó al gallo en una caja y lo puso en su carreta. «Sabía que me iba a sacar un listón azul».[20]

Sin embargo Kathryn no llegó tan lejos. Al cruzar la calle con su carreta, llegó el desastre. «Un viejo granjero venía por la calle con sus caballos y su carreta, y los caballos se asustaron».[21] Los caballos se desbocaron y Kathryn corrió para quitarse de su camino, dejando a su gallo en medio de la calle. En la pelea que siguió, los caballos pasaron sobre la carreta de Kathryn, aplastando a su gallo.

El aprender a conducir un auto fue al parecer menos traumático para Kathryn, aunque se le conocía por ser una conductora que le gustaba la velocidad.

Kathryn recordaba: «Aprendí a conducir tomando lecciones con mi hermano Earl».[22] Él era bien conocido por su potente auto de carreras Dusenberg, a quien apodaba «Kooley's Special», por lo que probablemente fue la persona incorrecta para enseñar a conducir a Kathryn.

Años después, en Denver, Kathryn continuaba conduciendo velozmente. Kathryn recordaba: «El capitán Young, del departamento de policía de Denver, me aconsejó que bajara la velocidad; me dijo que le caía bien y que quería que viviera por muchos años».[23]

Una de las leyendas sobre la adolescencia de Kathryn mientras estaba en Concordia, sucedió cuando vendía Biblias de puerta en puerta. Si fuera cierta, sería entonces la primera sanidad ocurrida a través suyo. La historia dice que Kathryn se detuvo en una casa y descubrió que un niño estaba demasiado enfermo. Se olvidó de las Biblias por un momento y se quedó muy preocupada por el niño. Oró, y el niño sanó.

Supuestamente, Kathryn volvió a su casa, feliz por la curación del niño, pero amedrentada por el sorprendente poder de Dios que había fluido a través de ella.

Como aparentemente Kathryn no menciona este incidente al hablar de su niñez, y como no se menciona ningún nombre, la mayoría de los seguidores de Kuhlman lo ven como una leyenda, de la misma manera que son vistos los milagros que Jesús hizo cuando era niño.[24]

Otra leyenda –o mejor dicho, una mala afirmación de los hechos– que Kathryn perpetuó, es en lo que respecta a la carrera de su padre como alcalde de Concordia. Como lo dice la historia, Joseph Kuhlman fue alcalde mientas Kathryn iba creciendo –en el año 1913, cuando ella tenía seis años.

Nadie duda que Kuhlman haya sido alcalde, pero no en la época que Kathryn piensa que lo fue. Las investigaciones muestran que Kuhlman fue elegido alcalde en abril de 1922, un mes antes de que Kathryn cumpliera sus quince años, y dos años antes de que Kathryn dejara Concordia. Su carrera como alcalde fue colocada en turno de espera en 1924, al no regresar a su puesto, sólo unos meses antes de que Kathryn se marchara al noroeste.

Joseph Kuhlman regresó a su puesto en 1926 y permaneció como alcalde hasta 1932, cuando perdió la reelección.

Trabajó un total de ocho años en ese puesto, pero sólo dos mientras Kathryn aún vivía en Concordia.

Otra pregunta sobre la juventud de Kathryn es con respecto a su educación en Concordia. Contrario a algunos informes que dicen que el bachillerato en Concordia terminaba con el décimo año –el cual Kathryn terminó en 1924– la escuela ofrecía cuatro años de bachillerato, al menos desde 1920. Kathryn podría haberse graduado en 1926, junto con Fern Cullon y otros, pero ella salió para viajar con la carpa evangelista, junto con su hermana y su cuñado, Myrtle y Everett Parrot.[25]

A diferencia de las parejas que empezaron sus familias antes del cambio de siglo, el árbol genealógico de Joe y Emma Kuhlman muestran pocas ramas.

Myrtle, la hija mayor, se casó con el evangelista Everett B. Parrot, del cercano Knob Noster, en 1913. No tuvieron hijos propios. Después de veinticinco años de casados adoptaron una hija, Virginia, quien tuvo tres hijos.

Earl, el único hijo varón, a quien los de Concordia llamaban «Kooley», se casó con Agnes Wharton, de Windsor, Missouri. Sus dos hijos murieron aún siendo infantes.

Geneva, la hermana menor de Kathryn, se mudó a Denver mientras Kathryn ministraba allí. Se casó con Edgar Dickson y tuvo dos hijos.

Hubo rumores en el pueblo de que Kathryn había tenido un hijo, pero sus amigos más allegados decían que esos rumores eran tonterías, y lo veían como un intento para dañar su reputación.

Aunque Joe Kuhlman murió en 1934, Emma vivió lo suficiente como para ver a sus tres hijas pasar a través de dolorosos divorcios, Kathryn, siendo la primera, en 1947, Myrtle en 1953 y Geneva en 1954.

Aún antes de los divorcios, la familia Kuhlman –al igual que muchas otras– quedó devastada con la Gran Depresión. Myrtle reveló que su padre, el hombre que ella y Kathryn pensaban que fue el más rico del condado de

Lafayette en algún momento, estaba al borde de la quiebra antes de morir. Myrtle escribió para *The Latter Rain Evangel*, una revista de Chicago publicada poco después del accidente donde murió Joe: «Mis padres perdieron casi todo lo que tenían durante los últimos tres años de la Depresión».

Aconsejando a sus lectores a poner su confianza en Dios y no en las riquezas terrenales, Myrtle continuó diciendo que la ruina financiera hizo que su padre padeciera «un colapso nervioso» y que sintiera que su vida estaba arruinada del todo.[26]

Kathryn a menudo utilizaba a su padre como ilustración de sus sermones, pero aparentemente no podía discutir sobre los dolorosos recuerdos que Myrtle escribió para aquella revista de circulación nacional.

Kathryn habló sobre la muerte accidental de su padre, pero normalmente se enfocaba en los serenos –y algunas veces imaginarios e irreales– días de antaño de su niñez en Concordia. Hablaba de las tartas de lodo, del pan de maíz al estilo Missouri, de sus amigos de juegos, de su conversión espiritual, de sus episodios de travesuras, y de la bondad y de la posición de papá en Concordia.

CUATRO

Kathryn en el púlpito

«La muchacha evangelista no tiene momentos fáciles
—trabaja hasta dieciocho horas al día.
Debe vivir en una atmósfera de mucho cuidado,
ya que hay muchos dispuestos a mal interpretar.
Siempre debe sonreír, estar feliz y dispuesta
—el alivio femenino de las lágrimas le es negado...
La vida no es un lecho de rosas, pero estoy contenta
con mi trabajo, porque creo en él».
—KATHRYN KUHLMAN. *DETROIT NEW PICTORIAL*, 28 DE NOVIEMBRE DE 1937.

CUANDO KATHRYN KUHLMAN, de veintiún años, fue colocada en un papel de predicadora durante el verano de 1928, debió haber decidido que las personas no podían saber, con seguridad, si tenían el llamamiento divino para predicar el Evangelio hasta que lo intentaran. y especialmente ella, quien había reprobado su examen de predicación en el Instituto Bíblico Simpson; y, aun peor, había sido expulsada por su comportamiento mientras era una estudiante preparándose para el ministerio. De todas maneras, un gran número de personas aún siguen cuestionando si Dios llamaría a una mujer al ministerio.

Si Kathryn debatió si debía aceptar o no la invitación a predicar en una pequeña iglesia de Boise, Idaho, entonces sus experiencias tenían que ser iguales que las de un joven en el sur que consideraba entrar al ministerio. Conociendo el dilema del joven, un predicador ya anciano le dijo: «Bien, Raymond, inténtalo, y si el Señor no te ha llamado, pronto lo descubrirás».[1]

Kathryn lo intentó, no solamente en Boise sino desde la frontera oriental de Oregon hasta el lejano Montana y Wyoming. A menudo decía: «Yo les prediqué a esos granjeros. Nombren a cualquier poblado pequeño de Idaho, y descubrirán que en algún momento, hace años, Kathryn Kuhlman pasó por él tratando de evangelizarlo.»

Para entonces, Kathryn no tenía duda alguna que el Señor la había llamado. «Mi llamamiento al ministerio fue tan definitivo como mi conversión», exclamaba en una reunión, años después. La gente puede decir lo que quiera acerca de que las mujeres no tienen el derecho de estar en el púlpito, pero Kathryn declaró: «Aunque todo el mundo me lo dijera, no me afectaría en lo más mínimo».[2]

Algunos dirían que fue el destino el que colocó juntas a Kathryn Kuhlman y a la pianista Hellen Gulliford en Boise, durante el verano de 1928. Kathryn lo veía como si Dios hubiese dirigido sus vidas. Pero, ¿por qué en Idaho? A pesar de sus hermosos y plácidos panoramas, Idaho no era conocido por su apertura al Evangelio en los escandalosos años veinte. Los de otros estados bromeaban diciendo que Idaho estaba atrasado. Aconsejaban: «Regresen sus relojes una hora, y sus calendarios veinticinco años». Sin embargo Kathryn y Hellen se enamoraron de Idaho.

La historia de las dos, comenzando con sus ministerios

en Idaho, empieza con la «Carpa de Avivamiento» de los Parrot. Es una larga historia llena de problemas y desilusiones, pero fue viajando con los Parrot que Kathryn y Hellen entretejieron su propio equipo de evangelismo. Su oportunidad surgió durante un pleito matrimonial entre los Parrot. A causa del conflicto, Everett tomó la tienda y se fue a Dakota del Sur, abandonando a Myrtle, Kathryn y a Hellen en Boise. Tratando de salir adelante, Myrtle predicaba –y Kathryn ayudaba de vez en cuando– en el edificio del Club de Mujeres que habían rentado. Como de costumbre, Hellen, concertista de piano, añadía estilo con su música, cuando la «Carpa de Avivamiento» de los Parrot no estaba precisamente en su mejor momento.

Al terminar el programa de todas las reuniones, estas mujeres no tenían adónde ir; el hombre que llevaba las riendas estaba a tres estados de distancia. Allí fue cuando un pastor nazareno que dirigía una pequeña iglesia, sin saberlo, ayudó a que se iniciara el ministerio de predicación de Kathryn al invitarlas a que se quedasen.

Sin dinero, Myrtle le dijo que no podían solventar los gastos de su estadía. Pero el pastor insistió. Al menos, Kathryn y Hellen podían quedarse y animar un poco a su iglesia con su música.

Pero se convertiría en algo mucho mayor. Como Kathryn estaba deseando predicar –y ni ella ni Hellen estaban contentas con el liderazgo de Everett– las dos mujeres visualizaron un equipo evangelístico completo para ellas mismas.

Después de mucho tiempo, se llegó a un acuerdo. Myrtle se reuniría con su marido en Dakota del Sur, y Kathryn y Hellen se quedarían en Boise.

Aunque Kathryn Kuhlman y Hellen Gulliford iniciaron un equipo de avivamiento –al que llamaron «Las Chicas de Dios»–, y aun cuando el fundamento era poco sólido y con un futuro menos prometedor, trabajaban por sí solas.[3]

Para tener éxito, un evangelista tiene que tener un

nombre que pueda ser reconocido. En aquellos días, el nombre de Kathryn era casi desconocido. Su mejor amiga y música, Hellen Gulliford, era más conocida en los círculos evangélicos que Kathryn. Hellen, quien era cuatro años mayor que Kathryn, había tocado el piano para evangelistas famosos de la época, incluyendo Uldine Utley, Charles Price y Watson Argue. A finales de los años veinte, Hellen fue pianista de la iglesia pentecostal más grande del noroeste, Lighthouse Temple, en Eugene, Oregon, quien se enorgullecía de su orquesta de sesenta y tres personas, y cuyo auditorio podía albergar a tres mil personas. Su educación era mucho mayor que la de Kathryn, habiendo estudiado música en la Universidad de Oregon, y Biblia en el Instituto Bíblico de Los Angeles.

Sin embargo, Hellen jamás se consideró una predicadora y menos pensó Kathryn con respecto a la música. Sin embargo, juntas formaron un equipo que le causó al diablo problemas nada pequeños en Idaho.

El trabajo evangelístico no era un lecho de rosas, le dijo Kathryn a un reportero en 1937, después de haberse mudado a Denver, pero parece que se esforzó cuando las cosas se pusieron difíciles. Obviamente, estaba feliz con su ministerio. Tomó la misma ética de trabajo que tenían sus padres en Missouri, el cual se acoplaba al deseo de ver que los inconversos encontraran la paz y el perdón en una anticuada banca de lamentos. Kathryn decidió que ella jamás le daría la espalda a los obstáculos, los que eran sencillamente desafíos.

Las personas tenían que ponerle «pies a sus oraciones» en el vernáculo de los antiguos. Para ella, la fe jamás iba a poder permanecer por sí sola. Uno de los versículos favoritos de Kathryn para animar a la gente a trabajar fue Santiago 2:26, en donde el escritor exclama que «la fe sin obras está muerta».

«Millones de palabras se han escrito sobre el éxito», decía Kathryn. «Pero si esos millones de palabras se pudieran comprimir en tres palabras cortas, pero con significado, creo que la fórmula para el éxito diría: fe y empuje (valor e iniciativa, emprendimiento y coraje).»[4]

Esta era una frase muy coloquial de los Kuhlman de Missouri, argumentando que se podía tener toda la fe del mundo y no ver ningún resultado. «Si todo lo que haces es estar sentando y clamando una fe, y deseando que suceda algo», diría Kathryn, «podrás quedarte sentando desde ahora hasta el día del juicio y nada va a suceder».[5]

Como era de esperarse, Kathryn despachó de prisa a los maestros de «nómbralo y pídelo», quienes por estar en la cresta del surgimiento de la prosperidad en América, enseñaban que el éxito financiero y la salud física venía a través del poder de las palabras de uno mismo. Es cierto que Kathryn a menudo citaba la afirmación del apóstol Pablo «Todo lo puedo en Cristo que me fortalece» (Filipenses 4:13), y decía que no había ninguna excepción en esta promesa. Pero, de acuerdo a Kathryn, tomaba más que fe solamente. Ella decía: «Dios no te ayudará a que suceda nada hasta que te levantes de la silla donde estás y empieces a hacer algo al respecto. La fe sin obras, la fe sin empuje, está muerta. Pero con el poder de Dios, y tu empuje, las oportunidades son ilimitadas».[6]

Kathryn practicaba lo que predicaba a través de Idaho, inclusive durmiendo en un corral o sobre el heno si tenía que hacerlo, no tenía problemas para viajar «a dedo» («aventón»), si era necesario, y viajaba en autobuses por los caminos primitivos, mucho antes de que la carretera Interestatal 84 estuviera dibujada en la pizarra, y hasta predicaba con un tobillo enyesado, después de haber tenido una horrible caída en hielo.

Ni Kathryn ni Hellen se hicieron ricas, pero antes de dejar el estado, en 1933, eran amadas y respetadas e iban llenando iglesias en cualquier lado que estuvieran.

Uno de sus grandes desafíos fue el derribar los prejuicios en contra de las mujeres predicadoras. Un paso en esa dirección ocurrió en el campo político, cuando en 1919 el Congreso aprobó la Enmienda Diecinueve, respecto al sufragio de las mujeres, el cual fue ratificado por los estados el siguiente año. Después de un problema largo y amargo, las mujeres podían votar, dándole un poder igual al de los hombres en las urnas del voto.

Ciertas mujeres predicadoras habían abierto el camino para que otras pudieran seguirlas camino al púlpito. En setiembre de 1924, una de las mejores predicadoras, la octagenaria Maria B. Woodworth-Etter, había muerto después de haber predicado de costa a costa durante cuarenta y cinco años. Maria no estaba activa en el movimiento feminista, pero jamás le importó crear oleadas de comentarios. Después de todo, estaba en su propia plataforma y era la propietaria de la tienda (y posteriormente, de su propio tabernáculo en Indianapolis).

En respuesta al argumento favorito de los hombres –que las mujeres debían permanecer en silencio en las iglesias y aprender de sus maridos en casa– Maria respondió con una pregunta difícil: «¿Qué harán aquellas que no tienen marido? ¿Suponen que deben permanecer en la ignorancia y perderse?» Y luego siguió con un «gancho directo»: «Si algunas mujeres deben depender de sus esposos para adquirir conocimientos, van a morirse en la ignorancia».[7]

La aparente sucesora de María –aunque era mucho más llamativa en el púlpito– Aimee Semple McPherson, se había ganado la reputación de ser una evangelista colorida y con éxito antes de 1920. Posteriormente, en 1923, dedicó el grandioso Templo Angelus, con 5.300 asientos.

Este templo se convirtió en una de las atracciones favoritas de los turistas de la reluciente ciudad de Los Angeles. La hermana Aimee, luego del Templo, abrió un Instituto Bíblico, el Lighthouse Internacional Foursquare Evangelism (L.I.F.E.), y luego una denominación, International Church of the Foursquare Gospel (La Iglesia Internacional del Evangelio Cuadrangular).

El valor y el éxito que demostraron Maria Woodworth-Etter y Aimee Semple McPherson en el evangelismo y en la formación de iglesias, inspiró a otras mujeres a predicar –no necesariamente para darle un mensaje a los hombres, ni para apoyar el sufragio de las mujeres, ni la igualdad de derechos, sino simplemente porque creían que Dios las había llamado. Si el mensaje del derecho de las mujeres se comunicaba, que así fuera.

Kathryn encajaba en ese molde. Pero aun antes de que ella empezara a predicar, la evangelista de once años, Uldine Utley, salió al escenario en California, lo cual indudablemente le facilitó el camino a Kathryn. Uldine se movió hacia el norte y llenó el Armory de Eugene, Oregon, durante el verano de 1924. En esa época Kathryn estaba viajando por el noroeste, con su hermana y su cuñado.

Un reportero la describió así: «[Ella es] una niña normal y juguetona cuando no está en la plataforma, pero cuando predica es toda una veterana en la Palabra de Dios». Más tarde, Uldine se ganó el apoyo de los pastores de la ciudad de Nueva York y predicó en el Madison Square Garden.[8]

Otras mujeres se volvieron famosas en las reuniones evangelísticas durante los ruidosos años veinte, incluyendo a Mattie y Reheba Crawford, y una cantidad menos conocida de graduadas del instituto L.I.F.E., de Aimee Semple McPherson, al igual que de otros institutos bíblicos pentecostales.

Más comúnmente en aquel entonces que ahora, las parejas de mujeres evangelistas –fácilmente distinguidas por sus uniformes escolares idénticos– invadirían por igual las zonas rurales y urbanas, predicando lo que se consideraba los cuatro fundamentos: salvación, sanidad, el bautismo del Espíritu Santo, y la Segunda Venida de Cristo.

Los años veinte estuvieron llenos de intensos debates

teológicos liberales y fundamentalistas, junto con el «camino del mono» de Tennessee, en el cual una profesora fue encarcelada por enseñar la evolución.

Un pastor de Tennessee, en una batalla con los evolucionistas, anunció uno de sus sermones con la parodia: «Atrás, vuelve atrás, oh tiempo, en tu vuelo; hazme un mono sólo por esta noche». Con esto entró a la evolución mientras era un chimpancé, al cual él imitó en la plataforma, gritando para el deleite de sus oyentes en lo que tal vez haya sido la ilustración más entretenida de un sermón durante ese período. [9]

Y fue el tiempo cuando los creyentes evangélicos se pusieron en contra del entretenimiento de la comunidad, el cual había introducido «charlas» en lugar del cine mudo. Hollywood estaba desarrollando una gama de películas donde se protagonizaban a gángsters, horror y sexo, y algunos de los actores tuvieron escándalos en sus vidas privadas. Como resultado, en lugar de elegir una película buena o mala, los evangélicos simplemente las vetaron a todas. Si las fotografías eran celuloides y se movían, de alguna manera inherente se convertían en demoníacas. Inclusive las películas que los misioneros tomaban en países extranjeros, fueron vetadas en algunas iglesias por causa de la notoriedad de Hollywood.

Poniéndose a la ofensiva, los protestantes fundamentalistas, muy pronto estaban pasando más tiempo peleando contra las teorías de la evolución de Darwin, el evangelio social y la mundanalidad, de lo que hacían por predicar el Evangelio mismo.

Los conservadores se enorgullecían de algunos de los más grandes luchadores, como el presbiteriano Billy Sunday; los congregacionales se volcaron hacia el pentecostal Charles S. Price; los bautistas del sur lo hicieron con el activista Frank Norris, con el bautista neoyorquino John Roach Straton; el pentecostal Raymond T, Richey y otro bautista –y tal vez el primero de ellos– William Bell Riley, un venerable pastor de Minneapolis.

En ésta línea teológica andaba la ingenua pero siempre sonriente Kathryn Kuhlman. Para decirlo de otra manera, era la cristiana que iba a abrir la puerta del Coliseo, sin saber que los leones estaban esperándola al otro lado.

«¿Por qué me llamó? No lo sé», reflexionaba Kathryn después. «La única razón que puedo darles es el hecho de que yo sabía que no tenía nada, y jamás olvidé de donde salí .... Él ha tomado mi nada y lo utilizó para su gloria».[10]

Otros desafíos que Kathryn enfrentó en 1928 fueron sorprendentes, y las finanzas no estaban entre sus menores cosas, conforme su ministerio las llevaba a través de la pobre economía de Idaho, justo en la Gran Depresión al siguiente año. Al no tener respaldo de ninguna denominación, Kathryn y Hellen vivían de paga en paga, lo cual a menudo consistía de una ofrenda en efectivo, junto con algunos huevos, carne y unos pocos enlatados que los pobres campesinos compartían con sus nuevas amigas.

Un hombre de Idaho que fielmente asistía a sus reuniones, William Fretwell, tenía doce hijos que sostener. Sin embargo, siempre parecía tener suficiente para compartir con Kathryn y Hellen.

Kathryn recordaba después: «¡Ese hombre! ¡Ese hombre! ¡Jamás supo *todo* lo que significó para mí!» Muchas veces estaba con la última moneda o con el último par de medias, cuando Fretwell colocaba un billete en sus manos o lo enviaba por correo. «Justo cuando más lo necesitábamos».[11]

Mientras los evangelistas veteranos podían tener reuniones en las ciudades más grandes, Kathryn y Hellen se dirigieron a blancos más pequeños. «Buscábamos aquellas pequeñas iglesias campesinas, que estuvieran cerradas por no poder sostener a un predicador», comentaba Kathryn al explicar su estrategia. «Iba a los diáconos, o al consejo, o a los miembros y les pedía que me dejaran predicar».[12]

Como de cualquier forma la iglesia estaba cerrada,

Kathryn convencía a los encargados en que no tenían nada que perder, y sí tal vez algo que ganar. «Aquellos fueron los días en que obtuve mi primer entrenamiento espiritual», decía ella, recordando con alegría.[13]

Su primer sermón en Idaho fue sobre Zaqueo en el árbol. Más tarde se reiría: «Dios sabe que si alguien estaba subido en un árbol, esa misma era yo cuando prediqué ese sermón». Y después de predicar seis sermones sobre Zaqueo, el cielo, el infierno y el amor de Dios, pensó que había acabado con la Biblia.[14] Si Kathryn hubiese pensado en aquellas clases aburridas de homilética en el Instituto Bíblico Simpson, se hubiera dicho que debería haber puesto más atención.

Nadie había escrito un libro sobre cómo evangelizar Idaho. Las Chicas de Dios simplemente utilizaron el método de prueba y error.

Y a pesar de la burla de que las hermosas mujeres estaban vendiendo «sexo y salvación» para conseguir multitudes, pronto se esparció el rumor de que las cosas se estaban volviendo para el Reino en algunos rincones. En la primera publicidad nacional de Kathryn, unos veinte años más tarde, en 1950, ella le dijo a Emily Gardener Neal, escritora del *Redbook*, que el dirigir servicios en Pocatello, Idaho, requirió limpiar un viejo teatro, el único edificio disponible. «[Tenía] tanto tiempo de no utilizarse que había la interrogante sobre si permanecería de pie después de la limpieza», Neal escribió. «Parecía que la mugre era su cimiento más fuerte».[15]

Las reuniones debieron recordarle a aquellos ancianos los días de gloria de la ópera, mientras la multitud emocionada llenaba el piso principal y los dos balcones. Kathryn le dijo a Neal: «Aun en ese entonces supe lo que Dios podía hacer si el Evangelio se predica de una manera sencilla».[16]

Al lado de Kathryn –y a través de montañas y valles, nieve y calor, y por las planicies del Río Snake y hasta el desierto– allí estaba su amiga Hellen Gulliford; en ese momento se hubiese sentido fuera de lugar en cualquier otro lado.

Hellen no sólo escribía y tocaba música, sino que también daba consejería y oraba con las personas al final del servicio. Algo que a menudo se pasa por alto al examinarse la vida de Kathryn es que Hellen contribuyó al éxito de las reuniones dando consejos a Kathryn cuando ésta empezaba a predicar. Esto no es sorprendente cuando recordamos del fracaso de Kathryn en la homilética.[17] Pero el instructor de homilética de Kathryn debería haber estado en Twin Falls, en aquel enero de 1933. El logro mayor de Las Chicas de Dios en Idaho sucedió cuando Kathryn contó la historia de su vida en aquella iglesia metodista familiar, ante una multitud de dos mil personas. Cientos estaban en los pasillos de la iglesia y otros cientos más no pudieron entrar, siendo esa la cantidad mayor de gente que el pastor hubiera visto en esa capilla

Durante las dos semanas y media que hubo reuniones, se informó que 218 personas respondieron al llamamiento de Kathryn –entre cuarenta o cincuenta tan sólo en la noche que habló de su testimonio. El último servicio tuvo a treinta personas que se hicieron miembros de la iglesia metodista, y otros más se unieron a la iglesia el domingo siguiente. Todo esto sucedió después de que Kathryn se había resbalado en el hielo, después de la segunda reunión, y se había roto el tobillo, obligándola a utilizar un incómodo yeso en su pierna.[18]

«El médico le dijo que era probable que no pudiera continuar con su trabajo», escribió la escritora de *Redbook*, «pero no sabía de la gran determinación que ella tenía por predicar el Evangelio».[19]

Aunque tuvo que utilizar aquel pesado yeso y caminar con muletas, Kathryn jamás faltó en las noches. Una enfermera que había visto el valor y la determinación en los campos de batalla de Francia, durante la primera guerra mundial, estaba sorprendida. «Anoche vi el mismo valor y determinación en una joven que estaba sobre una plataforma predicando el Evangelio».[20]

Alice Egbert vio el esfuerzo como algo que «no se quedaba corto de ser maravilloso», y reiteró que los mensajes de Kathryn era lo que Twin Falls y la nación necesitaban escuchar. Le escribió a un editor del *The Twin Falls News*: «Aun aquellos que hemos profesado la fe desde hace mucho tiempo, en nuestra complacencia cultural, y que asumimos las convicciones de una seguridad religiosa, podemos sacar provecho de los sermones de libertad espiritual de la señorita Kuhlman».[21]

Kathryn tenía una personalidad ideal, escribió un reportero, y era muy capaz en su ministerio. Antes de que empezara la reunión, el reportero predijo que en cada reunión Kathryn hablaría de un mensaje vital.[22] Cientos de personas a lo largo de Snake River estarían de acuerdo con eso.

El haber probado el éxito en Idaho no era razón para que Las Chicas de Dios se sintieran atadas a ese lugar. Al contrario, eso se convertiría en una razón suficiente para ampliar su visión e incluir a Colorado.

CINCO

En Denver, desde las montañas hasta el valle

*«[Kathryn Kuhlman] enfatiza que el Tabernáculo
sirve como refugio a muchos que no han tenido
una satisfacción religiosa suprema en las iglesias denominacionales. Muchos de los que testificaron en su iglesia enfatizaban
que la felicidad plena y el contentamiento era el resultado
de haber dejado una denominación
y unirse a las personas del Tabernáculo».*
—1937, PROYECTO DE INVESTIGACION DE LA ESCUELA DE TEOLOGIA ILIFF.

PARA CUANDO Kathryn Kuhlman y Hellen Gulliford se
mudaron de Idaho al más populoso Colorado, en 1933, ya
se veían y actuaban como un equipo evangelístico más
completo. Después de cinco años de experiencia en Idaho,

se fueron a Steamboat Springs, Colorado, el cual estaba listo para un futuro lleno de oportunidades más grandes para servir a Dios.

El mundo sabía muy poco acerca de Las Chicas de Dios. Pocos fuera de Idaho habían escuchado hablar de ellas, pero ellas habían «pagado el piso» –algunas veces sobreviviendo con pan dulce en el desayuno y durmiendo sobre el heno. Sabían todo sobre ir saltando en los autobuses o viajando «a dedo» para llegar a su próximo punto de ministerio. Se le llamaba «vivir por fe». Lo importante era que cientos habían respondido en los servicios de una frontera a la otra, y para Kathryn y Hellen eso hacía que valiera la pena.

Ahora, con los corazones llenos de esperanza y de expectación, su fe había aumentado hasta el punto que habían contratado a un gerente, Earl Hewitt, nativo de Arkansas, con quien Hellen se había familiarizado mientras tocaba el piano en las reuniones de Udline Utley. Hewitt había sido el gerente de Utley, y tenía credenciales ministeriales con las Asambleas de Dios. Posteriormente tomaría el pastorado del Denver Tabernacle Revival al marcharse Kathryn.[1]

Con sus pertenencias atadas al auto, Las Chicas de Dios estaban listas para empezar un nuevo capítulo, el cual incluiría reuniones en Steamboat Springs, Pueblo, Joliet, Illinois, más cinco años en Denver que no habían sido planeados.

Sin embargo, ninguna de las dos mujeres estaba preparada para confrontar el dolor y las desilusiones que estaban al este de las Montañas Rocallosas. Allá, Las Chicas de Dios tendrían experiencias traumáticas que romperían su amistad y les causaría dolores emocionales. La recuperación sería larga y dolorosa.

Todo empezó cuando, en un movimiento que estaba fuera de lugar con las metas evangelísticas, acordaron tomar una residencia semipermanente en Denver y establecer el Denver Revival Tabernacle. Podían estar orgullosas de no tener cristales ahumados ni campanario, sólo la remodelación de tres almacenes que se convirtieron en un gran salón. Pero el crecimiento del centro interdenominacional simplemente explotó, y durante cinco años uno hubiera pensado que era una gran atracción mayor que Pike's Peak o que los centros de esquí en las Montañas Rocallosas.

Se tenían reuniones todos los días, excepto los lunes. Cuando Kathryn y Hellen se encontraban fuera de la ciudad, en frecuentes viajes de avivamiento, ministros bien conocidos de todo el país tomaban sus lugares. Tanto los evangelistas visitantes como Kathryn veían conversiones casi en cada reunión. Ninguna iglesia de la ciudad podía superar al talentoso ministerio de música del Tabernáculo, especialmente los musicales de los sábado por las noches.

Los creyentes de Denver que estaban aburridos o se sentían desplazados en sus propias iglesias, jamás habían visto a un pastor tan amistoso ni tan realista. Nunca habían visto a sus propios pastores, más sofisticados, entrar al santuario por la parte de atrás, sonriendo y saludando a la congregación hasta llegar a la plataforma. Algunos estaban viendo y escuchando a una mujer predicadora por primera vez. Tampoco habían visto un pastor que demostrará tanto amor junto con sus colaboradores. «El amor es algo que se crea», le recordaba Kathryn a las personas. Orando y dando consejería a las personas, hasta altas horas de la noche, era parte del ministerio evangelístico de la iglesia.

Muy pronto, el Tabernáculo se convirtió en el mayor centro de avivamiento en el estado, y tal vez en toda el área de las Rocallosas. Todo era nuevo y a las personas les encantaba.

Pero todo esto llegaría a un repentino y tempestuoso fin. Heridas profundas y una falta de confianza opacaría la felicidad y el éxito que Kathryn y Hellen habían experimentado en Colorado. Mientras estaba ministrando en Denver, Kathryn se enamoró de Burroughs A. Waltrip, un

evangelista casado y padre de dos hijos. Su casamiento in-
sensato con Waltrip y el mudarse a Iowa terminaría con la
relación de diez años que había gozado con Hellen. Veían a
aquellos que una vez habían respaldado al Tabernáculo
marcharse con ira y desilusión; el Tabernáculo de Avivamiento de Denver, una vez floreciente, tosía y echaba saliva
y se convertía en una sombra de lo que había sido en los
gloriosos años entre 1933 y 1938. Las personas de Denver
que criticaban al Tabernáculo –desde el Capitolio con su
cúpula dorada hasta las tabernas de los barrios– finalmente
tenían algo de qué reírse en aquellos tiempos difíciles.

Pero ante los altibajos de Denver, vino Steamboat y
Pueblo. Steamboat Springs yace tenazmente al lado oeste
de las Rocallosas, donde la carretera U.S. 40 empieza a ser-
pentear hacia Rabbit Ears. Por allí pasa a una altura de
2.873 metros, 251 kilómetros al noroeste de Denver. Sólo
hay 1.108 personas en la lista del censo de 1930, pero actualmente la gran industria turística –en especial las famosas cimas para esquí– hace de éste pueblo de seis mil habitantes uno de los mejores centros vacacionales del Oeste.

En 1933, Kathryn y Hellen vieron a Steamboat Springs
como una importante puerta a Colorado y aun más lejos
–el primer paso para llegar al Este. Aquí, ellas ministraron
con Stephen e Ina Fooks, una pareja que influenciaría sus
vidas grandemente al estar en Denver.

Stephen Fooks era inglés, un predicador congregacional que se había mudado a América y se había familiarizado con Ina Rusk en la Iglesia Stone, de Chicago, un centro
pentecostal importante, poco después del inicio del siglo.
Ina había crecido en la iglesia, y se dice que su padre fue la
primera persona que había sido bautizada en el Espíritu en
la Iglesia Stone. Ella también recibió allí el bautismo del Espíritu Santo.

Durante años, los conservadores Fooks habían estado
pensando sobre la realidad de la experiencia pentecostal,

pero no fue sino hasta 1931 que él –mientras pastoreaba en Pittsfield, Illinois– fue lleno del Espíritu Santo.

La experiencia vino seguida a la amistad de los Fooks con los pastores de la iglesia de la Asamblea de Dios de Quincy, Richard y Adele Carmichael –cuyo hijo de cuatro años de edad, un niño prodigio en esa época, creció para convertirse en el músico Ralph Carmichael.

Cuando Carmichael invitó a los Fooks a predicar en una serie de reuniones en la iglesia de Quincy, la congregación empezó a orar que su evangelista fuera bautizado en el Espíritu Santo. Y su comprensión de la experiencia significaba que también debía hablar en lenguas –igual que lo hicieron los 12 el día del pentecostés.

Ante la sugerencia de Carmichael, y con el ánimo de Ina, Fooks estuvo dispuesto a orar por tal experiencia después de predicar esa noche. Carmichael le dijo que se arrodillara en el banquillo del piano con Fooks, quien estaba «jadeando bajo la unción del Espíritu Santo». Unos minutos después, llegó la respuesta a sus oraciones. «El predicador alzó rápidamente sus manos, y con su cara levantada empezó a hablar en una lengua desconocida –el lenguaje del Espíritu».[2]

Fooks exclamó más tarde: «Literalmente respiré en el Espíritu». Cada sermón que Fooks predicó después de esa experiencia fue poderoso, de acuerdo a un informe de Carmichael en una publicación pentecostal.[3] Una noche predicó sobre el bautismo del Espíritu Santo, y el Espíritu estuvo sobre él de tal manera que le costó trabajo terminar su mensaje.

Tres meses después, Fooks predicó en la Iglesia Stone de Chicago, la iglesia de Ina, un púlpito cuidadosamente reservado para los pentecostales. Así empezó un nuevo capítulo en el ministerio de un predicador congregacional y conservador inglés, un capítulo que involucró a Kathryn Kuhlman y a Hellen Gulliford.

Esa asociación sucedió después de que Fooks aceptó el

pastorado de la iglesia congregacional en el clima alpino de Steamboat Springs, dónde él abrió su iglesia a Las Chicas de Dios, recién desempacadas de Idaho.

Dándose cuenta de la falta de educación teológica en Kathryn, Fooks amablemente la tomó por separado y le ofreció puntos más refinados de teología y la ayudó a desarrollar sus habilidades como predicadora.[4]

De Steamboat Springs, Kathryn y Hellen cruzaron las Rocallosas y fueron a Pueblo, a principios de junio de 1933, donde Earl Hewitt, su gerente, había arreglado servicios en el Templo Masónico de la calle central.

Kathryn trabajaba duro para crear títulos de sermones que cautivaran el interés de las personas, a fin de que asistieran a los servicios. Sus títulos incluían «Los pollitos vienen a la casa del gallo», «El valle de los huesos secos» y «Los tres pasos hacia un mundo perdido». Tenía que mantener los temas interesantes, ya que las mejores películas de Hollywood estaban a unos pasos del Templo Masónico. Los del lugar podían ver a Mary Pickford en *Secrets*, James Cagney en *The Picture Snatcher*, o a Randolph Scott en *Sunset Pass*, de Zane Grey –todo por sólo veinticinco centavos por película.[5]

Los registros muestran que Las Chicas de Dios le dieron a Hollywood una buena pelea. Con multitudes frecuentes de setecientas personas –a pesar de la temperaturas de más de treinta grados– el Templo Masónico estaba sonando con un nuevo sonido. Kathryn predicaba y contestaba preguntas hechas por la audiencia, y Hellen dirigía la música, y todo esto atraía a nuevas personas cada noche. Al término de las seis semanas, más de 100 personas se habían puesto de pie al final de los sermones de Kathryn y se arrodillaban en el altar.

El ministerio en Pueblo no pasó sin sus incidentes curiosos. En su entrevista con Emily Gardner Neal para *Redbook*, en 1950, Kathryn contó de un servicio cuando un borracho casi echaba a perderlo todo. Sucedió por causa de que Kathryn, consciente de que podía ser criticada por la ropa que utilizaba, pensó que algunos pensarían que estaba mal si utilizaba más de un vestido. Es por eso que, con la ingenuidad de los Kuhlman, ella sólo tenía tres vestidos amarillos, todos con el mismo modelo. «En mi última reunión en Pueblo, las cabezas estaban inclinadas en oración. De pronto la quietud fue perturbada por la voz de un borracho: "Dios mío, ¿jamás voy a poder librarme de ese vestido amarillo? ¡Lo veo cuando me duermo por las noches! ¡Lo veo durante todo el día! ¡Me anda persiguiendo!"

»La reunión pudo proseguir después de la interrupción inesperada y de la apagada risa, pero apenas lo logramos.»[6]

Las reuniones en Pueblo seguían un patrón que Las Chicas de Dios habían instituido en Idaho, el cual habían tomado de Everett y Myrtle Parrot. En lugar de establecer iglesias, se veían a sí mismas como evangelistas itinerantes –Kathryn era la predicadora y Hellen la músico. Las reuniones se llevaban a cabo en iglesias existentes o en otros edificios –desde la Pocatello's Opera House hasta el Templo Masónico de Pueblo, el cual anteriormente había sido un edificio de Sears.

Intentando alcanzar a los inconversos y animar a los creyentes de las iglesias, Kathryn operaba independientemente sin nada a lo cual unirse y sin nada que firmar. De esta manera, atraía a los que no tenían iglesia y que buscaban un hogar temporal para adorar. Y más tarde, Kathryn vio al Tabernáculo como un refugio para muchos que no habían encontrado satisfacción en sus propias iglesias. Luego, cuando éstas personas estaban satisfechas con su experiencia espiritual –incluyendo el bautismo en agua por inmersión– y habían recibido un entrenamiento bíblico limitado, eran enviados fuera para convertirse en obreros «fundamentales» en cualquier iglesia a la que asistieran. Así Kathryn y Hellen podían seguir adelante e ir a los que ellas consideraban otras ciudades necesitadas.[7]

Su ministerio fue diseñado como una atracción temporal, casi como un equipo médico de visita que lleva obreros y medicina a países del tercer mundo para detener una plaga, y que después se marchan cuando los nacionales han sido entrenados para cuidar de sus propios pueblos. Esa era la manera en que Kathryn quería que continuara. Y Hellen parecía satisfecha con ese llamamiento.

Si había una cosa que Kathryn quería evitar, era establecerse en un lugar como pastora. Los hombres habían sido llamados a ser pastores –no las mujeres, decía. Se reía cuando alguien la llamaba «la pastora Kuhlman», o «reverenda Kuhlman», o inclusive cuando se referían a ella como a la mujer predicadora. El mudarse a Denver iba a cambiar todo eso.

Al seguir los pasos de éste equipo femenino de evangelismo, uno no puede pasar por alto la época durante la cual operó, la presión emocional y financiera bajo la cual vivía su audiencia.

El decir simplemente que los tiempos eran difíciles en el año 1933 no es suficiente. Las condiciones no tienen paralelo en la historia americana. Cerca del 30% de la fuerza de trabajo estaba sin empleo, e inclusive aquellos que tenían trabajo lo hacían por tan sólo diez centavos la hora. Sin dinero para comprar comida, muchas personas sufrían de desnutrición –algunos, inclusive, pasaban hambre. Una nación temerosa formaba filas en los bancos para retirar sus ahorros. Se retiraron cerca de mil millones de dólares en un período de dos semanas en febrero de 1933.

«La única cosa a la que debemos temer es al temor mismo», dijo el presidente entrante Franklin D. Roosvelt, conforme asumía la presidencia el 4 de marzo. Aunque se vio algo de esperanza con la inauguración del Presidente Roosvelt, la recuperación económica sería lenta, y no mostraría mucha vitalidad hasta que se iniciara la Segunda Guerra Mundial, ocho años más tarde. Típica acerca del estado de humor nacional es cierta historia de Iowa, sobre una multitud que amenazaba con linchar a un agente de una compañía aseguradora de Nueva York, si es que no aumentaba la oferta de la compañía en un remate de granjas para así cubrir la hipoteca. Con el permiso de la compañía, la hipoteca de $30.000 fue cubierta y se salvó la vida del agente.

En Denver, hombres y mujeres sin empleo podían ser vistos formando una línea a lo largo del South Plate River, recibiendo instrucciones de la Escuela de Oportunidades de Emily Griffith para buscar oro. Si tenían suerte, podían regresar a casa con oro por el valor de un dólar.

La gente sin casa y los vagabundos a lo largo de South Plate, soportaron los tiempos difíciles a la intemperie, mientras que otros construían refugios de adobe, cartón y trozos de madera en lugares a los que llamaron «hoovervilles» –en un revés obvio para el presidente Hoover, por sus fracasos financieros.

El ministerio de Denver tiene su origen en una gran apertura el 27 de agosto de 1933, en un antiguo almacén de Montgomery Ward, en el 1733 de la Calle Champa, a unas cuantas calles del capitolio estatal. Aunque se habían planeado dos semanas de reuniones, el avivamiento se convirtió en una iglesia completa y continuó bajo la dirección de Kathryn hasta que se casó en 1938.

La multitud que vino al almacén de Kathryn la primera noche, fue de 125 personas, aunque había lugar para 500. El gran piano rentado de Hellen Gulliford y sus aptitudes para el teclado parecían fuera de lugar en el improvisado almacén, pero esto no parecía importarle demasiado. Una amistad de aquellos tiempos recordaba: «Ningún lugar era demasiado grande ni pequeño para Hellen». Aunque había tocado en reuniones grandes con evangelistas famosos, pequeñas misiones y almacenes, nunca estaban por debajo de su dignidad, siempre y cuando Dios estuviera en la reunión.[8]

La segunda noche de las reuniones de Denver atrajo a 400 personas que llegaron para ver si era verdad lo que habían escuchado sobre el último esfuerzo de avivamiento. La mayoría de ellos se quedaron.

Aunque el viejo almacén difícilmente estaba diseñado con la acústica necesaria para tener un sonido agradable, resonaba con alegres cantos congregacionales y muchos números especiales, incluyendo a las siempre populares hermanas Mildred, Lucille y Thelma Anderson.

Kathryn se hizo muy allegada a Alfred y Agnes Anderson, así como a sus hijas durante los años que estuvo en Denver. Anderson, quien era un contratista, era el personaje típico de Denver que veía a Kathryn como a una pastora –aun cuando Kathryn prefería ser conocida como evangelista. Se podía contar con su presencia, contribución y fiel amistad.

Es interesante que fuera Aimee Semple McPherson quien había sacado a los Anderson de su iglesia presbiteriana, mientras dirigía reuniones en Denver casi doce años atrás. Su hijo Clem pasó por el lugar donde Aimee estaba predicando y se fue a casa para contarle a su familia sobre las reuniones. Alfred inmediatamente cayó sobre sus rodillas y regresó a su antigua fe, pero en ésta ocasión era más expresiva y al estilo pentecostal.

Ahora, en 1933, otra brillante joven evangelista los atraía magnéticamente de su medio litúrgico y los llevaba al antiguo almacén de Ward, el cual tenía un estilo de cantos y predicación campesino. Casi convirtiéndose en un miembro de la familia, Kathryn pronto compartiría con ellos sus tristezas y sus alegrías, incluyendo el nacimiento de la hija de Thelma, Marjorie. Y Kathryn las animó para que con sólo un año y medio, Marjorie se convertiría en una de las solistas del Tabernáculo. Pero la historia no termina ahí. Cuando Marjorie terminó el bachillerato, Kathryn la ayudó para que tuviese una educación universitaria. Al igual como lo había hecho con muchas otras personas unos cuarenta años después de que la familia Anderson se uniera al Denver Revival Tabernacle, Kathryn le hizo una llamada de emergencia al hombre con el que Marjorie se había casado, Paul Ferrin. Necesitaba con desesperación un pianista para su programa de televisión y quería contratar a Ferrin. También lo retuvo para que dirigiera el coro del doctor Arthur Metcalfe, poco después de la muerte de este, en 1975.

Una clase de muchachas adolescentes que Mildred Anderson organizó en 1935, merece una atención especial, ya que es lo que queda del Tabernáculo: el grupo sobreviviente de la gloria de los días de la Depresión. Conocida como la Clase del Evangelio, el grupo de cincuenta o sesenta chicas evangelizaron a las chicas de su edad y las introdujeron a la vida del Tabernáculo. Aun cuando este se dividió después del casamiento de Kathryn en 1938, Mildred Anderson jamás perdió su interés por la Clase del Evangelio, y las unía periódicamente para tener compañerismo y un devocional. Después de la muerte de Mildred, otras aceptaron el liderazgo, y en su reunión de noviembre de 1992, Margaret Tubbs Downum presidió ante veintidós de los miembros originales –muchas ahora ya son abuelas y bisabuelas.

A Lucille Anderson Milton, la única sobreviviente de la familia Anderson –y también miembro del trío favorito de Kathryn– se le llenan los ojos de lágrimas al pensar en los años de gloria del Denver Revival Tabernacle. «Era una iglesia maravillosa, y Kathryn era una ministra maravillosa, compasiva, y una amiga».[9]

Esa amistad que empezó en 1933, le pagó grandes dividendos a Kathryn por el resto de su vida.[10]

Siempre orgullosos de su sol, los habitantes de Denver pueden recordar los pensamientos de un escritor del siglo diecinueve sobre las virtudes del sol que otras ciudades no tienen:

«*Sol para los pálidos y temblorosos,*
Sol para los friolentos y débiles.
Dando labios pálidos a los rubíes
Y el rosa a la mejilla de la palidez.»

Pero Kathryn sabía que tomaba algo más que un rayo de sol para darles a las personas un sentido de pertenencia, perdón y paz. Y Denver tenía necesitados, de la clase alta hasta aquellos que sobrevivían en las *hoovervilles*, quienes encontrarían un hogar en el Denver Revival Tabernacle. Las personas necesitaban escuchar un evangelio práctico, que pudieran aplicar a su vida cotidiana, y Kathryn tenían un don para presentarlo de esa manera.

La comida espiritual no era lo único que Kathryn y sus asociados servían. Tomando una idea del comedor que Aimee Semple McPherson operaba en Los Angeles, Kathryn sintió que tenía responsabilidad para con algunos de los hambrientos de Denver. Haciéndole un desafío a su congregación, les rogó a aquellos que tuvieran alimentos de más para que los compartieran con los que tenían poco o nada que comer. Y al igual que el fundador del Ejército de Salvación, William Booth, Kathryn le dijo a su congregación que tendrían una mayor probabilidad de alcanzar a las personas si se preocupaban de su hambre física.[11]

Lucille Anderson Milton vio otra faceta de Kathryn, la compasión que sentía por las personas abandonadas y aquellas ignoradas por la sociedad. Ya tarde, una noche después de que Kathryn y varios más habían orado con los nuevos convertidos en el altar del Tabernáculo, salieron de la iglesia para dirigirse a un restaurante. Fuera del Tabernáculo se conmovieron al ver a un hombre sobre el piso, el cual parecía estar muerto.

«Kathryn se arrodilló y nos dijo que estaba vivo, pero que había estado bebiendo», recuerda Lucille. «Metió la mano en su bolsillo buscando una identificación y vio que vivía no lejos del Tabernáculo».[12]

Dirigidas por Kathryn, las mujeres levantaron al hombre y lo ayudaron a llegar a su casa, en donde una madre agradecida se hizo cargo de él.

Años después, aun después de que Kathryn se hubiera convertido en un figura internacionalmente conocida, David Wilkerson, el fundador de *Teen Challenge* (Desafío juvenil) vio la misma compasión: «Ha caminado conmigo en los ghettos de Nueva York y colocó manos de amor sobre los adictos sucios. Jamás se retrajo; su interés era genuino».[13]

Las personas de Denver, desde principios de 1934, habían notado que la compasión de Kathryn era sincera y no tenían que verla inclinada ante un borracho como prueba de que lo fuera. Lo veían en cada servicio y también fuera de la iglesia. Desde su perspectiva, Kathryn sencillamente tenía una carga de llegar a las personas con el Evangelio.

Pronto se hizo evidente que el viejo almacén no sería suficiente para la gente que quería estar en las nuevas reuniones en Denver.

Aparte de eso, Montgomery Ward necesitaba lo que ahora era su almacén santificado.

Mientras tanto, Kathryn y Hellen discutían con Earl Hewitt la posibilidad de mudarse a otra ciudad. Su avivamiento de dos semanas se había alargado por mucho más tiempo del que habían planeado, y tenían confianza de que la buena semilla que habían plantado daría un fruto abundante.

Pero los de Denver aún no estaban listos para dejarlas ir. En un servicio en el que Kathryn anunció que la etapa de Denver ya se iba a cerrar, los fieles empezaron a protestar. Un hombre se puso de pie y desafió a Kathryn para que reconsiderara sus planes de marcharse.

Empezó diciendo: «Jovencita, ya es hora de que deje de andar de arriba para abajo. La necesitamos aquí». Mientras Kathryn veía al hombre que prácticamente no conocía, éste continuó con su ofrecimiento. «Si accede a quedarse en

Denver, yo mismo financiaré el pago inicial del edificio más grande que pueda encontrar».[14]

A pesar de la convicción de que los hombres deberían pastorear las iglesias y que las mujeres eran mejores evangelistas que los pastores, accedió a quedarse y a buscar otro edificio. En breve, la congregación se estaba reuniendo en otro almacén vacío en el 1942 de la calle Curtis. Y no pasó mucho tiempo antes de que reunieran cuatro mil dólares para la compra de un edificio. Sin desearlo, Kathryn había sido metida en una situación que quería evitar.

Encontró tal edificio en la Nueve Oeste y Acoma, el antiguo establo de caballos, el almacén que antiguamente le había pertenecido a Danniel & Fischer, una tienda departamental dónde sólo los ricos podían comprar durante la Depresión.

Durante tres meses, a principios de 1935, los voluntarios llegaron al edificio para renovarlo en preparación para la gran apertura en el Memorial Day. Un anuncio de cuarto de página en el *Denver Post* tenía el siguiente encabezado: «¡Gran Apertura del Jubileo!». Eso le dijo a los pobladores de Denver que algo estaba sucediendo en la Nueve y Acoma. Cuando llegó el día, un edificio con nueva vida y que una vez albergaba caballos y camiones, ahora saludaba a una multitud compuesta por todo tipo de personas, desde el gobernador Ed Johnson y el alcalde Benjamin Stapleton, hasta aquellos que no tenían hogar.

«Una brillante luz de neón de veintiún metros anunciaba que la Casa de Dios estaba en orden, y desde entonces le ha recordado a los transeúntes que su obra continúa. Otra luz de neón en la parte superior del edificio le anuncia a una generación que duda, con letras de 90 centímetros de largo, que "LA ORACIÓN CAMBIA LAS COSAS". Se ve la siguiente inscripción en la pared de la calle Nueve: "Kathryn Kuhlman, evangelista".»[15]

Detrás del púlpito, las palabras –con luces de neón– «Jesús nunca falla», era un recordatorio constante a los visitantes, al igual que para los que asistían regularmente, que la iglesia era consistente con respecto a tener una relación personal con el Señor Jesucristo.

Al igual que el clima, Kathryn difícilmente podía haber escogido peor día. Los cielos se abrieron y murallas de agua llegaban de los bancos de South Platte hasta las calles. Fue una de las peores inundaciones que Denver recuerda. Pero aun así una multitud de dos mil quinientas personas se reunieron en el auditorio que tenía cabida para dos mil. Cerca de mil debieron regresar a casa por falta de espacio. Aquellos que no pudieron entrar tuvieron que conformarse con escuchar el servicio de dedicación que se transmitió por la estación KVOD.

Kathryn, a quien siempre le gustaban las cosas en grande e interdenominacionales, no podría haber quedado más complacida con el programa que Phil Kerr y otros asociados prepararon para «La Gran Apertura del Jubileo». Además del coro del Tabernáculo –notorio por las faldas blancas y las chaquetas rojas de las mujeres–, la banda y orquesta con setenta y cinco personas de la iglesia East Side Christian llenó la iglesia con su música. Los bautistas estuvieron representados con el cuarteto masculino Judson. Otros más contribuyeron a la parte musical de la celebración, y fue lo que llevó a la presentación de Floyd B. Johnson, un predicador de Chicago, quien concluyó las festividades con su sermón: «La pregunta más grande del mundo en la actualidad».

¡Qué noche!

A pesar de la lluvia y de los ríos que inundaban a Denver y a las ciudades aledañas, la multitud salió del Tabernáculo convencida de que verdaderamente algo bueno estaba sucediendo en el antiguo establo.

Si el éxito de una iglesia pudiera medirse solamente por la gente, el Denver Revival Tabernacle hubiera sido catalogado como uno de los más exitosos de Denver. Al incrementarse el número de asientos en el edificio de la Nueve y Acoma, Kathryn –o uno de los frecuentes oradores que la visitaban– podía ver un mar de dos mil rostros sonrientes.

Kathryn, Hellen, Phil Kerr y otros que estaban a cargo de los servicios trabajaban fuertemente para crear programas de música que inspiraran, así como en presentar una predicación del Evangelio que moviera a las personas. Y las personas llegaban temprano para ocupar los mejores asientos.

Los domingos, la iglesia contrataba autobuses para recoger a niños que no tenían iglesia y traerlos a las Escuela Dominical. En dos años la Escuela Dominical había crecido de 100 a 600, y Kathryn era cuidadosa en decirle a los reporteros y a los visitantes que no se permitía ningún proselitismo. Si los niños estaban asistiendo a otras Escuelas Dominicales o a otras iglesias, los obreros del Tabernáculo tenían instrucciones de animarlos a que permanecieran fieles a sus congregaciones.

Kathryn sabía que Denver estaba lleno de personas lastimadas y que necesitaban experimentar la gracia de Dios –lo mismo que ella había encontrado en la iglesia metodista de Concordia algunos años antes.

Dennis Brown era una de esas personas lastimadas, una de aquellas por quien habían orado los guerreros de la oración del Tabernáculo. Tal vez no conocían a Brown, pero estaba incluido en su lista de desconocidos que debían ser alcanzados por el ministerio del Tabernáculo.

Brown había crecido fuera de cualquier iglesia, creyendo que él podía hacer todo por sí mismo. Pero su esposa se había convertido en el Tabernáculo, al igual que sus dos hijos en la Escuela Dominical. La señora Brown sabía que la paz que ellos habían encontrado era lo que Dennis necesitaba.

Dennis Brown jamás olvidará el viernes por la noche del 21 de junio de 1935, tan sólo tres semanas después de la gran apertura. El recuerda: «Mi esposa me dijo que asistiéramos a una reunión de avivamiento que dirigía Jack Munyon, en el Denver Revival Tabernacle».[16] Era una atmósfera extraña para Dennis Brown, pero lo obligó a examinar su vida. Cuanto más profundo iba Munyon en su mensaje evangelístico, más sabía Dennis Brown que era un pecador que iba camino al infierno. Pero Munyon, quien era pastor en Pittsburgh, presentó el otro lado de la historia, la misma historia que Kathryn había estado contando durante dos años. Un Dios de amor estaba listo para que en un solo momento todas las transgresiones de Brown fueran perdonadas.

Brown sabía que necesitaba lo que su esposa e hijos habían encontrado, y lo que Munyon estaba predicando. Detrás de Munyon, Brown podía ver las letras de neón «Jesús nunca falla», y el predicador lo estaba convenciendo de que eso era verdad. Cuando empezó el himno de invitación y Munyon invitó a los pecadores para que aclararan cuentas con Dios, Brown dio un paso hacia el pasillo, y otro más. Pasó al frente junto con otros que tenían la misma convicción. Cuando llegó al altar, cayó sobre sus rodillas.

Esa noche de junio, en la parte exterior del Tabernáculo, el gran anuncio de neón decía, «La oración cambia las cosas», y la prueba fue la vida cambiada de Dennis Brown.

Brown se convirtió en un predicador bautista, y en 1940 empezó a publicar el diario *Western Messenger*. A sus ochenta y tres años, cuando hablé con él por teléfono en el año 1992, Brown continuaba siendo el pastor principal de dos iglesias bautistas –una en Greeley, Colorado, y la otra a unos dos mil kilómetros, en Yakima, Washington –y aún continúa editando el diario. Y eso no es todo, sino que dos generaciones lo han seguido en el ministerio.

Casi sesenta años después, Dennis Brown aún tenía vivos recuerdos de su conversión en el Tabernáculo. Tratando de apagar sus suspiros, recordó nuevamente su experiencia, y muchos años después, en un momento enternecedor, fue a caminar cerca del antiguo Tabernáculo: «Tuve una reunión de oración con el Señor en esa esquina», añadió.

A pesar de la desaprobación por parte de Brown con respecto a que las mujeres prediquen, y sintiéndose más cómodo entre los bautistas, está agradecido de que Kathryn y otras personas de Denver hayan establecido un centro que alcanzó a su familia y a muchos más.[17]

Algunos pentecostales cuestionan si en realidad Kathryn era una «verdadera pentecostal» antes y después de los cinco años que ministró en Denver. Las evidencias parecen concluir que lo fue, aunque ella evitaba discutir sobre el hablar en lenguas. Dispuesta a ministrar a creyentes de todas las iglesias, pensaba que ciertas prácticas, incluyendo el hablar en lenguas, sería algo que dividiría a las personas en las reuniones públicas.

Parece que Kathryn se sentía más cómoda predicando sobre temas evangelísticos que en mensajes diseñados a convencer a los creyentes que debían ser bautizados en el Espíritu Santo. Ella oró por los enfermos al principio de su ministerio, pero aparentemente dejó la predicación pentecostal para otros.

Cuando el pentecostal William J. «Billy» Watson predicó en el Tabernáculo durante dos meses, Kathryn le pidió que predicara sobre el bautismo del Espíritu Santo, lo cual era algo nuevo para muchas de las personas del Tabernáculo. Le pidió a la esposa de Watson que se hiciera cargo del salón de oración en donde aquellos que buscaban la experiencia pentecostal pudieran ir a orar después del sermón. Los Watson fueron un equipo ideal para ayudar a los del Tabernáculo a tener una experiencia espiritual más profunda, y varios recibieron el bautismo del Espíritu hablando en lenguas.[18]

Lottie Anthony, quien había crecido dentro del Ejército de Salvación, **puede** atestiguar que Kathryn creía en el bautismo del Espíritu Santo hablando en lenguas. Lottie experimentó la bendición el día del cumpleaños de Kathryn en 1934, antes de la predicación pentecostal de Watson.[19]

Kathryn y Lottie se habían conocido brevemente en 1924, cuando Kathryn fue a Oregon con los Parrot. Pero no habían tenido comunicación hasta que Kathryn, Hellen y Earl Hewitt vinieron a Denver en 1933. Lottie, continuando con el entrenamiento del Ejército de Salvación, estaba trabajando en Denver como oficial en trabajos del Ejército.

Cuando tenía momentos libres de sus obligaciones con el Ejército de Salvación, Lottie se iba al Tabernáculo y tocaba su clarín. Posteriormente, ella dirigió la orquesta. Kathryn solía presentarla como «¡La pequeña chica del Ejército de Salvación!» Y tuvieron una amistad cercana que duró veinticinco años –en Denver, Mason City, en el circuito de avivamiento y durante los primeros años del tiempo en Pittsburgh.

Lottie no recordó mucho sobre el tiempo de Denver antes de mencionar la noche en que ella –un oficial del Ejército de Salvación– fue bautizada en el Espíritu Santo. El Ejército de Salvación se aferra a una tradición de santidad que no incluye el hablar en lenguas, y –al menos durante el período que Lottie trabajó en Denver– fruncía el cejo a los miembros que se mezclaban con los pentecostales.

Lottie recuerda: «Había estado orando y ayunando –algo que Kathryn me había enseñado–, cuando Kathryn y Hellen me pidieron que cenara con ellas para celebrar el cumpleaños de Kathryn, el 9 de mayo de 1934», Lottie no aceptó la cena por causa de su ayuno, pero asistió esa noche al servicio.

Lottie aun recuerda el sermón que predicó Kathryn y una ilustración especial que ha permanecido con ella durante casi sesenta años. «Predicó sobre el vaciar nuestra vida del "yo" y permitir que el Espíritu Santo la llenara.»

Utilizando siempre ejemplos sencillos y repitiéndolos para que comprendieran su mensaje, Kathryn ilustró su charla esa noche como si fuera caminando hacia un arreglo de flores. Conforme la observaban los sorprendidos espectadores, sacó las flores del jarrón y luego vació el agua. Después de eso, sólo era aire lo que llenaba el florero, y así sugirió, con palabras e ilustración, que los creyentes deberían vaciar sus vidas de ambiciones egoístas y permitir que el Espíritu Santo los llenara.

Después del sermón, Lottie Anthony estaba lista para vaciarse y volver a ser llenada. Mientras sus amigos salvacionistas y nazarenos observaban, ella se arrodilló ante el altar y empezó a orar. Dándose cuenta de la escena, Kathryn se volvió a Hellen y le dijo: «Hellen, algo le va a suceder a Lottie esta noche».

Lottie aún se emociona cuando habla sobre la experiencia de esa noche:

> «Vi al Espíritu Santo venir sobre y dentro de mí. Era como una bola del fuego que venía desde el cielo y hacia mí. Y se volvió como miel derretida. Vino sobre mi boca y sobre todo mi ser. Fui llena del Espíritu Santo, sin saber qué era lo que sucedía. Hablé en lenguas y reí con risa santa. Me perdí en el Espíritu y me preguntaba por qué Kathryn estaba alumbrándome con una luz muy brillante. No era la luz de Kathryn; era la luz del cielo. Desde ese día hasta ahora me he entregado por completo a Él.»[20]

Aunque Kathryn jamás promovió una reunión de oración pentecostal o carismática en sus servicios de milagros –inclusive prohibía el hablar en lenguas, el don de profecía u otras manifestaciones– ella creía que el bautismo del Espíritu Santo era para la Iglesia.

Su interpretación literal de la Biblia, el surgimiento del movimiento carismático y su propia experiencia la habían convencido de eso. Sin embargo, difería de los carismáticos y de los pentecostales, al limitar las manifestaciones a grupos pequeños, y no en los servicios de milagros.

El tema del bautismo del Espíritu Santo no afectó a los seguidores de Kathryn de Pittsburgh, sino hasta que empezó el movimiento carismático en los años sesenta.

El miembro del coro, Millie Heldman, jamás olvidará la semana que la experiencia le dio poder –y trajo división– a los miembros del coro de Pittsburgh, mientras Kathryn estaba en California.

«El doctor Ray Jarman, un antiguo predicador liberal que recientemente había sido bautizado en el Espíritu, habló a la congregación», recuerda Millie, «y antes de que Kathryn se fuera a California me pidió que preparara una reunión para las personas que querían tener dicha experiencia».[21]

Millie fue sólo una de las varias personas que fueron bautizadas en el Espíritu, y que hablaron en lenguas. «Es una experiencia que jamás olvidaremos», dijo con un gran sentimiento, «pero trajo controversia al ministerio, y algunos no querían hablar de ello.»

A causa del elemento divisorio que trajo al coro, nadie sabía cómo Kathryn le iba ha hacer frente a la situación. Pero Millie decidió que todo sería claro. «No me importa lo que me hagan», le dijo a Kathryn. «Tal vez quieran echarme fuera del ministerio del coro, pero sé que lo que recibí fue algo real».[22]

La leal Millie Heldman podía descansar.

«Millie, no creas que yo no lo sé», contestó Kathryn con mucho cariño. «No estábamos listos para esto hace diez años. No estábamos listos hace cinco años.»

Y luego, tal vez reflexionando sobre su propio bautismo en el Espíritu Santo años antes –o tal vez en las experiencias de personas como Lottie Anthony, su «pequeña chica del Ejército de Salvación»– añadió: «El tiempo es ahora».[23]

En 1934 tenía diez años de estar fuera de Concordia, y

el Tabernáculo acababa de pasar la Navidad, cuando recibió noticias de que su padre se había lastimado gravemente al cruzar una calle llena de hielo en su pueblo natal.

Neal Oetling, un estudiante que estaba de vacaciones, iba conduciendo por la calle principal cuando de pronto, en medio de una densa niebla, vio en la mitad de la calle a un hombre con el cuello subido hasta las orejas y cargando una bolsa. Oetling intentó detener el auto y giró a la izquierda para esquivar al hombre: Joe Kuhlman.

Todo eso es cierto. Pero lo que sucedió en los próximos segundos no lo es. Si el auto realmente golpeó a Kuhlman no pudo ser determinado. El coronel del jurado dijo que Kuhlman se tropezó y se cayó hacia adelante, sufriendo una fractura de cráneo. Dieron el veredicto de que fue un accidente inevitable.

Joe Kuhlman jamás recuperó la conciencia y murió a la mañana siguiente, el domingo 30 de diciembre de 1934, en la gran casa de la calle St. Louis.

Cuando Kathryn se enteró del accidente, no estaba al tanto de que era algo fatal. Ella y Hellen entraron en su auto e iniciaron el viaje de 960 kilómetros a través de las peligrosas autopistas de invierno de Colorado y Kansas.

«Sólo Dios sabe cuán rápido conduje en aquellos caminos congelados», escribió Kathryn, «pero sólo podía pensar en mi padre. Papá me estaba esperando. Papá sabía que estaba en camino».[24]

Antes de llegar a Kansas City, Kathryn estacionó el auto cerca de un teléfono y llamó a casa. Fue entonces cuando se enteró de que su padre había muerto. Se rehusó a creer las noticias, pero al llegar a Concordia y ver el cuerpo de su padre que alguna vez fue fuerte y ahora estaba sin movimiento en el ataúd, se dio cuenta de que era verdad.

La amargura en contra de Neal Oetling, a quien ella responsabilizaba de haberle quitado a su querido padre, sencillamente la abrumaba. Años después ella escribió un artículo para la revista *Guideposts*, en el cual ella decía cómo

Dios la había ayudado a sobreponerse al dolor y la amargura. Titulado «Mi primera curación», ella escribió que al estar de pie ante el féretro abierto de su padre, el significado de la resurrección se le hizo muy claro. «De pronto ya no le tenía más miedo a la muerte; y conforme desapareció mi temor, así mismo desapareció mi odio. Fue realmente mi primera experiencia de sanidad».[25]

Dos remordimientos sobre su padre perseguirían a Kathryn por el resto de su vida. El primero fue que él jamás la escuchó predicar. Al hombre que le molestaban los predicadores le debería haber gustado esta. El segundo remordimiento es que ella no estaba segura de que su padre estuviera preparado para morir; no tenía la seguridad del escritor del periódico que escribió que Joe Kuhlman había sido miembro de la iglesia bautista durante toda su vida, y que fue colocado para descansar en el cementerio de la iglesia, «para esperar que lo llamara su Señor y Salvador».[26]

Kathryn encontró en Denver a una multitud simpatizante que aguardaba su regreso y el de Hellen, de Concordia. Lottie Anthony jamás olvidará ese servicio: «Kathryn nos habló de Papá Kuhlman y del accidente, y luego, mientras Hellen tocaba el piano, cantó un himno de consuelo y esperanza». No era sólo para ella misma, sino también para aquellos en la congregación que lamentaban la pérdida de sus seres queridos.

«En el cielo no hay desilusión.
No hay cansancio, tristeza ni dolor.
No hay corazones que sangren ni que estén
quebrantados,
No hay himno con un estribillo menor;
Nuestras nubes de nuestro horizonte terrenal
Jamás aparecerán en el cielo,
Porque todo será sol y alegría,
Y jamás habrá un suspiro ni un sollozo.»

Difícilmente había un ojo seco en el ex almacén. Después de ésta estrofa, Kathryn entonó el coro:

«Me dirijo a esa hermosa ciudad,
Que mi Señor ha preparado para los suyos;
Donde todos los redimidos de todas las edades
Cantarán "gloria" alrededor del blanco trono;
Algunas veces siento nostalgia por el cielo,
y por las glorias que allá veré:
Qué gozo será cuando a mi Salvador yo vea,
en esa hermosa ciudad de oro.»
—F.M. Lehman

El recuerdo de Papá Kuhlman fue una fuerza motivadora en el resto de la vida de Kathryn. Amaba a su madre, pero fue a Papá a quien frecuentemente utilizaba en una ilustración o cuando ella quería recordar su niñez.

Nadie podía predecir lo que sucedería nueve meses después de la muerte de Joe Kuhlman. Después de la dedicación del nuevo Denver Revival Tabernacle, Kathryn encontraría la imagen del padre en un evangelista que los visitaba, Burroughs A. Waltrip. A la edad de treinta y tres años, el atractivo y dotado Waltrip era seis años mayor que Kathryn –once años mayor si le creen a Kathryn. Su buena apariencia, su encanto sureño y las habilidades que había mostrado bajo las lonas en Austin, Lake Charles, Temple y una docena más de otras ciudades sureñas facilitó las cosas para que la gente de Kathryn se enamorara de Waltrip.

Y la más enamorada era la misma Kathryn Kuhlman.

Sólo un problema hizo que los fieles del Tabernáculo no aprobaran la relación y el casamiento: Waltrip estaba casado y tenía dos hijos en Austin, Texas.

Siempre que Kathryn hablaba de su matrimonio –lo cual no era muy a menudo– lo veía como el mayor error que había cometido en su vida. Cincuenta años después, está de acuerdo con esta declaración un remanente del Tabernáculo, un remanente triste aunque simpatizante: la Clase del Evangelio.[27]

SEIS

Fuera de curso
con el señor Waltrip

«En la actualidad, el evangelista con éxito
debe tener buenas aptitudes, debe ser sincero,
debe creer en sus propias palabras...
[Algunas personas] se refieren al trabajo
como si fuese una fiesta. Por ello, el evangelista
que no es genuino, en su corazón y alma, fracasará».
—KATHRYN KUHLMAN. DETROIT NEW PICTORIAL, 1937.

SI NO HUBIESE SIDO por el compromiso tan fuerte que había hecho semanas antes, el recién convertido Dennis Brown hubiera dejado la iglesia para siempre después de ver que Kathryn Kuhlman comprometía sus convicciones con Burroughs A. Waltrip, un evangelista casado, esa noche del verano de 1935.

«Estacioné el auto, y mi esposa y yo íbamos caminando hacia el auditorio y pasamos por la oficina de la iglesia», recuerda Brown. Como la puerta estaba abierta, los Brown lo vieron todo, y estos nuevos creyentes casi caían al suelo: «[La señorita Kuhlman] estaba en los brazos del evangelista».

Los Brown se dieron la vuelta y se alejaron del Tabernáculo, subieron a su auto y se marcharon. Encontraron una nueva iglesia, la iglesia bautista de Harvey Springs, al otro lado de la ciudad, y jamás volvieron al Denver Revival Tabernacle.[1]

Tal vez, no era practicante de lo que predicaba, pero el suave Burroughs A. Waltrip sabía como atraer a las multitudes. Y encontrar el camino hacia los bolsos y carteras era tan fácil como predicar uno de sus sermones evangelísticos sensacionales o proféticos. El pudo haber tenido su propio ministerio de televisión por satélite, sólo que nació mucho antes.

Un pastor que buscaba animar a su iglesia durante la Gran Depresión y la Primera Guerra Mundial, normalmente no podía equivocarse si llamaba a Waltrip. Habiendo crecido en la iglesia metodista, y con un hermano que también se convirtió en ministro, Burroughs se cambió a la iglesia bautista y asistió a lo que hoy es la Universidad Hardin-Simmons, en Abilene, Texas, durante un semestre (1926-1927). Nadie parece saber qué tan lejos llegó en su educación superior. El título de D.D. (doctor en divinidades) que empezó a utilizar en su papel membretado y en anuncios de periódicos en los años cuarenta, era un grado honorario o un «diploma» que cualquiera podría haber recibido por veinticinco dólares.

Las personas que escuchaban al dinámico evangelista, en el circuito sureño de tiendas, lo describían como una persona del púlpito y como un «fiero sureño». Jóvenes y adultos, no queriéndose perder nada de la reunión evangelística –y ciertamente tampoco los sensacionales sermones de Waltrip– llegaban a la colorida tienda del evangelista cada noche. Entonces, estarían cara a cara con sus apasionadas apelaciones de dar un paso adelante por Cristo, y que caminaran por el camino polvoriento hasta el antiguo altar.[2]

Ningún servicio terminaba sin que hubiera una apelación al bolsillo. Las necesidades financieras de Waltrip eran iguales a las de los demás evangelistas. Tenía gastos de viaje, rentas, reparaciones, recibos de luz, necesidades familiares y docenas de otros gastos. La única diferencia era que vivía un poco mejor que la mayoría. Algunas veces, si la ofrenda era particularmente escasa, a Waltrip no le avergonzaba pedir una segunda y tercera ofrenda.

«Aprendimos a sentarnos sobre nuestros bolsos», recuerda la señora Carl Sentman, después de un servicio al que asistieron ella y sus amigas en Mason City, Iowa.[3] De otra manera, temían que Waltrip las hubiera preparado para dar mucho dinero, que ya este estaba apartado para los víveres, ropa o para alimentar al ganado.

Las fuertes presiones financieras eran parte de las tiendas y del escenario del avivamiento durante la era de 1930 a 1950, igual que las prácticas posteriores en la televisión religiosa. No era algo anormal que ciertos líderes insinuaran que la sanidad y las ofrendas iban juntas, al igual que los huevos y el tocino. Algunos afirmaban que tenían «palabra» de Dios, por la cual instruían a los fieles cuánto debían de dar, afirmando que caería juicio sobre ellos si fallaban al plan de Dios.

El evangelista empezaba: «Dios me dijo que diez personas que están aquí esta noche –y hacía una pausa para que tuviera un efecto dramático– deben dar cincuenta dólares para el ministerio». Algunas veces diez, o más, respondían al anuncio y daban los cincuenta dólares, de lo cual tal vez se arrepentían a la mañana siguiente.

Predeciblemente, los reporteros locales tenían poca fe en los evangelistas que viajaban, y muy a menudo las historias de los diarios reflejaban sus prejuicios. Pero si la gente seguía asistiendo, los pecadores se convertían y entraba el dinero, las reuniones eran catalogadas como exitosas y todo el mundo era feliz.

En un suplemento de dos páginas del día domingo, estando Kathryn en acción en 1937, le dijo a un reportero de Detroit que las personas «ven con sospecha a los evangelistas, en particular a las mujeres evangelistas». Sus palabras tomaron un tono profético por el hombre con el que ella se casaría: «*En la actualidad, el evangelista con éxito debe tener buenas aptitudes, debe ser sincero, debe creer en sus propias palabras... [Algunas personas] se refieren al trabajo como si fuese una fiesta. Por ello es que el evangelista que no es genuino, en su corazón y alma, fracasará*».[4]

No sólo fracasaría él, o ella, sino que el charlatán también dañaría la reputación de los hombres y mujeres sinceros que predican el Evangelio.

Las personas que se sentaban a escuchar el ministerio de Waltrip aprendieron que le era más fácil predicar sermones sensacionalistas y dinámicos que aplicarlos en su propia vida. Para algunos, Waltrip se convirtió en la personificación de Elmer Grenty de Sinclair Lewis, un predicador ficticio quien, si se hubiese criado en una época posterior, hubiese sido algo natural en frente de las cámaras de televisión, hablando del evangelio de la prosperidad y de baratijas de la Tierra Santa,

Pero, ¿qué hay del idilio de 1935, entre Waltrip y Kuhlman?

La relación los conduciría al divorcio dos años más tarde, apartándolo de su esposa, Jessie, y de sus dos hijos que se encontraban en Austin. Obviamente, intentando justificar sus acciones, Waltrip había aceptado una enseñanza que decía que si uno no amaba a su esposo o a su esposa en el momento en que se casaban, Dios permitía el divorcio y el nuevo casamiento.[5]

El ceder a la tentación le costó a Kathryn la iglesia de Denver, varias amistades cercanas, su reputación, y –lo peor de todo, en lo que a ella respecta – su relación con Dios. Al igual que los desobedientes israelitas de Moisés vagaron por el desierto durante cuarenta años, Kathryn pasó casi una década de su vida vagando en un desierto espiritual.

Si pudiese haber borrado un error de su vida, hubiera sido el primer toque, tal vez aquel abrazo que los Brown vieron en la oficina. Ella había sido cautivada por el dotado Burroughs A. Waltrip –lo llamaba «señor»– y nadie pudo persuadirla de que lo olvidara.

Desde el momento en que Kathryn empezó predicar en Idaho, supo que estaba lejos de la perfección. Había visto caer a otros, y sabía que también ella podía fallarle a Dios. Pero hizo un voto de que nadie acusaría a Kathryn Kuhlman de haber alejado a un hombre de su familia. No era el pecado imperdonable, ella lo sabía, pero ciertamente se le acercaba.

Ahora, su voto bien intencionado sonaba opaco. Kathryn pronto reviviría la dolorosa relación con el «señor» por el resto de su vida, treinta años después de que los dos se separaron en 1946. Al igual que Jonás huyó de Nínive, Kathryn descubrió que el volver a Dios era mucho más difícil que el alejarse. Y encontrar el perdón de los cristianos que son justos en su propia justicia era aún más difícil.

Aunque Kathryn raramente discutía el romance y matrimonio con Waltrip –inclusive negándoselo a un reportero, al menos en una ocasión–[6] repetidamente le hablaba a sus audiencias sobre el ceder a la tentación. Su propio error tuvo que ser la motivación para volver una y otra vez a los sermones sobre la tentación, el perdón y la victoria.

Kathryn le rogaba a sus audiencias que vieran a Jesús y sus batallas con Satanás. «Jesús no cedió a la derrota, no cedió a la tentación. Ni tú tampoco tienes que ser derrotado por Satanás, ni tienes por qué ceder a la tentación, ni a la derrota, ni al fracaso.»[7]

Ella había aprendido la lección de la manera difícil. Y el camino empedrado la llevó al norte de Iowa.

Uno de los mejores sitios que Waltrip encontró en sus circuitos de avivamiento fue Mason City, Iowa, situado a 160 kilómetros o más al norte de Des Moines. Al menos, fue un buen lugar durante los meses de gloria que estuvo allí entre 1937 y 1938, donde tuvo una reunión de avivamiento y permaneció allí para construir una iglesia ultramoderna, por el valor de $75.000.

Este sitio del condado de Cerro Gordo, una ciudad de más de veinticinco mil habitantes, fue golpeada duramente por la Gran Depresión, tanto como sus vecinos del mediooeste. Los bancos cerraron granjas y negocios. Los hombres que habían sido propietarios de negocios o que les había ido bien con trabajos de oficina durante los años veinte, trabajaban como esclavos para poder poner algo de comida en sus mesas y para pagar sus deudas. Teniendo poco dinero para comprar nuevos vestidos y ropa en general, las amas de casa se volvieron expertas en hacer ropa a los hijos mayores para que la utilizara el hermano menor, y «estiraban» la comida para mantener saludable a su familia.

La idea de una iglesia permanente en Mason City nació durante unas reuniones que Waltrip dirigió por unas seis semanas en la esquina de Pennsylvania y la calle Dos, en el verano de 1937. Una historia del 30 de agosto, en el *Globe Gazzete*, hablaba de una petición que 500 residentes de Mason City y comunidades cercanas habían firmado, pidiéndole a Waltrip que iniciará un centro de avivamiento en la ciudad.

Son pocas las probabilidades de que uno de afuera pudiera llegar y convencer a la gente de los pueblos para que apoyaran un programa de una iglesia extravagante. Y el obtener dinero de un banquero para que financiara el edificio de la iglesia era algo casi imposible. Cerrar una granja o un negocio era una cosa; pero para hacerse completamente infame a los ojos del pueblo, todo lo que un banquero necesitaba hacer era cerrar una ventana donde hubiera cinco niños o una iglesia local. Y el encontrar un comprador de una iglesia vacía era un juego que un banquero no podía permitirse.

Si alguien podía llegar con un programa de una iglesia extravagante en Mason City, como estaban los tiempos, sería el «Pulpitero de Louisiana», el evangelista Burroughs A. Waltrip.

Las noticias del 29 de junio, que hablaban sobre el divorcio de Waltrip en la ciudad de Knoxville, un estado del sur, justo unos días antes de que iniciara su campaña en Mason City, obviamente no llegó a las personas que habían firmado el documento –ni al reportero del diario. Alegando un trato cruel e inhumano «a tal grado de poner en peligro la vida del demandante», Waltrip obtuvo el divorcio de Jessie Annabele Waltrip.[8]

Si la gente conservadora de Iowa hubieran sabido sobre la acción legal en Knoxville, es seguro decir que la primera estaca jamás se hubiera colocado en el lote vacío.

Obviamente, las noticias se difundían más lentamente en esos días.

Desde que era un adolescente, Waltrip había soñado con un centro de avivamiento que patrocinara campañas evangelísticas continuas con servicios todas las noches, excepto los lunes, igual que un programa diario en la radio, algo similar a lo que Kathryn tenía en Denver. El nuevo edificio sería construido en el lote donde estaba la tienda, el cual, la gente acordó en comprar y donde Waltrip había informado que 140 personas habían pasado al altar durante los servicios evangelísticos.

Casi perdidas en la historia del plan de la nueva iglesia, estaban las noticias de Denver sobre Kathryn Kuhlman, quien acababa de terminar unas reuniones en Milwaukee, y hablaría en el servicio del martes por la noche. «La señorita Kuhlman tiene la reputación de ser la joven evangelista con más éxito en la nación, afirmó el señor Waltrip».[9]

A varios individuos les gustaba lo que escuchaban de Waltrip sobre el centro de avivamiento, y le prestaron dinero para el proyecto –al menos uno de los prestamos fue de varios miles de dólares.[10] Varios hombres de negocios también «entraron en el aro» y le dieron crédito a Waltrip en materiales de construcción y otros artículos, permitiéndole terminar el edificio a tiempo para el gran desfile y la dedicación en julio de 1938.

El nombre de Waltrip estaba en los labios de todos. Todo el mundo sabía del nuevo edificio al estilo teatro en la calle Pennsylvania, esquina con la Dos. Su programa radial diario lo llevaba a todos los hogares.

El personal del periódico local –mientras mantenía sus ojos en las amedrentadoras nubes de guerra en Europa, en el continuo decaimiento de la economía y en un creciente pitcher de Iowa que causaba sensación en las grandes ligas –Bob Feller–, se mantenían alerta a las noticias generadas por Waltrip y la nueva iglesia de la ciudad.

Mientras la iglesia estaba en construcción en febrero de 1938, un reportero notó que Kathryn estaba nuevamente en la ciudad para una serie de reuniones, mientras que Waltrip estaba ayunando y orando por diez mil dólares que se necesitaban para el proyecto de la iglesia. El pastor asociado, Keith Williams, informó que Waltrip, a causa de su condición débil después de dos semanas de ayuno, se había desmayado cerca del altar durante un servicio, y que Kathryn había venido a Mason City a predicar durante el ayuno de Waltrip.[11]

«No quiero irme mientras él necesite de mi ayuda», le dijo Kathryn a un reportero en otro artículo –el cual también informó incorrectamente que no había una conexión amorosa entre Kathryn y Waltrip.[12]

Tan sólo un mes después, Kathryn dejó la iglesia de Denver en manos de otros ministros y estaba de vuelta en Mason City, «como respuesta a una demanda insistente del público», según Waltrip. Apareció en varias reuniones con

Hellen Gulliford y Harry Clarke, éste último antes fue músico del famoso evangelista Billy Sunday.[13]

Pronto fue evidente que lo que algunas personas de Denver habían sospechado era verdad: Kathryn y Waltrip parecían demasiado amigos cuando él había estado en Denver durante treinta semanas, en 1935-36.

Ahora, aquellos que estaban cercanos al escenario, sospecharon que estaban organizando reuniones en ambas iglesias por algo más que el deseo de querer ganar almas. Un romance de larga distancia estaba por juntar a dos de los evangelistas más prometedores del país, un romance que no haría otra cosa sino destruir ambos ministerios, tanto en Colorado como en Iowa, antes de que terminara el mes de mayo de 1939.

Después de terminarse la iglesia, sus 700 asientos a menudo estuvieron llenos de curiosos, así como de los fieles que querían escuchar a Waltrip y a los talentosos músicos, como de oradores que visitaban y que llegaban casi cada semana. Se sentaban con la comodidad del aire acondicionado durante los días y noches del verano de Iowa, mientras que los fieles de otras iglesias se refrescaban con abanicos de papel que les regalaban los de la funeraria local.

El sorprendente piano blanco Steinway y el órgano eléctrico a flautas Hammond estaban rodeados de otros muebles caros en la plataforma, también en blanco, y adornado con «luces de estrella» en la parte alta del coro. Como el edificio no tenía ventanas, estaba provisto de luces indirectas en las paredes. Los himnarios dieron paso a canciones proyectadas en una pantalla que bajaba en forma mecánica del techo, un aditamento que finalmente se esparció por toda América en los años setenta. Y para los programas especiales, el púlpito desaparecía de la plataforma al oprimir un botón.

Lottie Anthony, una de las asociadas de Kathryn en Denver, jamás olvidará lo que le hizo ese púlpito un domingo que ella estuvo a cargo del servicio. Sin que ella lo

supiera, los ujieres estaban entrenados para oprimir el botón para que surgiera el púlpito tan pronto como alguien
mencionara las palabras «el momento de la ofrenda». El
púlpito empezaría a salir lentamente del suelo.

Todo le había salido bien a Lottie mientras dirigió el
servicio, hasta que mencionó que era el momento de la
ofrenda. Había cometido el error de pararse sobre el hueco
del púlpito cuando el ujier presionó el botón. Se elevó la
perpleja Lottie, para la sorpresa de la audiencia.

Los transeúntes que pasaban por la vereda de la iglesia
estaban al tanto de las muchas actividades por las cartele-
ras al estilo de los teatros que había al frente, las que men-
cionaban a Waltrip, a los oradores invitados, y –después de
la boda de octubre– a Kathryn Kuhlman Waltrip.

«Aquellos que estaban acostumbrados a iglesias más
conservadoras», comentó el escritor de Globe Gazzete «suspiraban sorprendidos». Y los sermones, los temas y las
atracciones especiales de Waltrip y Kathryn siempre eran
semejantes en emoción y sensacionalismo, en las sorprendentes apariciones en Radio Chapel, de «la iglesia más singular del mundo».[14]

Los visitantes que iban a la iglesia un típico fin de semana experimentaban varias extravagancias de actividad-
des. Tomen como ejemplo el primer fin de semana de diciembre de 1938. El servicio evangelístico regular del viernes fue seguido por un servicio matutino de niños el día sábado. El sábado por la noche se ofrecía la parábola «Cuando empieza la vida», precedida por treinta minutos de música. El «Día de victoria», el domingo, empezó con una
transmisión de radio, seguida de Keith Williams compartiendo en el servicio de la mañana. Siempre abiertos a una
idea nueva que captara la atención, Waltrip tituló su sermón de la tarde «Un cartel en sangre», con una vasija de
plata llena de sangre de cordero. Los jóvenes de la iglesia se
reunían a las 6:30 para su servicio de la Cruzada del Evangelio, y Kathryn –con la posibilidad de tomar la idea de

Margaret Mitchell *Gone With The Wind* (Se fue con el viento)– terminó la cargada semana con su sermón evangelístico a las 7:45: «La mancha se ha ido». Cualquiera que estuviese aburrido en otra iglesia de Mason City, siempre encontraba toda la emoción que podía soportar en Radio Chapel.

Pero el alejar a los cobradores era algo mucho mayor que ni la verborrea de Waltrip podía quitarse de encima. Teniendo grandes cantidades a pagar cada mes, Radio Chapel estaría en la corte de bancarrota en 1939, menos de un año después del desfile de gala y la dedicación.

Actualmente, los pocos sobrevivientes de la capilla, con algunos que hubieran intentado irse a Clear Lake si Waltrip se los hubiera dicho, le dirán que la iglesia del ensueño fracasó sólo por causa de los problemas maritales de Waltrip y su repentino casamiento con Kathryn Kuhlman. Otros dicen que la culpa fue del standard de vida de Waltrip. Mencionan su salario exorbitante, que vivía en el Hotel Habdford, tenía un Buick para él solo, así como un Oldsmobile nuevo para Kathryn.

El principio del fin para la corta vida de Radio Chapel llegó en setiembre de 1938. Seguido de las peticiones de Waltrip por fondos para sufragar las obligaciones que lo presionaban, el anciano Andrew Kaduce le dio $1.700, aparte de otro dinero, a la iglesia.

Radio Chapel lo llamó una respuesta a la oración. Pero el hermano de Kaduce convenció a la corte de que Andrew estaba «mal de la cabeza y tenía una tendencia a gastar» y que Waltrip debía devolver el dinero. Otro juicio se hizo contra Waltrip y Radio Chapel por más de $2.100. Waltrip no tenía el dinero, confesó, pero prometió que le haría frente al juicio.

En realidad no pasó mucho tiempo para que el pánico se esparciera.

Casi inmediatamente, cinco embargos preventivos por un total de $3.500 fueron realizados en contra de Waltrip y

Radio Chapel. A finales de enero, dos embargos más alcanzaban un total superior a los $4.500. Y más sucedieron después.

Sólo después de que el comisario organizó una subasta de Radio Chapel, fue cuando Waltrip fue capaz de pagar por el juicio de Kaduce y posponer lo que parecía inevitable.[15]

La publicidad del embargo preventivo de Kaduce y de otros molestó a los miembros de la iglesia. Se corría la voz por el pueblo de que los inversores y hombres de negocios estaban preocupados de que Waltrip los hubiera metido en un problema financiero. Si Waltrip estaba inquieto por el futuro de su iglesia, no habló de ello públicamente.

Ni tampoco habló del divorcio en secreto que había tenido en Knoxville en 1937, y su inminente casamiento con Kathryn Kuhlman. Juntos los dos, Waltrip debió haber razonado, podemos juntar el dinero para pagar Radio Chapel y así cerrar para siempre la boca de los críticos.

Mientras tanto, en Denver, Kathryn debatía con una de las decisiones más difíciles de toda su vida. Durante cinco años le había predicado a su fiel congregación. La habían amado y la habían apoyado en cada esfuerzo que hizo para alcanzar a Denver con el Evangelio. Le habían permitido dejar la iglesia periódicamente y continuar con su llamamiento evangelístico a toda la nación. Habían tenido un alto standard espiritual. Eran una familia grande y feliz.

Un día, de alguna manera, Kathryn tendría que decirles que había accedido a desposarse con el «señor» –el divorciado Burroughs Allen Waltrip. Nadie en el Tabernáculo le hubiese negado a Kathryn la bendición de un esposo, pues nunca había sido acusada de nada. Pero, ¿cómo era posible que encontrara la aprobación de Dios para casarse con un hombre que se había divorciado de su esposa y había dejado a sus dos hijos en Texas?

Los recuerdos tienden a desaparecer con el tiempo, y parece que fue lo que sucedió con respecto a la secuencia de eventos que rodearon el casamiento y la partida de Kathryn. Algunos de los fieles de Denver están seguros de que Kathryn anunció a la congregación el nuevo plan de Dios –el que, al traducirse, significaba que Kathryn y Waltrip se iban a casar. Lo hizo dos días antes de que se llevara a cabo la boda, el 18 de octubre de 1938.

El biógrafo de Kathryn en 1976, Jamie Buckingham, describió una escena caótica, la cual supuestamente sucedió en el servicio matutino del domingo, el 16 de octubre:

> «Ella y Waltrip habían decidido combinar sus ministerios. Sus oficinas estarían en Mason City, Iowa. Ella y Waltrip se intercalarían los viajes a Denver para estar en los servicios –a 1.280 kilómetros. "Los dos podemos lograr mucho más de lo que podemos hacer por separado", ella afirmó.
>
> »Aunque no había mencionado el matrimonio, parecía que todos lo sabían. Un gran silencio se sintió en la congregación. Todos los rumores que habían escuchado sobre el divorcio de Waltrip para casarse con Kathryn eran ciertos. Las mujeres empezaron a llorar. Varios del coro se levantaron y se marcharon. Los hombres se quedaron atónitos en sus asientos, mirando a Kathryn con incredulidad. ¿Cómo podía hacer algo así?»[16]

Sin embargo, un artículo del *Denver Post* unas dos semanas después de la boda, indica que la boda fue secreta y que Kathryn volvió a Denver y se presentó delante de su congregación, posiblemente en la reunión descrita anteriormente, después de haberse casado. El artículo del diario decía: «Líder evangelista renuncia por casarse», y mencionaba que el abogado de Kathryn había sido la fuente de la información.

«Cuando la señora Waltrip volvió a su congregación en Denver hace algunos días, se enteró que había oposición a su matrimonio. Apareció delante de la congregación e hizo una breve declaración, pero no ha dirigido ningún servicio desde que volvió. Se marchó el jueves a su nuevo hogar en Mason City.»[17]

La secuencia de hechos que Lottie Anthony recuerda va de acuerdo con el diario, aunque ella añade otros detalles –detalles por los cuales los reporteros de Denver y de Mason City hubieran dado cualquier cosa para tenerlos en aquella época.

Sólo unos cuantos sabían sobre la boda que se acercaba, recuerda Lottie. «Kathryn, Hellen y yo estábamos dirigiendo reuniones en Ottumwa, Iowa, justo antes de que Kathryn se casara con Waltrip. Aún puedo ver cómo las tres estábamos sentadas en la cama del hotel discutiendo sobre la boda, y Hellen y yo intentamos que recapacitara». Kathryn abrió su corazón a sus amigas: «Es que no puedo encontrar cuál es la voluntad de Dios en esta situación», se lamentaba.

Lottie, quien mencionaba que muy rara vez había alguien que le respondiera a Kathryn, recuerda que ésta fue una de esas excepciones en su caso: «Kathryn Kuhlman», le dijo, «tú sabes cómo encontrar la voluntad de Dios en esta situación. ¡Tú fuiste la que me enseñaste a encontrar la voluntad de Dios!»

Kathryn escuchó, pero continuó mirando hacia Mason City.

Cuando las tres llegaron a Des Moines, camino de Mason City y a la boda de Kathryn, Hellen le dijo que no podía seguir adelante, que se quedaría en Des Moines. «Si Hellen se queda aquí», dijo Lottie, «yo me quedo con ella».[18]

En ese momento Kathryn vio que ni sus dos amigas la apoyarían en aquello que pensaban que estaba fuera de la voluntad de Dios. Aunque ella tenía otra amiga que se quedaría con ella, Ina Folks. Viniendo desde Denver, Ina acompañó a Kathryn hasta Mason City.

Los acontecimientos de la boda en sí fueron monitoreados por un reportero de Mason City, quien dijo que Kathryn y Waltrip entraron en la oficina civil de Cerro Gordo sólo unos minutos antes de que cerraran para obtener una licencia matrimonial. Ese martes por la noche, a las 11:30, después del servicio y después de que la congregación se había marchado de Radio Chapel, el reverendo L. E. Wardle llevó a cabo la ceremonia ante unos cuantos invitados.

El pastor asociado Keith Williams estaba allí, junto con su esposa y sus padres. La madre de Williams, quien era la organista de la capilla, vio que nada bueno iba a resultar de ese matrimonio. «Aún puedo ver a mi madre rogándole a Burroughs, casi de rodillas, pidiéndole que no se casara con Kathryn», dijo Williams.[19] La madre de Burroughs, Lila Katherine Waltrip, firmó la licencia matrimonial como testigo, pero difícilmente podía expresar alegría por aquello que debería ser un momento feliz. Sólo podía imaginarse una escena de dolor en el lejano Austin, Texas, donde la rechazada Jessie Waltrip intentaba explicarle a sus dos hijos por qué su papá ya no venía a casa.[20]

Anteriormente, Lila Waltrip había tenido la esperanza de que su hijo razonara y regresara con su familia. Al no ver ningún cambio, le dijo a Kathryn: «Si no piensas que está bien, no deberías casarte con él».[21]

Nadie sabe qué fue lo que Kathryn le contestó a su futura suegra, pero la noche de su boda, decidió que estaba fuera de la voluntad de Dios y que había saltado de la sartén al fuego.

Si el reportero de Mason City pudiera haber seguido a los recién casados esa noche, hubiese tenido una pancarta en los encabezados del día siguiente. Lottie Anthony recuerda los trágicos acontecimientos como si hubieran sucedido ayer.[22]

«Ya tarde, esa misma noche, Burroughs y Kathryn se fueron a Des Moines, donde estábamos Hellen y yo». Después de haberse registrado en el hotel, Kathryn dejó a Burroughs y se fue al hotel de Hellen y Lottie –sin esperar siquiera a que Burroughs sacara su equipaje del auto. «Nos dijo que había cometido un error», recuerda Lottie, «y que pediría una anulación».

Así que, inmediatamente fue ideado un plan. Llamarían a Waltrip y le dirían que Kathryn ya no pensaba igual y que «no tenía deseos de ser la señora Waltrip». Las tres mujeres se dirigirían a Kansas City, luego a Concordia y finalmente volverían a Denver.

«Burroughs se quejó por el teléfono de estar perdiendo a su desposada», continuó Lottie, contando los raros acontecimientos, «¡pero sencillamente le dije que en primer lugar no era suya!»

Después de llamar a un botones para que le devolviera el equipaje al desilusionado Waltrip, las tres mujeres se marcharon a Kansas City y se registraron en un hotel con nombres falsos.

Cuando Kathryn volvió a Denver, según Lottie, su meta era decirle al pueblo de Denver que había cometido un error y que obtendría una anulación de inmediato.

La congregación de Denver jamás le dio la oportunidad. Se molestaron cuando escucharon lo de la boda secreta, y se lo dijeron. «¡Y así la colocaron nuevamente en los brazos de Waltrip!», dijo Lottie.

El diario de Denver también se perdió la historia verdadera. Ellos únicamente informaron que Kathryn había dejado su congregación de Denver para irse a su nuevo hogar en Mason City.

En un lento otoño hacia el invierno, Waltrip y Kathryn habían trabajado fuertemente para alejar a Radio Chapel de aquello que los diarios llamaban el «abismo financiero».[23]

De alguna manera, se las arreglaron para mantener la luz y la calefacción a través de octubre y noviembre. Dos de las mejores amigas de Kathryn, Lottie e Ina, pasaron siete meses en Mason City para apoyar a Kathryn. Hellen permaneció en Denver.

Pero entonces, lo que los críticos habían predicho en los salones de belleza y en las bodegas, sucedió a principios de diciembre. Repentinamente, Waltrip renunció como director de Radio Chapel y le entregó las riendas a su asistente Keith Williams. Al escucharse los rumores de que Burroughs y Kathryn se marchaban de Mason City, un reportero atrapó a Waltrip en el Hotel Harford.[24]

Golpeando el escritorio con el puño cerrado, Waltrip respondió: «Me quedaré aquí para ayudar». Explicó que había renunciado para darle una oportunidad a la mesa directiva de restaurar la confianza de la comunidad en la iglesia y para reorganizar la iglesia con sus problemas financieros. La crisis financiera resultó en que el gobierno no les otorgara un préstamo por $32.000. Para prevenir un desastre inmediato, en diciembre, el miembro de la mesa directiva, el doctor E. E. Chapell, hizo un préstamo personal a la iglesia.

Posteriormente, en una entrevista periodística, el siempre intrépido Waltrip añadió: «Siempre lo he dicho; jamás me iré sin que haya un desfile y pancartas. No defraudaré a los amigos.»

Nadie estaba preparado para el anuncio del próximo domingo. Waltrip nuevamente estaba al mando, anunció, tan sólo seis días después de haber renunciado. Los tres miembros de la mesa directiva –Keith Williams, E. E. Chapell y Thelma Schweizer– habían renunciado, haciendo público los conflictos que había entre los cuatro. Para empezar, él jamás había querido una mesa directiva, le dijo Waltrip a la congregación atónita. Luego, les pidió que con sus donativos se convirtieran en «instrumentos de Dios» para salvar a la Capilla.[25] Kathryn se sentó cerca del órgano y lloró todo el servicio.[26]

Ciertos informes que llegaron a Kathryn desde Denver, hablaban de la angustiosa restructuración que sufría el Tabernáculo de Avivamiento, semanas después de su repentino matrimonio. Ni siquiera Kathryn podo predecir la enorme caída que causaría su decisión en Denver.

Cincuenta años más tarde, los fieles casi se ahogarían en lágrimas al hablar de lo que una vez fue el espectacular Tabernáculo, el cual se convirtió tan sólo en una sombra de lo que alguna vez fue. Muchas de las personas se dispersaron; algunas de ellas formaron el Evangel Temple y, posteriormente, el Metropolitan Open Bible Church (Iglesia Metropolitana de la Biblia Abierta).

Earl Hewitt, el antiguo gerente y asistente de Kathryn, tuvo el coraje y el deseo de continuar con el trabajo en el Tabernáculo al comprar el edificio y mudar sus Asambleas del Centro a ese lugar. Estableció una Escuela Dominical sólida, pero sabía que él no era ninguna Kathryn Kuhlman. Al igual que las personas que buscaban a alguien que llenara el lugar de Kathryn.

«Mis amigas y yo regresamos al Tabernáculo», recuerda Margaret Tubbs Downum, «pero ya no era lo mismo. No nos gustó la idea de que otra persona estuviera utilizando las cosas que nosotros habíamos comprado para la iglesia». Desilusionadas, buscaron a las otras personas que habían formado el Evangel Temple.[27]

Mientras tanto, en la primavera de 1939, el pesimismo reinaba en Mason City, tan sólo seis meses después de que Kathryn se marchara de Denver para irse a Iowa y convertirse en la esposa de Burroughs y en copastora. Es seguro que Kathryn había escuchado decir al «señor» que jamás se marcharía de Mason City sin un desfile y sin pancartas. Lo había escuchado decir en repetidas ocasiones que no defraudaría a sus amigos. Sabía que se necesitaría algo más que informes de periódicos y chismes de salones de belleza para cerrar su iglesia soñada.

Kathryn estuvo en esto hasta el final. Se dio cuenta de que había cometido un error, pero el marcharse en medio de tantos problemas parecía que no era lo correcto. Algunas veces tenía que hacer una buena representación, pero apoyaba su predicación y su enseñanza. Ministraba a los enfermos. Ayudaba en donde podía. Continuaba predicando fuera de la ciudad en ocasiones, pero al menos, por ahora, ayudaría a su esposo sin importarle lo que sucediera.

Las peores pesadillas de Kathryn se estaban volviendo realidad a principios de 1939. Aunque Waltrip le rogó a los fieles que salvaran a la capilla con ofrendas de emergencia, los donativos no llegaron a lo que se necesitaba. En su apogeo, unos meses antes, las ofrendas semanales tenían un promedio de $250 –algo notable para una iglesia durante la Gran Depresión. Por todo el pueblo, el nombre Waltrip y Radio Chapel era ridiculizado y maldecido. Las compañías que habían construido el edificio no recibían su paga, y las demandas se iban apilando. Las personas que comprendían lo referente al surgimiento y el colapso de las empresas, decían que Radio Chapel tenía todas las señales de aviso de una bancarrota.

Y ciertamente los Waltrip notaron que al otro lado del pueblo, en el edificio Delaware, su antiguo pastor asociado y miembro de la mesa directiva, el popular Keith William, estaba ministrando a las antiguas personas de la capilla. No pensaba iniciar una iglesia, pero creyó que podía ministrarle a las personas que se habían alejado. Más de cincuenta años después, Williams habló con benevolencia de Waltrip, viéndolo como un gran predicador y como alguien que le ayudó a prepararse para su ministerio.[28]

Sorprendentemente para muchos, los Waltrip aún seguían aferrándose a la capilla cuando el fuerte invierno de Iowa empezó a ceder el paso a la primavera. Inclusive el orgulloso Waltrip admitió que estaba perdiéndola. Sin

embargo, por norma general, encontraba a alguien o alguna circunstancia a quien culpar en lugar de tomar la responsabilidad él mismo. Algunas personas de la Capilla lo
llamaban traidor, dijo públicamente, y las personas del
pueblo habían rechazado la obra de Dios en la ciudad.

A pesar de una baja fuerte en las ofrendas, Waltrip aún
podía atraer a los oradores de afuera, los cuales mantenían
abiertas las puertas de Radio Chapel. Durante una semana
entera en el mes de abril, Vestal «El Delgado Tejano», un
gángster convertido que fue condenado a morir en dos ocasiones, habló de su vida de crímenes con su sermón sensa-
cional, si no inspirador, «De la silla eléctrica al púlpito». Típico de los centros de avivamiento de aquella época, poco
después de que el «El Delgado Tejano» se había marchado
de la ciudad, Billy White y Albert Sorenson de Pittsburgh,
desempacaron sus cosas para tener reuniones evangelísticas cada noche.

No era una de esas eras normales, pero esta llegó a su
fin el domingo, 14 de mayo de 1939.

«Con lágrimas en los ojos y en su voz», escribió un reportero al día siguiente, «el señor Waltrip le dijo a su audiencia el domingo por la noche, en el edificio modernista
con valor de $70.000, que sólo un milagro en los próximos
dos días podría salvarlos de cerrar sus puertas.[29] Pero a
Waltrip se le habían acabado los milagros.

En lugar de eso, un receptor de bancarrotas reveló que
la deuda de la iglesia sumaba más de $45.000 –no era una
suma pequeña antes de la Segunda Guerra Mundial. El edificio fue cerrado, y una nota que daba la hora de las audiencias fue colocada en su puerta.

Una reunión de negocios se llevó a cabo en el Hotel
Hanford, que se convirtió en el último encuentro. Waltrip le
dijo a los fieles que por causa de «sus nervios», Kathryn no
podía asistir a la última reunión de la congregación. Como
ella nunca habló de Mason City, todos podían imaginar

cómo tomó la experiencia al estar en su cuarto de hotel esa noche.

Antes de marcharse de la ciudad al día siguiente, Waltrip ofreció una esperanza de que todo saldría bien, que la corte aún le permitiría seguir operando Radio Chapel. Pero que por el momento, él y Kathryn harían un viaje evangelístico por los estados del sur. Predicarían en una serie de reuniones en Des Moines y luego irían hacia Columbus, Georgia.

El primero de junio, la señorita Ida Knock, una de las fuertes contribuyentes de la capilla, tenía al remanente en su casa. Posteriormente, se dispersaron. En enero de 1940, el recién llegado Carl Sentman había comprado el edificio por $50.000 y formó una nueva congregación.[30]

El día en que salió de la agridulce Mason City, después de meses de intensa presión, debió haber turbado a Kathryn profundamente. Sin embargo, debió traerle un sentimiento de liberación y esperanza de que en un nuevo lugar, un nuevo inicio, una nueva unción la ayudaría a olvidar las muchas desilusiones de Iowa.

Kathryn salió calladamente del hotel y se fue a su Oldsmobile, dirigiéndose a Des Moines. Su personalidad siempre había sido dramática, pero ésta no era la ocasión para tener una salida dramática. Sin desfile. Sin pancartas.

Kathryn experimentaría el látigo de los críticos y el rechazo de los creyentes muchas veces, antes de volver a disfrutar de la emoción de los desfiles y de las pancartas en su honor. Llegarían, pero tomaría mucho tiempo, y sería muy lejos de Denver y de Mason City.

No se sabe si Kathryn volvió a la ciudad donde se convirtió en la señora Waltrip. No le gustaba hablar al respecto.

Waltrip siguió a Kathryn fuera de Mason City esa noche. Pero a diferencia de la callada partida de Kathryn, Waltrip pidió que al menos hubiera unas fanfarreas, aunque no fuera un desfile con pancartas. Los miembros de

Radio Chapel respondieron con entusiasmo. Ahora, sin tener una iglesia donde adorar y sin un ministro que los dirigiera, doce autos llenos de personas que lo apoyaban escoltaron a Waltrip hasta los límites de la ciudad, tocando sus bocinas como una última muestra de afecto.[31]

Con un Buick nuevo sacándolo de la ciudad, nadie en Mason City podía decir que Burroughs A. Waltrip no había salido con estilo.

SIETE

Dando la media vuelta
en un callejón sin salida

«*Tuve que hacer una elección.*
¿Iba a servir al hombre que amaba, o al Dios que amaba?
Supe que no podía servir a Dios y vivir con el "señor".»
—KATHRYN KUHLMAN

Si EL SEÑOR LE HUBIERA dicho a Kathryn que podía
borrar ocho años de su vida, ni siquiera hubiera tenido que
pensar qué ocho años eliminaría. Tal período empezaría en
1938, el año que se casó con Burroughs A. Waltrip, y terminaría en 1946, el año en que Waltrip y ella se separaron. No
es una sorpresa que este sea el período del que ella jamás
hablaba.

Para Kathryn, las cosas iban a mejorar en la primavera
de 1946. Fue cuando ella se alejó de Waltrip y se mudó a
Franklin, Pennsylvania.

Con la ayuda de Dios –y con miras a un nuevo comienzo– ella jamás miraría hacia atrás. Poco se sabe de los Waltrip después de que se marcharon de Mason City en 1939, excepto que estaban en el campo evangelístico, primero como matrimonio y luego en reuniones separadas.

Un artículo de un periódico que hablaba sobre las reuniones de los Waltrip en Columbus, Georgia, llegó hasta el *Globe Gazzete* de Mason City un mes después de que se habían marchado de la ciudad. El escritor de Mason City utilizó la historia para darle un último golpe a Waltrip, conforme les recordaba a sus lectores –y algunos de ellos que aún esperaban el dinero por la construcción de Radio Chapel– que Waltrip era «el predicador relacionado con el surgimiento y la caída de Radio Chapel».

Al igual que Waltrip lo había hecho en Mason City, había salido en el aire en Columbus y sugirió un programa de edificación para una iglesia interdenominacional. Cuando Waltrip anunció reuniones en Florida seis meses después, todos los que sabían algo acerca de su itinerario sabían que su proyecto en Columbus había fracasado.[1]

Probablemente, los registros disponibles y más completos sobre los viajes de Waltrip –aunque lejos de ser certeros– son los expedientes de su asociación ministerial, la Evangelical Church Alliance (ECA) en Bradley, Illinois. La mayoría de la correspondencia se relaciona con la renovación de credenciales al final del año y saludos personales que Waltrip intercambiaba con Albert A. Sorensen, el secretario nacional de la iglesia, que en ese entonces se conocía como la Fundamental Ministerial Association (FMA).[2]

Basado en un artículo de 1952 del *Denver Post*, cuando Kathryn dijo que no había visto a Waltrip en ocho años, uno asume que los Waltrip se separaron en 1944.[3] Podrían haberse separado en 1944, pero por la correspondencia de la ECA, resumida en el itinerario de Waltrip mencionado abajo, parece que la separación final fue dos años después.

- Diciembre 1939, FLORIDA: «Los Waltrip empezarán reuniones en Gainesville el 31 de Diciembre.»
- Diciembre 1941, DETROIT: Waltrip renovó sus credenciales y dijo que Kathryn se asoció con otra organización ministerial, «pero quiero que esté en FMA el próximo año». El inicio de la Segunda Guerra Mundial apenas tenía días de haber empezado, y Waltrip había solicitado una comisión como capellán militar (la cual nunca se le otorgó). DENVER: Kathryn le escribió a FMA con papel membretado del Hotel St. Francis (había vuelto al hotel donde ella y Hellen Gulliford habían vivido durante los años de gloria del Denver Revival Tabernacle, presumiblemente visitando a Hellen). Agradeció a FMA por las credenciales y recomendó a Hellen para la membresía.
- Diciembre 1942, DETROIT: Waltrip le dijo a Sorensen, «Sigo "pegándole a la pelota" con toda mi fuerza». Al final del papel, había un lema: «Campañas evangelísticas a través de la nación en un avivamiento por la victoria».
- 16 de Diciembre, 1943, DENVER: Kathryn renovó sus credenciales, dando el Hotel St. Francis como su residencia permanente. No mencionó a Waltrip, (parece que se habían separado, pero la siguiente carta fue escrita desde Concordia doce días después).
- 28 de Diciembre, 1943, CONCORDIA: Waltrip renovó sus credenciales y dijo que él y su esposa estaban con la madre de Kathryn. Pidió que sus credenciales le fueran enviadas a una dirección de Des Moines.
- Diciembre de 1944, PITTSBURGH: Dirigiendo reuniones con Jack Munyon, People's Central

Church (tal vez sólo fue Kathryn). Waltrip escribió: «La señora Waltrip y yo estamos gozando de maravillosas bendiciones espirituales y de buena salud, por lo cual estamos muy agradecidos para con Él». Waltrip le pidió a Sorensen que le enviara las credenciales a una dirección de Kansas City. Recomendó a Jack y a Dorothy Munyon para las credenciales de la FMA.

- Noviembre de 1945, KANSAS CITY: Waltrip dijo que su próxima reunión era con la Foursquare Church en Des Moines. Pidió que tanto sus credenciales del año 1946, así como las de Kathryn, le fueran enviadas a una dirección de Kansas City.

- Abril 1946, LOS ANGELES: Waltrip dijo que había tenido una reunión en Sacramento y otra reunión en San Diego. Anuncios en los diarios de esas dos ciudades indican que únicamente Waltrip estaba predicando, y se puede asumir que Kathryn no estaba con él. Waltrip quería ponerse al corriente con la FMA de sus deudas y las de Kathryn (las cuales tenían tres años de retraso). Dijo que Kathryn iría al Este a una reunión, y terminó la carta diciendo, «Dios está bendiciendo nuestro ministerio de una manera llena de gracia».[4]

Al escribir esta carta, Waltrip, aparentemente, no estaba consciente que el viaje de Kathryn al Este dañaría su relación.

Mientras tanto, en Austin, Jessie Waltrip, la esposa abandonada y madre sola con dos hijos, se había estado ganando la vida como corresponsal de la corte. Sus padres vivían cerca y la ayudaron a criar a sus dos hijos, pero la vida no siempre le era fácil.

Además de criar a sus hijos, Jessie enfrentaba deudas

que Waltrip le había dejado. «Tengo que pagarlas», decía ella, «pero lo hice con la ayuda de mi Dios». Dios estaba allí, pero Waltrip estaba lejos, muy lejos y jamás regresaría, ni siquiera para ver a sus dos hijos.

La corte de Knoxville, Iowa, que le otorgara a Waltrip el divorcio en junio de 1937, le había ordenado pagar $30 por mes para la manutención de los hijos. «Los pagó cerca de tres meses», recordaba Jessie, pero luego se detuvieron los pagos –lo cual sucedió cuando Waltrip empezó su Radio Chapel de corta vida en Mason City.

Hablando con ella vía telefónica en su apartamento de Texas,[5] Jessie Waltrip, de ochenta y seis años, le podía decir orgullosamente a sus hijos que el esfuerzo valió la pena. Su hijo mayor, Burroughs Jr., músico y un hombre ya retirado de la marina, tocó en las bandas de la Armada americana; y William, también retirado ya, había estado involucrado en un negocio de venta al mayoreo.

Sólo los amigos y parientes pueden imaginarse la suerte final de Waltrip. Probablemente sea peor de lo que ellos imaginaban.

Sencillamente, desapareció una vez que él y Kathryn se separaron y decidió no contactarse ni siquiera con su familia. Su hermano, James, desesperado por saber dónde se encontraba Waltrip, ha descubierto un final triste de lo que alguna vez fue un famoso joven evangelista. «James supo que Burroughs había muerto en una prisión de California», dijo Jessie. «Había sido encontrado culpable de robarle dinero a una mujer».[6]

¿Se libró Kathryn de esas noticias? Nadie parece saberlo. ¿Habrían sido diferentes las cosas si no lo hubiera dejado en Los Angeles? Es difícil decirlo.

En las pocas ocasiones en que Kathryn estuvo dispuesta a hablar sobre el tiempo cuando dejó a Waltrip para volver al centro de la voluntad de Dios, ella decía: «Nadie sabe lo que tuve que dejar por el ministerio».

«Ella amaba a ese hombre», dijo Maggie Hartner después de que Kathryn murió. «Lo amaba, pero estaba dividida entre él y el llamamiento de Dios». Ella tomó una decisión, y Kathryn le confió a Maggie que la noche en que ella lo dejó, él le hizo una promesa: «Jamás volverás a verme».

Luego Maggie le hizo eco a Kathryn: «Nadie sabe lo que tuvo que dejar por el ministerio».[7]

En Austin, los amigos de Jessie y su familia podrían responder a que esas concesiones de Kathryn sólo fueron parte de la tragedia, señalando los sacrificios que Jessie y sus hijos habían hecho «por el ministerio». Ellos sabían que Kathryn jamás podría pagar por el daño, pero tenían la esperanza de que lamentaría del dolor que el divorcio había traído a una madre y a dos hijos en Austin.

Por alguna razón obvia, y otras no tan obvias, Kathryn jamás contó la historia completa cuando hablaba de su vida. Su amigo cercano, Jamie Buckingham, escritor de la mayoría de sus libros y de la biografía *Daughter of Destiny* (Hija del destino), estaba consciente de que Kathryn no le decía toda la verdad que él necesitaba tener para una biografía completa. Buckingham respetaba su derecho a la privacidad; pero al escribir su biografía después de que Kathryn murió, a menudo revolvía cosas buscando información que Kathryn podría no haberle dado.

Aquello que sabían muchos de sus seguidores, mucho antes de que los escritores trataran de seguir sus pasos, era que Kathryn tenía una vida muy privada. Así era su personalidad.

Lottie Anthony, quien sigue sollozando cuando habla de Kathryn, dijo que sus colaboradores tenían que ser muy cuidadosos de lo que hablaban de Kathryn. Un ejemplo típico sucedió una noche después del servicio en Denver, cuando varios miembros de su equipo estaban comiendo en un restaurante.

Uno de ellos, que habían conocido a Myrtle, la hermana de Kathryn, comentó que Kathryn y Myrtle se parecían mucho. Sin pensar que estaba siendo indiscreta, Lottie le respondió, «Bueno, es natural; son hermanas». Más tarde, Kathryn llamó aparte a Lottie y le dijo que si ella quisiera que las personas supieran que Myrtle era su hermana, ella lo diría.

Del por qué ella reaccionó así, Lottie no lo sabe, excepto que, tal vez, Kathryn no quería que las personas pensaran que ella había llegado a donde estaba utilizando a los demás. Ni siquiera utilizando a su hermana.[8]

Cuando estaba al frente, Kathryn podría haber dado la impresión de que si usted la llamaba, iría a su casa, y mientras tomaban un café en la cocina le contaría toda su vida. Y que luego lo escucharía conforme le compartiera sus problemas. No obstante, esa no era Kathryn.

Ninguno de sus seguidores la acusó de ser hipócrita al estar al frente –al contrario– pero Kathryn compartía sus alegrías y sus problemas con muy pocas personas. David Verzilli, su asociado por mucho tiempo en Youngstown, está de acuerdo con que Kathryn era una persona muy reservada, y añadió que habría sido muy bochornoso para ella si el libro *Daughter of Destiny* (Hija del destino) de Buckingham –con muchas revelaciones sobre su vida personal– hubiera salido al público mientras ella vivía. «Cuando le dijo a Jamie que "lo dijera todo", estoy seguro de que no pensó en todas las cosas personales que éste añadió».[9]

Otros que trabajaron durante años al lado de su ministerio se veían a sí mismos como asociados y no como amigos cercanos. Verzilli trabajó con Kathryn durante veintidós años, pero muy rara vez, él y sus esposa tuvieron algún contacto social con ella.

Una vez, cuando J. Melvin Stewart, un solista que estuvo doce años en el ministerio, estaba en el estudio de grabación con Kathryn cuando ella empezó a mostrarle el equipo que el ministerio acababa de comprar. De pronto, se terminó la relación. «Ella se dio cuenta de que estaba siendo humana y cortó con todo», presumió Stewart.[10]

Las personas dentro del ministerio, especialmente en sus últimos años, nunca llegaron a conocerla realmente, y Kathryn se esforzó para que las cosas fueran así.

Su amiga y colaboradora durante treinta y dos años, Maggie Hartner, era la que le ayudaba en esto. «Si vas a llegar a la señorita Kuhlman», dijo un reportero de Pittsburgh, «primero tienes que pasar sobre Maggie».[11]

Kathryn veía un valor redentor en hacer a un lado los detalles del pasado de un nuevo convertido o los graves problemas físicos de las personas que habían sido sanadas –no hay duda que fue para convencer a las personas y a los escépticos que para Dios todas las cosas le son posibles. Pero su vida personal, incluyendo la información que finalmente le quitaría la vida, permaneció, en gran manera, como en un libro cerrado.

El omitir fechas y detalles, es una manera de mantener lejos a los fisgones, a fin de que no descubran la verdad sobre una cuestión en particular. ¿Y quién puede tirarle a Kathryn la primera piedra por utilizar ésta técnica natural a la defensiva? Ella, fácilmente, podía hacer una separación con el pasado si ciertas cosas permanecían enterradas.

Este era el *modus operandi* de Kathryn al tratarse de las relaciones con Burroughs A. Waltrip.

Y sus amistades y seguidores siguen siendo rápidos para defender a Kathryn si es que alguien intenta entrar en su pasado. No hay duda de que Ruth Fisher habló por la mayoría cuando me escribió: «Estábamos interesados en *qué* la señorita Kuhlman enseñaba, vivía y creía: no teníamos ningún interés en su vida pasada».[12]

Nadie sabe cuándo fue que Kathryn finalmente decidió que el terminar con Waltrip era para el bien de sus intereses y –más importante todavía– que la relación no estaba dentro de la voluntad de Dios. Aunque se habían separado para dirigir sus propias reuniones a principios de los años cuarenta, aún estaban casados y se veían ocasionalmente.

Con lágrimas, Kathryn expresó privadamente sus razones para dejar a Waltrip para siempre: «Tuve que tomar una elección. O servía al hombre que amaba, o al Dios que amaba. Sabía que no podía servir a Dios y vivir con el «señor».[13]

A pesar del amor que sentían el uno por el otro, y del hecho de que en público encajaban como una pareja que ministraba, Kathryn supo que finalmente la relación destruiría su ministerio tan singular.

Es cierto que las puertas se abrieron a los Waltrip para ministrar después de salir de Mason City, pero también es cierto que otras se cerraron por causa de que Waltrip había dejado a Jessie y a sus hijos. Y luego, cuando Kathryn se casó con él, ambos llevaban una estigma que se rehusaba a marcharse.

Kathryn le creyó a Waltrip cuando le contó que Jessie lo había dejado en 1937, y que ahora estaba libre para casarse con ella. Pero Kathryn debió saber que su marido, quien podía hablar elocuentemente en el púlpito sobre el pecado y los valores familiares, falló en el sostenimiento de sus dos hijos y que jamás hizo un intento por verlos. Kathryn amaba a los niños, así que el comportamiento de Waltrip debió de ir en contra de lo que ella creía.

Ella también debió tener otras preocupaciones. ¿Podría retener a Waltrip, o se enamoraría de otra mujer y se divorciaría de ella? Las mujeres coquetas rodeaban al carismático Waltrip durante los servicios de avivamiento, buscando cualquier excusa para acercarse a él.

«Era de buen porte, y algunos de sus más fervientes apoyos eran mujeres» recordaba, en 1979, el reportero Thor Jensen del *Globe Gazette*, de Mason City. «Cuando se casó, muchas de ellas se enfurecieron».[14]

Y Kathryn tuvo que estar muy consciente de que los problemas de dinero de Waltrip los mantuvieron yendo de un lugar a otro durante ocho años. Su ambición por el dinero finalmente lo colocaría detrás de la reja.

Pero aun así ella lo amaba.

Aun si Kathryn hubiera podido encontrar el perdón de Dios por haberse ido con Waltrip –razonaba ella misma– no tenía ninguna garantía de que su ministerio anterior, y más poderoso, le sería restaurado mientras permaneciera junto a él. Y una restauración de su propio ministerio era mucho más importante que su matrimonio.

Aunque el entregarlo todo tomó tiempo y se convirtió en una lucha entre la vida y la muerte, aunque no le confió a su antiguo amigo solista, Mel Stewart, cuáles eran las cosas con las que batallaba, sí le habló sobre sus problemas. Stewart informa que «ella lo había discutido con el Señor una noche, y que su ropa de dormir y su cama estaban mojadas de sudor».[15]

Kathryn pudo haber estado hablando de la misma experiencia que le compartió a Lottie Anthony. Lottie piensa que fue en un hotel de Pittsburgh, antes de que fuera a Franklin. «Me dijo que rodó por el suelo y que mantuvo su cara hacia la alfombra, y gritó: "Dios, ya no estás sobre mi; no puedo seguir adelante. Debo tener una vez más tu unción y tu bendición"».[16]

Kathryn a menudo veía hacia atrás, a un sábado por la tarde en Los Angeles, cuando ella realmente se entregó a la voluntad de Dios. Ella lo llamaba «la muerte de Kathryn Kuhlman». Y con la muerte vino una nueva consciencia de que el Espíritu Santo ahora estaba en completo control.

Años más tarde, en uno de esos raros momentos en que Kathryn estaba dispuesta a complacer la nostalgia, con lágrimas describió cómo caminaba por aquella calle de Los Angeles, ensimismada y peleando la batalla de su vida. ¿Permanecería casada, aunque muy rara vez veía a Waltrip, o regresaría a lo que ella había conocido antes de marcharse de Denver? Conforme caminaba y pensaba en su futuro, vio una señal que le decía que la calle en la que se encontraba era un callejón sin salida.

Nada pudo ser más claro para ella. La calle era un símbolo de la dirección en la que iba su vida. En ese momento, tomó la decisión que le daría una nueva dirección a Kathryn Kuhlman Waltrip.

Ella le dijo al reportero Allen Spragget:

> «Eran las cuatro de la tarde de un sábado. Fue en ese momento, y en aquel lugar, que me entregué completamente al Espíritu Santo.
>
> »Hay algunas cosas muy sagradas como para hablar de ellas. Sólo diré que en ese momento, con lágrimas corriendo por mi rostro, Dios y yo nos hicimos promesas mutuas. Él sabe que mantendré lo que le dije y yo sé que Él mantendrá lo que dijo. En ese momento, cedí el paso a Dios en cuerpo, alma y espíritu. Le entregué todo.
>
> »Fue entonces cuando supe lo que quería decir la Escritura sobre el tomar la cruz. La cruz es el símbolo de la muerte. Esa tarde, Kathryn Kuhlman murió. Y cuando yo morí, Dios entró, el Espíritu Santo entró en mí. Allí, por primera vez, me di cuenta de lo que era tener poder.»[17]

Varias amistades que han escuchado predicar a Kathryn en años más recientes, argumentan que ella ya tenía poder antes de esta experiencia, pero están de acuerdo en que era una Kathryn Kuhlman diferente después de dar la vuelta en aquel callejón sin salida y de haberse encontrado con Dios. Los esmerados estudiosos de Kathryn Kuhlman están impresionados por tener que tratar con dos personas diferentes: la de antes de la entrega y la de después.

Antes de que diese la vuelta, Kathryn le predicaba el Evangelio a las grandes multitudes, oraba por los enfermos y era conocida en ciertas secciones del país donde había dirigido reuniones de avivamiento. Después de experimentar la crisis, le predicó a multitudes mayores, y ahora, en lugar de orar por los enfermos, les decía que habían sido sanados, mientras estaban sentados entre la audiencia; y, en vez de ser conocida por algunas personas de las iglesias locales, la delgada pelirroja de Concordia se había convertido en la mujer evangelista más conocida del mundo.

Kathryn había contado el costo de su entrega. Supo que significaba la posibilidad de vivir sola por el resto de su vida. Dijo que había hecho un nuevo compromiso con respecto a Burroughs A. Waltrip.

> «Nadie jamás conocerá el dolor de morir como yo lo conozco, porque lo amé más de lo que me amaba a mí misma. Y durante un tiempo, lo amé más que a Dios. Finalmente le dije que tenía que marcharme. Dios jamás me había liberado de aquel llamamiento original. No vivía sólo con él, tenía que vivir con mi conciencia, y la convicción del Espíritu Santo era insoportable. Estaba cansada de justificarme conmigo misma; muy cansada.»[18]

El resultado cambió su vida, una nueva dirección para Kathryn. Y fue para algo mejor –contribuyó para su nueva vida– un nuevo bautismo en el Espíritu Santo.

Kathryn a menudo contó la historia de su batalla y rendición con audiencias de una costa a otra, en radio y televisión y en medios escritos –sin mencionar a Waltrip. «Puedo llevarlos a esa calle», decía a menudo mientras suspiraba. Y luego repetía: «¡Puedo llevarlos a esa calle! ¡A la calle donde murió Kathryn Kuhlman!»

Ella igualaba la experiencia a la de su conversión en Concordia, veinte años antes. Y prometió que jamás volvería a la vida que tuvo que soportar antes de su muerte espiritual y rebautismo en el Espíritu Santo.

Años después, Kathryn hablaba sobre su creencia en el bautismo del Espíritu Santo con un escritor de una revista evangélica, y sostenía que la experiencia se nos da con un solo propósito: poder para el servicio. Basando su creencia en los personajes del Nuevo Testamento y en su propia experiencia, añadió: «La mayor evidencia de haber sido llena del Espíritu Santo es el poder que hay en la vida de un individuo después de la experiencia.»[19]

Cuando Kathryn se marchó de Los Angeles, estaba lista para demostrar ese poder.

OCHO

Con el rumbo correcto, en Franklin

*«Durante el verano de 1946, el noroeste de Pennsylvania
y partes de Ohio del este aceptaron a Kathryn,
y el Franklin Gospel Tabernacle se estaba desbordando,
inclusive antes de que ella fuera bien conocida
por su ministerio de sanidad».*

CUANDO KATHRYN KUHLMAN llegó al noroeste de
Pennsylvania para empezar con una serie de reuniones en
el Franklin Gospel Tabernacle, aquel 24 de mayo de 1946,
estuvo allí con la convicción de que el Señor guiaba su
camino. Dios quiso que dejara a Burroughs y a Los
Angeles, y la quería en Franklin. Lo que el futuro tenía para
ella dependía de la guía de Dios, y tomaría su vida un día a
la vez.

Kathryn sabía que habría quienes dirían que dos equivocaciones no dan una respuesta correcta. Pero ellos no habían pasado por lo mismo que ella. No habían enfrentado las noches de insomnio en habitaciones de hotel de un extremo del país al otro. No habían luchado con Dios durante ocho años. Y no habían escuchado nada del cielo sobre ésta situación. Aparentemente, pocas personas sabían de la decisión que ella había tomado unos días antes. La FMA de Joliet ciertamente no lo sabía, como lo indica la carta que Waltrip le escribió a la FMA cerca de un mes antes de que Kathryn empezara sus reuniones en Franklin. Incluyó la solicitud de descuento de Kathryn y una nota, explicando que «ella volverá al este dentro de poco tiempo para hacer otra campaña». Obviamente, se refería a lo que se convirtió en la cita que Kathryn tenía con el destino.[1]

Kathryn había roto sus lazos con el pasado y claramente estaba por sí sola. Sin embargo, Franklin, de algún modo la devolvió a su pasado, el pasado que había gozado en Denver. Durante cinco años se había dividido en lo mejor de dos mundos, la seguridad de una iglesia independiente y la libertad de dirigir reuniones evangelísticas en otros lados. En ocasiones se alejaba de Denver hasta por ocho semanas, sin embargo podía volver con los seguidores que la apreciaban. Era un lugar al cual podía llamar «su hogar».

El vivir viajando durante siete años le estaba cobrando su cuota. Su archivo ministerial revela direcciones en Detroit, Des Moines, Denver, Concordia y Los Angeles –siete años sin un hogar permanente, siete años de inseguridad.

Ella jamás lo planeó de esa manera, pero ahora la pequeña y hermosa ciudad de Franklin se convertiría en el hogar base hasta 1950, cuando se mudó a Pittsburgh.

Kathryn no podía decir suficientes cosas buenas acerca de Franklin y de sus personas. Escondida entre montañas y en la confluencia de los ríos Allegheny y el French Creek, en el noroeste de Pennsylvania, Franklin no se parecía en nada a sus tierras de siembra alrededor de Concordia,

Missouri. Los Angeles estaba en otro mundo; pero Franklin era lo que necesitaba en 1946.

La historia de la región data hasta antes de la colonia, cuando los indios de la Seis Naciones utilizaban el área para sus aldeas y cementerios. Los franceses reclamaron primeramente el área del Allegheny River en 1753, cuando construyeron un fuerte en lo que ahora es Franklin. Pocos años después, los ingleses entraron y construyeron otro fuerte.

La ciudad de Franklin, nombrada así por Benjamín Franklin, fue fundada en 1795, pero permaneció siendo un poco más que una aldea durante casi setenta años. Luego, en 1859, el primer pozo petrolero cambió a la pequeña y somnolienta aldea en un centro mundial de procesamiento de petróleo.

Muchas de las casas de estilo victoriano en Franklin fueron construidas por personas que encontraron petróleo. Y una vez que Kathryn echó raíces aquí, compró la antigua casa Frazier, en el 1004 de Liberty Street, la cual está casi a la sombra de la Iglesia Católica St. Patrick, y a una distancia corta del Franklin Gospel Tabernacle, su primer lugar de predicación allí. En años recientes, los dueños de la casa la han restaurado a sus condiciones originales, y la ciudad la incluye en las visitas de edificios históricos.

Muchas personas han tratado de imaginarse el por qué Kathryn escogió Franklin, lejos de los principales caminos de América, como el lugar para iniciar su nuevo ministerio. ¿Y por qué viajó casi cinco mil kilómetros desde Los Angeles para una reunión sin servicios preparados en Franklin?

Sólo podemos imaginarnos las respuestas puesto que aparentemente Kathryn nunca llevó un diario –o, si lo llevó, no está disponible.

En mayo de 1946 ni siquiera Kathryn tenía idea de que iba a permanecer en Franklin. Las reuniones estaban programadas para llevarse a cabo sólo por dos semanas, y luego, como toda suerte de un evangelista itinerante, se iría a

otra ciudad. Otro largo viaje en tren. Otro hotel solitario.
Otra congregación extraña. Pero Kathryn no cambiaría el
viajar por nada. Tenía sus dificultades, pero Dios le había
dado esa tarea. Con la ayuda de Él, ella lo haría lo mejor
que pudiera. Pero aun así, ¿por qué Franklin?

Tal vez fue la única puerta abierta que halló en ese momento. Tal vez quería tener reuniones en la costa este, o tal
vez pensó que era un buen lugar para esconderse de los críticos al haber dejado a Waltrip. Franklin no era el fin del
mundo, aunque sólo tenía diez mil personas. Y sólo estaba
a 1.500 kilómetros de su pasado en Mason City, Iowa, y de
Concordia, Missouri. Denver estaba a 2.500 kilómetros de
distancia. Y casi un continente separaba al Allegheny River
de Los Angeles y de Waltrip.

Cualquiera que haya sido la razón, Kathryn se mudó a
Franklin, y quedaría como un lugar especial por el resto de
su vida. Allí establecería lazos con personas que serían sus
amistades hasta su muerte.

Dos de estas amistades fueron viudas, Eve Conley y
Jesse Vincent. A ambas Kathryn las guió en la oración del
pecador en el Día de Acción de Gracias, en 1946. Las tres
mujeres se unieron tanto que, Eve y Jesse le sugirieron a
Kathryn que se mudara de su apartamento en un tercer piso del Business Women's Club y se fuera con ellas.

Aunque Jesse Vincent murió poco después, Eve Conley
se convirtió en la sombra de Kathryn durante los próximos
cuatro años, y luego se mudó a Pittsburgh con ella.[2]

Otro lazo que inició en Franklin fue con el jefe de bomberos de la ciudad y su esposa. «Mi esposa y su hermana
asistían a las reuniones en el Tabernáculo», dijo Harry Jackson, quien era presbiteriano, «y yo me encargaba de que
fueran». Pero el «Jefe Fuego», como lo llamaba Kathryn, no
quería tomar parte en las reuniones, excepto en la línea del
deber. Así fue como asistió al Tabernáculo, para asegurarse
que la gente no estaba violando el reglamento de los bomberos. Jackson no se imaginó que podía acostumbrarse al

estilo diferente de adoración y pensaba que jamás podía aceptar a una mujer en el púlpito.

Durante dos años, Jackson vio que algo sucedía en el Gospel Tabernacle y que nunca había visto en su propia iglesia presbiteriana. Vio multitudes; las personas iban hacia Franklin como abejas en un panal. Vio vidas cambiadas; algunos de los nuevos convertidos él tenía años de conocerlos. Y finalmente, él mismo estuvo listo, inclusive, para considerar el aceptar a una mujer predicadora. ¡Tal vez las mujeres habían sido llamadas a predicar, después de todo!

Un día, mientras Jackson estaba de pie en el salón de entrada, le dio diez dólares para el programa de radio a uno de los ujieres. En lugar de guardar silencio, el ujier le dijo a Kathryn que el Jefe de Bomberos de Franklin había dado una ofrenda de diez dólares. Fue el principio de una fuerte relación entre la «dama predicadora» de Franklin y el Jefe Fuego.

«Le dije a mi mujer que si alguna vez aceptaba las creencias de los del Tabernáculo, aceptaría todo», recuerda Jackson. Y aunque Kathryn no predicaba con énfasis en contra de tomar bebidas alcohólicas, ni en contra del fumar, Jackson sabía que eso de «aceptar todo» para él incluía el dejar esos dos hábitos.

No fue sino hasta que se encontró en el hospital con una lesión grave en la espalda que estuvo dispuesto a humillarse y permitir que una mujer predicadora orara por su recuperación.

«Kathryn estaba en la radio, y mi esposa le había enviado una petición de oración», dijo Jackson. Después continuó diciendo cómo fue que colocó su mano sobre la radio, en señal de acuerdo con Kathryn, quien estaba a algunos kilómetros de distancia, en los estudios de WKRZ Oil City Station.

El dijo: «Sentí el poder de Dios, y fui sanado no sólo de mi lesión en la espalda sino también fui liberado de mi gusto por la cerveza y el cigarro.»

Jackson añadió que posteriormente fue sanado de una úlcera y de taquicardia bajo el ministerio de Kathryn, y de asma cuando Oral Roberts oró por él en Mansfield, Ohio.

Siempre siguió siendo el Jefe Fuego para Kathryn, y el agradecido Jackson donó muchas horas al ministerio, no solamente en Franklin, sino también en Pittsburgh y en Youngstown. Cada domingo manejaba los ciento tres kilómetros a Youngstown para ayudar a Kathryn como jefe de ujieres. El Jefe Fuego tomó muchas veces su cartera durante los próximos treinta años para sacar otros diez dólares y apoyar el ministerio de Kathryn.[3]

Después de establecerse felizmente en Franklin, Kathryn reinició los programas de radio y sus importantes reuniones evangelísticas en otras comunidades, así como en ciudades tales como Butler, Alcoa, Rimersburg, Pittsburgh y Youngstown. No tenía ni idea de qué tan lejos llegarían sus esfuerzos. Parecía feliz en poder ministrar en el noroeste de Pennsylvania y algunas partes de Ohio.

Los anuncios y los artículos en los diarios locales durante el verano de 1946 nos dan la primera idea de que Kathryn estaba rompiendo con su pasado. Eligió que la llamaran «Señorita Kathryn Kuhlman, de Los Angeles», a pesar del hecho de seguir casada con Waltrip.[4]

Las pocas personas que se habían enterado del matrimonio no hablaban de ello. El Jefe Fuego Jackson dijo: «Tomaron la actitud de "¿Y con eso qué? Ahora está viviendo para el Señor"».[5]

Charles D. McLouth, gerente de ventas de WKRZ, cuando Kathryn produjo un programa en vivo en la emisora Oil City, dijo que Kathryn mantenía el pasado para sí misma. «Fue como si jamás existiera; fue como si estuviera empezando una nueva vida».[6]

Y la estaba empezando.

Algo sucedió en Franklin que cambió por completo los planes de Kathryn –si es que tenía alguno– y dirigió su curso hacia Pittsburgh. Finalmente volvería a Denver y luego a

Los Angeles y al mundo entero. No ya como la poco conocida evangelista, sino como una celebridad.

Durante el verano de 1946, el noroeste de Pennsylvania
y partes de Ohio oriental aceptaron a Kathryn, y el Franklin
Gospel Tabernacle se desbordaba de gente aun antes de
que fuera conocida por su ministerio de sanidad. Un programa de radio de fin de semana en la estación WKZR Oil
City, llegó a ser un programa diario. Entonces la estación
WISR de Butler captó uno de los programas de radio. Y al
final de las reuniones programadas por dos semanas, las
reuniones iban mejorando.

Un anuncio de dos columnas por veinticinco centímetros y durante tres semanas tenía el sonriente rostro de
Kathryn y hablaba de las reuniones de cada noche:

> «Estamos en uno de los avivamientos más
> grande que el Condado de Venango haya tenido
> en años. La gente se está salvando, los cuerpos
> están sanando, los descarrilados volvían al redil.
> Un avivamiento al estilo del antiguo Espíritu
> Santo. Personas se salvan durante el servicio de
> canciones y mientras vuelven a casa ... No se
> pierdan estos servicios.»[7]

Nadie quería que Kathryn se marchara de allí. Denver
se había vuelto a repetir. Más tarde, un anuncio decía que
las reuniones continuarían «al menos por una semana
más». El mismo anuncio apareció la siguiente semana, y la
siguiente.

Las personas querían a Kathryn aunque se podía convertir en «mandona» al tratar con el orden en los servicios,
pero Kathryn había visto suficiente fanatismo en sus viajes
por todo el país, por lo cual siempre estaba preparada para
dar un pellizco si notaba que se estaban distrayendo del
servicio.

Burnett Thompson era estudiante de Houghton College cuando entró como pianista al Tabernáculo, durante el

verano de 1946. Recuerda que Kathryn no dejaba en duda quien estaba al mando: «Le decía a las personas más ruidosas que si querían gritar, podían salirse; y añadía: "El servicio aún continuará cuando hayan vuelto"».[8]

Para las personas más demostrativas que protestaban y decían que Dios no estaba nervioso y que podía aceptar los altos decibeles en la alabanza, Kathryn contrarrestaba eso diciendo que Dios no estaba sordo y que el ruido excesivo y las demostraciones físicas no eran necesarias como una señal de que las personas estuvieran ungidas por el Espíritu Santo.

Estas personas, generalmente asociadas con ciertos grupos pentecostales o carismáticos, se ajustaban al estilo de alabanza o se iban a una iglesia donde tenían la libertad de gritar, correr, saltar sobre los bancos o rodar por el piso.

El método de Kathryn era diferente.

Ella animaba a las personas para que adoraran al Señor con los grandes himnos de la iglesia y con cantos de avivamiento. Así combinaba la majestuosidad de la catedral de la ciudad con el humilde centro de avivamiento al otro lado de las vías. Y pocas personas que asistieron a sus servicios podrían olvidar cómo Kathryn elevaba a la congregación casi hasta el techo, conforme dirigía «Cuan grande es El», «Toda la gloria al poder del nombre de Jesús», o «El me tocó». Sabían que Dios estaba muy cerca.

Esta era la atmósfera que Kathryn quería, y muy rara vez le causó problemas. Ella creía que su estilo de adoración era más productivo para alcanzar a los incrédulos, y que servía mejor para preparar los servicios de milagros que le seguían».[9]

Las reuniones por un par de semanas en Franklin, se extendieron a cuatro años, en los que Kathryn gozó con esa área. Inclusive después de mudarse a Pittsburgh, jamás olvidó a la gente leal que la apoyó cuando más lo necesitaba. Y ellos jamás olvidaron a Kathryn.

Pocos años después de la muerte de Kathryn, una mujer envió una carta a Maggie Hartner en la Fundación Kuhlman, firmando sólo como «René». En ella señalaba que la compasión de Kathryn fue el secreto de su éxito en Franklin.

René necesitaba desesperadamente el perdón de Dios aquella «triste y sombría noche», cuando ella con alegría escuchó que Jesús la amaba. Recuerda haber ido a través de un pasillo en el Tabernáculo, y una mano de mujer que la alcanzó. Luego las dos estaban de rodillas.

«Sentí una lágrima que corría, luego otra, y otra». Luego vio el rostro «de una encantadora mujer que también tenía lágrimas –sin embargo sonreía y alababa la persona de Jesús».

René terminó su narrativa identificando a esa otra mujer como «¡nuestra querida Kathryn!»[10]

Nyle Ziegler, de la iglesia metodista unida y posteriormente quiropráctico en Clarion, Pennsylvania, habló sobre la ocasión en que Kathryn vino a su casa en Van, para orar por su padre, ya que estaba demasiado enfermo como para asistir a los servicios. Enfermo de triquinosis, no se esperaba que Ralph Ziegler viviera. Se recuperó después de las oraciones de Kathryn y vivió muchos años. Después de que Ziegler sirvió en Alaska, durante la Segunda Guerra Mundial, y antes de irse a la universidad tocó el trombón con la orquesta del Tabernáculo y vio de cerca a Kathryn. «Era muy sensible al Espíritu», le dijo a un reportero, «podía detectar la tensión espiritual en las personas de su audiencia y las tensiones físicas entre las personas que podían responder a una sanidad espiritual».[11]

«La señorita Kuhlman era muy dedicada a Dios», recuerda Alice Westlake, antigua secretaria en Franklin. «Estaba de pie en el Tabernáculo después del servicio y podía ver el cuarto de radio. Allí, la señorita Kuhlman, sin saber que alguien podía observarla, estaba de rodillas alabando a Dios por el servicio».[12]

Robert y Betty Witmer relacionaban la fe que Kathryn tenía en Dios con la sanidad de una fractura doble que había sufrido el padre de Betty. Lee Proper había utilizado un armazón desde su niñez, pero regresó de una de las reuniones de Kathryn y jamás lo volvió a utilizar. «Más tarde», dijo Betty, «Papá levantaba piedras pesadas y de todo .... esa curación fue real. Le dimos la gloria a Dios, pero ella fue el instrumento».[13]

Betty y su hermano Ray Proper ayudaban en el ministerio musical en Franklin. Más tarde, debido a la influencia de Kathryn sobre sus vidas, Robert y Betty ingresaron al ministerio.

David Verzilli, un adolescente que podía entonar coros con un gran sentimiento, captó la atención de Everett Parrott durante una reunión de avivamiento, en 1948, que él y Myrtle conducían en New Castle, Pennsylvania. Verzilli cantó «Luego vino Jesús».

Impresionó tanto a Parrott que invitó a Verzilli para que volviera la noche siguiente para entonar la misma canción. Y la siguiente. La unción estaba sobre Verzilli, y a Parrott le encantaba. Pero Verzilli no quería ser conocido como un solista con una canción. «Llamé al doctor Parrott», dijo Verzilli, «y le dije que me sabía otra canción».

Posteriormente, Verzilli asistió a las reuniones de Kathryn en el Templo de Fe, el edificio donde tenía los servicios después de ser echada del Franklin Gospel Tabernacle. Su reputación le había precedido, gracias a los Parrott. «Escuché que hay un joven David entre ustedes», anunció Kathryn, mientras veía todo el lugar. «¿Quieres pasar adelante?»

Verzilli recuerda haber caminado por el largo pasillo y luego por la plataforma donde Kathryn lo esperaba. «Quiero que cantes, David, canta, David. ¡Canta "El Nombre de Jesús"!»

Poco se imaginaba Verzilli que el contacto que tuvo con Kathryn esa noche en Franklin lo llevaría a una posición de tiempo completo dentro del ministerio seis años más tarde.

Primero, Verzilli cantaba ocasionalmente. Después se convirtió en un asociado a tiempo completo durante veinte años. Algunos se preguntaban cómo es que Verzilli podía soportar a la dura Kathryn. Y la paga, que apenas si sobrepasaba el salario mínimo.

A pesar de los defectos de Kathryn, Verzilli percibía un toque divino. «Ella fue absolutamente uno de los heraldos más dinámicos, fuertes y llenos de energía de nuestro tiempo», dijo David al hacer memoria sobre su ministerio. «Fue elegida soberanamente para propagar un camino de evangelismo nunca antes visto».

Verzilli se convirtió en el maestro de Biblia oficial de las reuniones de oración de Kathryn. Luego, ella le dio el estudio de la Biblia de los lunes por la noche en Pittsburgh y, más tarde, le dio la gran responsabilidad de los domingos en Youngstown. Las personas cercanas al ministerio dicen que no pudo haber hecho mejor elección para el papel que Verzilli y su esposa hicieron durante veinte años. Y el leal Verzilli agradeció la oportunidad.

Durante el último año de vida, Kathryn estuvo en raras ocasiones en Youngstown, debido a otras compromisos de predicación, y luego por su enfermedad. «Fue un gran ministerio para mi», dijo Verzilli. «Tuve cuarenta y ocho de los cincuenta y dos servicios en Youngstown, y con su audiencia».[14]

La oportunidad que tuvo Kathryn en Franklin en 1946, vino por la invitación de Matthew J. Maloney, un residente respetado de Franklin y amigo de Louis P. Lehman, quien en 1929 había fundado el Franklin Gospel Tabernacle.

Lehman construyó el Tabernáculo –y otro en Washington, Pennsylvania, y otro en Wheeling, Virginia del Oeste– como un centro evangelístico sin denominación. Invitó a diferentes predicadores para ocupar el púlpito, incluyendo a Billy Sunday.

En 1935, Lehman se mudó a Washington, dejándole el Tabernáculo a Maloney, quien accedió a continuar con los servicios evangelísticos, sin denominación ni membresía alguna. Más tarde, después de que Maloney comenzó a pensar sobre el futuro del Tabernáculo cuando él muriera, o cuando ya fuera incapaz de dirigirlo, creó una mesa directiva con seis hombres que lo asistían.

Poco después de que la mesa directiva fuera establecida, el Tabernáculo se quemó, y la mesa prestó dinero y donaron su trabajo para reconstruir la estructura.

Si no hubiera sido por un desacuerdo entre Maloney y Kathryn a causa de las ofrendas, Kathryn no hubiera dudado en seguir indefinidamente en el Tabernáculo. Cuando el desacuerdo llegó a lo máximo en mayo de 1948, Maloney tomó un mensaje de la mayoría de los miembros de la mesa y verbalmente le dijo que ya no necesitaban de sus servicios. Legalmente, Maloney tenía el derecho de contratar y despedir. Pero por el otro lado, Kathryn era diferente a las contrataciones que Maloney realizaba a corto plazo. La mujer había invertido dos años de arduo trabajo y había creado una unión inquebrantable con sus seguidores, quienes daban como resultado una multitud regular de 1.500 personas. Algunos de los fieles de su congregación conducían hasta 125 kilómetros para asistir a sus servicios.

Esta gente no era de Maloney; era de Kathryn.

Aun así, Maloney tenía a la ley de su parte. Pero la corte sólo podía decir quien debería tener el control del edificio, y nada sobre la iglesia a la que debían asistir las personas. Así que, después que los abogados debatieron sus casos, Maloney se quedó con una iglesia casi vacía y Kathryn se quedó con las personas.

El desafortunado desacuerdo con Maloney y la decisión de la corte forzó a los seguidores de Kathryn a buscar otro edificio. Encontraron uno cerca de Sugarcreek, una pista de patinaje –incluyendo doscientos pares de patines de ruedas– el cual compraron por $22.000. Después de remodelar el edificio, lo dedicaron como el Templo de Fe. El centro evangelístico más nuevo de la región se convirtió también en el más grande, con dos mil asientos, el cual tenía al menos quinientos asientos más que el Gospel Tabernacle.[15]

Kathryn aprendió mucho de su gente a través del problema de 1948, pero ninguna de sus tendencias sería más importante para ella que el amor y la lealtad.

«El amor es algo que se hace», siempre decía. Y Kathryn hacía lo mejor que podía para hacerlo recíproco. La mejor manera en que se dio a las personas que fueron obligadas a salir del Tabernáculo, fue ayudándolos a financiar su nuevo centro evangelístico y de adoración en Sugarcreek. «Este no es el Templo de la señorita Kuhlman, sino de ustedes», le dijo a un desbordante grupo de personas en Navidad y para principiar el año 1949. «Ustedes se merecen todo el crédito».[16]

A pesar de una tormenta que dejó veinte centímetros de nieve, 2.500 personas entusiasmadas asistieron al servicio, y vieron cómo Kathryn encendió un fósforo y quemó la hipoteca de $30.000, antes de que se cumpliesen seis meses de empezado el proyecto. Ella no sería dueña de ninguna parte del edificio, le dijo a la gente, lo cual posiblemente era la manera en que enviaba un mensaje a Matthew Maloney, diciéndole que el edificio de una iglesia le debe pertenecer a las personas y no a un pequeño grupo de la mesa directiva.[17]

El juicio de Maloney durante el verano de 1948 fue uno de los dos en que Kathryn estuvo como acusada mientras vivió en Franklin. El otro, que fue realizado en 1947, no recibió ninguna publicidad en la región de Franklin. Un comisario amable se encargó de eso.

Kathryn había estado en Franklin casi un año cuando el comisario del condado de Venango, John E. Cunningham, llegó con un documento legal. Fue una petición de divorcio que Burroughs A. Waltrip había iniciado en Las Vegas. Ella no había visto a Waltrip desde que salió de Los Angeles el año anterior. Al menos durante dos años habían estado separados Waltrip y Kathryn. Ella había ministrado felizmente en Pennsylvania mientras el permaneció en algún lugar del oeste. Si mantenían correspondencia, nadie parece saberlo. Kathryn no tenía planes de volver con Waltrip, pero aparentemente quería que él tomara una acción legal si es que se tenía que tomar.

Cunningham, que apreciaba el ministerio de Kathryn y había estado asistiendo a las reuniones del Tabernáculo, sabía que si le hubiera dado alguna información a los medios de comunicación, éstos habrían esparcido las noticias por toda la ciudad al día siguiente. Así que, por su propia cuenta, y para proteger a Kathryn, Cunningham se encargó del papeleo y no hizo más comentarios. Kathryn jamás olvidaría la amabilidad de Cunningham.[18]

La radio, un ministerio que Kathryn había iniciado durante sus años en Denver, encontró una salida en Franklin. No pudo imaginarse que finalmente sus seguidores urbanos y rurales dejarían todo lo que estaban haciendo para escuchar su programa de radio. Les era difícil esperar su cariñoso saludo: «Hola a todos, ¿me estaban esperando?»

Joe W. Rosenblum, de la estación de radio WISR de Butler, Pennsylvania, pensaba que Kathryn sabía cómo captar la atención de sus oyentes con aquella frase tan usada. «A propósito», mencionó después de la muerte de Kathryn, «ustedes la esperaban porque todos esperamos a alguien, a una persona que entienda lo que nos lastima y se interese por nosotros».[19]

Los críticos decían que la frase de apertura de Kathryn era una tontería. No es sorprendente que se haya convertido en la frase más imitada de la señorita Kuhlman. Pero los críticos no se detenían allí. Excepto por la música de talentosas personas a través de los años –incluyendo a Charles Beebee, Arthur Metcalfe, Dino Kartsonakis, Jimmy Miller, Tony Fontaine, Jimmy McDonald, Paul Ferrin y otros– los críticos pensaban que el programa tenía pocas razones para estar en el aire.

Pero los críticos no tenían ningún voto en ésta cuestión. Mientras se recogiera el presupuesto del programa –generalmente a través de las ofrendas en las reuniones–Kathryn continuaría teniendo tiempo para el ministerio de la radio. Y cuando salió en televisión más tarde, significaba más tiempo, más personal, más viajes y más dinero. Pero ella hubiese dado todo lo que tenía antes de no salir al aire. Era una extensión sin limites de su ministerio.

En contraste con los críticos de Kuhlman, admitiéndose que era un punto de vista al que le faltaba objetividad, los fieles de Kathryn la admiraban como a la maestra de Biblia más grande del mundo. Mientras éstos estuvieran felices y gozaran del programa, los frustrados críticos estaban obligados a retirarse con la derrota.

Uno de los primeros predicadores que vieron el potencial del Evangelio por la radio fue el modelo que siguió Kathryn, Aimee Semple McPherson. Ella vio el potencial no solamente de un programa local desde el Angelus Temple, sino que también construyó en 1924 KFSG, una de las primeras estaciones de radio que eran propiedad de una iglesia.

Otros siguieron con programas que de alguna manera no tenían una perspectiva amplia, diseñados sólo como una conveniencia para los miembros de la iglesia que no podían asistir a los servicios. Pero después de que las iglesias se dieron cuenta que la radio podía ser utilizada para evangelizar, los programas de radio cristianos surgieron por todo el país. Algunos de los programas evangélicos más populares incluían a Charles E. Fuller y la «La antigua hora del avivamiento». El primer oficial Bob Myers y «Un cielo de descanso», Walter y «La hora luterana», Theodore Epp y «De regreso a la Biblia», C.M. Ward y «Tiempo de avivamiento», y muchos otros.

La idea de Kathryn para comunicarse por radio era algo muy lejano al serio sermón de Walter Maier, por ejemplo. Con el fin de la Segunda Guerra Mundial en 1945, el público americano estaba listo para algo ligero y que los entretuviera, como lo demuestran los dos programas principales de radio del siguiente año: «Fibber McGee & Molly», y «Charlie McCarthy». Ambos eran comedias.

Manteniendo su burbujeante personalidad, Kathryn no vio ninguna razón para cambiar una vez que se sentó ante el micrófono. Su saludo efervescente y su frecuente risa proyectaba un estilo conversacional en sus charlas «De corazón a corazón», y le daba a sus oyentes la impresión de que acababa de llegar una visita.

Kathryn podía tocar una cuerda de respuesta en su audiencia de la radio, con lo que ella llamaba el pan de Missouri –la vida cristiana práctica y realista. Y uno casi podía observar a sus oyentes asentar en acuerdo cuando ella exclamaba en uno de sus dichos más singulares: «No cambiaría mi fe sencilla por un título de propiedad de todo el mundo».

De la misma manera, años después, cuando leyó extractos de la última carta de un marino de setenta años que había muerto en Vietnam, se podía visualizar a todas las amas de casa quitando todo a su alrededor para llorar con Kathryn.

El comunicarse por radio es una dimensión diferente, y no todos los predicadores pueden hacerlo. Pero Kathryn podía.

La lealtad era una virtud importante y una que Kathryn frecuentemente mencionaba en sus servicios y en la radio. Para comunicar su mensaje, citaba a su hermana Myrtle y su lealtad a ella: «En la cárcel o fuera de ella, Kathryn, estaré siempre contigo». Tal vez podrían haber escuchado esa frase en «Fiber McGee & Molly», pero es poco probable que la hubieran escuchado de los readioevangelistas contemporáneos de Kathryn, tales como Theodore Epp o Charles E. Fuller. Y probablemente tampoco de parte de Aimee Semple McPherson.

Al hablar del amor, Kathryn le decía a sus oyentes que Mamá Kuhlman no era la mejor cocinera de Concordia, estaba lejos de serlo, pero decía que Papá Kuhlman podía comer las galletas quemadas y decir que eran excelentes, simplemente porque la amaba. «El perro del vecino no se las comería», se reía Kathryn a través de las ondas de radio.

La enseñanza de Kathryn no era profunda, pero aun así sus seguidores la veían como la mejor maestra de Biblia del mundo. ¿Qué podía ser de mayor ánimo que eso? Obviamente, Kathryn veía cada treinta minutos de programa como una oportunidad para reír, llorar, consolar, convencer, inspirar, orar, cantar y enseñar.[20]

Y sus oyentes volvían por más, lo cual es la razón por la que la Fundación Kuhlman recicló las grabaciones de Kathryn en estaciones seleccionadas durante seis años después de su muerte.

En 1979, un oyente devoto de Canton, Ohio, (después de la muerte de Kathryn) quien firmó las bien escritas páginas de su carta solamente como «Un hermano restaurado», reconoce que Kathryn le dio una esperanza y cambió su vida durante un tiempo en que él contemplaba el suicidio a causa de que su esposa quería divorciarse.[21]

Sabía del ministerio de Kathryn, pero jamás había asistido a alguno de sus servicios. Ahora, en 1979, él y su esposa se habían alejado de Dios y de la iglesia. Una noche, mientras estaba sentado en su auto, esperando que su esposa saliera del trabajo, sintonizó el programa de Kathryn en la WSLR de Akron. «La voz de Kuhlman salía flotando de la radio, y no podía creerlo. No sabía que su Fundación seguía transmitiendo su mensaje.»

La frase de apertura de Kathryn parecía dirigirse a él personalmente. «No importa cual sea tu problema, no importa que haya de malo en tu vida, no importa lo que haya sucedido en tu casa este día... mientras Dios continúe en su trono y escuche y responda oraciones, y mientras tu fe en Él esté intacta, todo te saldrá bien».

Cuando él escuchó esa voz inconfundible en su hora de necesidad, escribió: «Por primera vez, en años, ¡alguien hizo que me diera cuenta que aún había esperanza!»

Admitiendo que estaba alejado de Dios, dijo que Kathryn no lo había condenado. El era un miserable, pero ella no se burló de él. «¡Ella me dio esperanza!»

A partir de esa noche, cada ocasión en que salió la voz de Kathryn en la transmisora WSLR, el «hermano restaurado» estaba escuchando con atención. Continuó con su testimonio diciéndole al personal de la Fundación que su esposa y familia habían vuelto con él y que habían vuelto a la iglesia. Con letras mayúsculas le pidió a la Fundación que jamás quitarán ese programa del aire.[22]

¿Alguien más echo de menos la voz de Kathryn cuando finalmente el programa fue sacado del aire? Después del anuncio de que los programas serían discontinuados a finales de abril de 1982 por falta de fondos, las cartas de tristeza llegaron por montones.

Una oyente de noventa y tres años afirmaba que el ministerio de Kuhlman la había mantenido fuera del hospital. Expresándole su agradecimiento a Maggie Hartner y a otros de la Fundación Kuhlman por mantener el programa en el aire, escribió: «Nos han enseñado cómo vivir, y nos han enseñado cómo morir». Y su pregunta retórica resumía su agradecimiento: «¿Qué más podemos pedir?»

Marilyn Schulties recuerda cuando era niña y estaba con su madre y su abuela al otro lado de la calle del Carnegie Music Hall, en Pittsburgh, mientras se llevaba a cabo una reunión de Kuhlman. La madre y la abuela de Marilyn no estaban interesadas en entrar, pero ella jamás olvidaría «el escuchar la poderosa voz de la señorita Kuhlman mientras las puertas de la sala estaban abiertas de par en par para permitir la entrada de aire fresco».

Posteriormente Marilyn se mudó de Pittsburgh y perdió el contacto con el ministerio de Kathryn. Después de una tragedia personal en 1980, Marilyn sintonizó por casualidad el programa de Kathryn en una estación de Evansville, Indiana. Fue como un bálsamo en Gilead: «Todos los días que siguieron ella se convirtió en la voz de Dios para mí por medio de las Escrituras que enseñaba».

Tal vez el apego que los oyentes tenían hacia el programa se puede ver mejor a través de las cartas que dos mujeres escribieron a la Fundación. «Estoy tan deprimida de que las grabaciones de Kathryn ya no salgan más al aire...», escribió la primera mujer.

La segunda mujer se rehusó a deprimirse, utilizando su ingenuidad para resolver los problemas, le dijo al comentarista Hal Brotham que ella acostumbraba escuchar el programa a las nueve de la mañana. «Tengo una grabadora», escribió, «y voy a escuchar las grabaciones de Kathryn Kuhlman todos los días a las nueve de la mañana».[23]

Casi diecisiete años después de la muerte de Kathryn, llamé a Pearl Yanosov, en Pittsburgh, para hablar con ella sobre la sanidad que experimentó en su cadera en 1950. «Estaba escuchando una de las grabaciones de la señorita Kuhlman», me dijo, «tengo cajas llenas de cintas». Lamentándose de que Kathryn ya no estuviera aquí, me contó que tenía las fotografías de Kathryn en la sala, el comedor y en su habitación. Su esposo, quien había cantado en el coro de Kuhlman, se siente desplazado en ocasiones, dijo sonriendo, «ya que amo a Jesús en primer lugar, a Kathryn en segundo y a mi esposo en tercero».[24]

Algunos pueden ver una mentalidad de culto en estas respuestas, sin embargo muestran la lealtad que Kathryn construyó, sin intentarlo, cuando se mudó a Franklin en 1946, una lealtad que sigue siendo muy fuerte en la actualidad.

Sin embargo, lo más importante acerca de Franklin es que Kathryn Kuhlman había vuelto a su curso, y Dios la estaba utilizando para empezar un ministerio mundial de sanidad en este lugar, en un tabernáculo no descrito, y muy cerca del Allegheny River.

Pero esa es otra historia.

NUEVE

«No me llamen una sanadora por fe»

*«Jamás me han escuchado decir
que tengo un don especial de ninguna clase.
Jamás... jamás... jamás...
»El Espíritu Santo los sanará... estando sentados...
estando sentados... Yo sé, mejor que nadie,
que no tengo nada que ver con estos milagros».*
—KATHRYN KUHLMAN.[1]

«Moriré creyendo que ella tenía los dones de Dios».
—ORAL ROBERTS.[2]

KATHRYN KUHLMAN repetidamente acreditaba la sanidad de una mujer ocurrida en Franklin, Pennsylvania, en abril de 1947 –casi un año después de que ella empezara a ministrar allí– como el milagro que la lanzó a su nuevo ministerio de sanidad.

Parecería ser que nadie sabe el nombre de la mujer o dónde vivía. Inclusive la naturaleza de la curación se desconoce, aparte de los recuerdos de Kathryn de que era un tumor. Pero Kathryn y las personas que escucharon el testimonio de la mujer en aquel servicio de 1947 aceptaron la historia, y desde entonces ha sido repetida miles de veces. «He predicado sobre el Espíritu Santo las cosas que conozco sobre Él», recordaba Kathryn a cerca del servicio central que marcaría una nueva era en su ministerio. «Una dama se puso de pie y dijo:

»—¿Puedo decirle algo que sucedió anoche mientras usted predicaba?.

»Y yo contesté: —Claro.

»—Anoche, mientras usted predicaba, tuve una rara sensación en mi cuerpo, y supe que había sido sanada» —le dijo la mujer a Kathryn y a la audiencia.

—¿Cómo supo que fue sanada? —preguntó Kathryn, más bien escéptica.

La mujer respondió

—Lo supe. Hoy fui con mi doctor y él me confirmó que era verdad.

Eso puso a girar las ruedas teológicas de Kathryn. Estaba predicando sobre el Espíritu Santo y no había mencionado la sanidad cuando esa mujer fue curada. Entonces, el Espíritu Santo que Jesús dijo que permanecería siempre con nosotros, era el responsable de la curación. Ella no tenía nada que ver con la desaparición del tumor; la mujer había sanado a causa de su fe y como un acto soberano de Dios. El milagro fue posible sólo a través del amor y la misericordia de Dios.

Entonces le pareció razonable a Kathryn que si Dios sanaba a una persona que estaba sentada en la congregación, sin el beneficio de un sermón de sanidad, sin estar en una fila para oración, sin ser ungido con aceite o por la imposición de manos, Él haría lo mismo con otros. Después de compartir su nueva teología con la congregación y en la radio, otros respondieron que también ellos habían sido sanados durante el servicio.[3]

Una de éstas personas fue George Orr, quien vivía en Butler, a sesenta y cuatro kilómetros. Veintiún años antes, después de un accidente industrial en el que un líquido caliente, al rojo vivo, le quemó el párpado y el ojo derecho, Orr había recibido unas horribles noticias. Un especialista, el doctor C.E. Imbrie, le había dicho: «Lo siento, Orr, pero jamás volverá a ver con éste ojo». A causa de una infección secundaria, durante los seis meses siguientes, Orr sufrió de un fuerte dolor, tan intenso que lo mantenía despierto toda la noche.

El examen inicial reveló que la visión en su ojo se había reducido a un 21%. Su vista no había sido destruida sino obstruida por una profunda cicatriz en la córnea, causada por el acero hirviendo, la cual bloqueaba la visión de Orr. Los doctores en aquella época dijeron que no había manera de remover la cicatriz a través de una operación.

«Podía ver un poquito por arriba del ojo, viendo sobre la cicatriz», dijo Orr. «Pero para propósitos prácticos el ojo no me servía». En 1927, dos años después del accidente, el Departamento de Trabajo e Industria de Pennsylvania estuvo de acuerdo con el doctor Imbrie y le otorgó a Orr una compensación por la pérdida del ojo.

Más tarde Orr notó que la vista de su ojo izquierdo también se estaba deteriorando, como resultado de que ese ojo tuvo que llevar acabo el trabajo que el ojo derecho ya no podía efectuar.

A sugerencia de su hija, en marzo de 1947, George Orr y su esposa asistieron a un servicio en el Franklin Gospel Tabernacle y escucharon predicar a Kathryn por primera vez. Les gustó lo que escucharon y regresaron varias veces durante los próximos dos meses.

El domingo 4 de mayo de 1947, sería un día que George Orr y su familia nunca olvidarían. Mientras Kathryn predicaba ese día, declaró que la sanidad física era tan posible como la salvación. George Orr respondió con una oración. «Dios; por favor, sana mis ojos». Difícilmente estaba preparado para lo que sucedió a continuación.

«Al siguiente momento sentí algo en mi ojo derecho, como si una descarga eléctrica estuviera pasando por él. Luego empezaron a salir lágrimas. Llegaban hasta mi chaqueta. Estaba apenado porque no podía controlarlas.»

Después de terminar el servicio, Orr salió tropezando del Tabernáculo. Posteriormente, creyó que su inhabilidad para caminar fue el resultado de estar bajo el poder del Espíritu Santo.

Cuando Orr y su esposa se dirigían a su casa con unos amigos, de pronto se dio cuenta que podía ver las señales de la carretera, la luz del sol se hizo más brillante. Cuando llegó a su casa, se dio cuenta de que podía ver el reloj –¡con ambos ojos! Se cubrió su ojo bueno y vio con deleite que podía ver con su ojo derecho, algo que no había podido hacer durante veintiún años.

La noche siguiente Orr le dijo a la congregación del Tabernáculo lo que había sucedido. Kathryn escribió: «Su rostro estaba radiante , y no necesitaba que nadie le dijera que la sanidad espiritual era real. ¡El podía ver!»

Orr casi no podía esperar para ver a su optometrista. Después de un examen cuidadoso y de comparación con los archivos previos de Orr, el optometrista confirmó que no sólo había desaparecido el tejido de la cicatriz, sino que también el ojo izquierdo había repuesto su falta de visión.

Dos años después de haber sanado, Orr regresó con el doctor Imbrie, el hombre que lo había examinado el día del accidente, quien lo había tratado en el hospital y que había certificado que la visión de su ojo derecho se había perdido por completo. Decidido a jugarle una broma a Imbrie, Orr no se identificó como el paciente que se había quemado con el acero hirviendo. Después de examinar los ojos de Orr, Imbrie le dijo a Orr que sus ojos estaban en buen estado.

—¿También el ojo derecho? —le preguntó Orr.

—Sí. —respondió el doctor, y añadió que su ojo derecho inclusive estaba mejor que el izquierdo.

Eso era todo lo que Orr quería escuchar. Sacó el informe de compensación de su bolsillo y se lo entregó a Imbrie. Conforme Imbrie leyó el informe y reconoció su propia firma, su asombro salió a flote. La cicatriz permanente había desaparecido de alguna manera. En agradecimiento a Dios y al ministerio de Kathryn, Orr se sentó y observó el rostro del doctor y lo escuchó murmurar

—Es sorprendente… ¡Esto es sorprendente…!

El testimonio de Orr fue leído por millones, ya que fue una de las veintiún sanidades que Kathryn eligió para su primer libro, muy bien titulado *I Believe in Miracles* (Creo en los milagros).[4]

Ahora las cosas en el Tabernáculo del Allegheny realmente se movían. Kathryn empezaba a creer que éste método de sanidad era la norma para la iglesia. Otros que jamás habían estado en Franklin escucharon las noticias y empezaron a llegar temprano para obtener un asiento. Algunos conducían desde Ohio, Erie, Pittsburgh y de las comunidades pequeñas. El Tabernáculo, ya lleno con 1.500 asientos, no podía albergar a todas las personas que hacían peregrinaje de sanidad a Franklin.[5]

Kathryn expandió su ministerio de radio para incluir a la WPGH de Pittsburgh, y en los diarios y revistas querían saber más sobre la «dama predicadora» de Franklin y sobre las curaciones que se difundían. Sin publicaciones propias, las noticias del ministerio de Kathryn se esparcieron por las ondas de radio, los diarios y revistas y por comentarios.

Las responsabilidades en la oficina de Franklin agobiaban al poco personal, ya que Kathryn recibía unas diez mil cartas a la semana. Las personas la buscaban, y ella trataba de llegar a las personas en millones de direcciones.

Así sería durante el resto de su vida.

Contrario a lo que mucha gente asumió, el orar por los enfermos e inválidos no era algo nuevo para Kathryn cuando se mudó a Franklin y fueron sanados Orr y la mujer sin nombre. En el primer viaje de Kathryn al noroeste, cuando tenía diecisiete años, había estado expuesta al ministerio de sanidad del doctor Charles S. Price, cuyos encabezados en los diarios popularizaron su ministerio en los Estados Unidos y en Canadá.[6] El Simpson College, donde Kathryn estudió durante dos años, llevaba el nombre de A. B. Simpson, uno de los principales maestros de la sanidad divina. Maria B. Woodworth-Etter, a quien un reportero catalogó como la «sumo sacerdotiza» del movimiento de sanidad, murió en 1924, pero sus libros fueron distribuidos por todo el país y en el extranjero. La muchacha evangelista Uldine Utley oraba por los enfermos. Todo el mundo sabía del ministerio de sanidad de Aimee Semple McPherson. Fred Bosworth fue otro que dirigía reuniones de salvación y sanidad. Raymond T. Richey –quien podía terminar predicando de la sanidad sin importar la clase de sermón con el que había iniciado– había predicado en la iglesia de Kathryn, en Denver. Smith Wigglesworth, el plomero inglés que se convirtió en evangelista, viajó por el país en los años veinte y en los treintas, y parece que todo el mundo había leído su libro *Ever Increasing Faith*, (Una fe creciente), en el cual contaba muchos relatos de sanidades. El cuñado de Kathryn, Everett Parrott, había desarrollado su propio ministerio de sanidad siguiendo las disciplinas de Charles S. Price. Y el antiguo esposo de Kathryn, Burroughs Waltrip, había orado por los enfermos en sus reuniones evangelísticas y en su iglesia de Mason City.[7]

Kathryn, claramente, no era una novicia en el movimiento de sanidad cuando se mudó a Franklin. Aunque enfatizaba la experiencia de la salvación primero que cualquier otra cosa, antes de las sanidades en Franklin, también oraba por los enfermos e inclusive escribió un libro pequeño sobre el tema, *The Lord's Healing Touch* (El toque de sanidad del Señor). El hecho de que la sanidad divina fuera enfatizada en su iglesia de Denver en 1937, fue un punto que ayudó a convencer a un escritor crítico de que la iglesia de

Denver hacía más mal que bien y merecía tener su lugar entre las sectas.[8]

El orar por los enfermos en Franklin aparentemente era una práctica común antes de abril de 1947. Un anuncio en un diario que salió durante tres semanas después de que Kathryn empezara sus reuniones en Franklin en 1946, y casi un año antes de que la mujer sin nombre fuera sanada, afirmaba que el condado de Venango estaba en el año de un mayor avivamiento. «La gente se está salvando, los cuerpos están sanando, los descarrilados vuelven al redil. Un avivamiento al estilo del antiguo Espíritu Santo.»[9]

Tal vez un documento más claro de la posición de Kathryn sobre la sanidad antes de sus reuniones de Franklin es su librito *The Lord's Healing Touch*, (El toque de sanidad del Señor), el cual no tiene fecha de impresión, pero es muy probable que haya sido publicado durante la Segunda Guerra Mundial.[10]

Primero, Kathryn aceptó la sanidad física como parte de la unción. La muerte de Cristo en la cruz proveyó de salvación para el alma y de sanidad para el cuerpo, una creencia a la que ella llamó la doble cura. Citando el incidente de Mateo 8:15-17, donde Jesús sana a la suegra de Pedro y a otros, Kathryn enfatizó la doble cura: «Sanó a todos los que estaban enfermos. Para que se cumpliera lo dicho por el profeta Isaías, cuando dijo: El mismo tomó nuestras enfermedades, y llevó nuestras dolencias.»

Segundo, Kathryn no podía aceptar la enseñanza de que las sanidades terminaron con los apóstoles. «Jesús está tan dispuesto a sanar hoy como lo estaba cuando el leproso clamó a El: "Si quieres, puedes limpiarme". Jesús extendió la mano y lo tocó, diciendo: "Quiero, ser limpio". Y al instante su lepra desapareció».

Tercero, Kathryn enseñaba que la respuesta a todas las enfermedades es la fe. Aumenta tu fe, y la sanidad vendrá en camino. Ella modificaría éste sencillo acercamiento más tarde −posiblemente cuando vio las numerosas gentes piadosas que parecían tener mucha fe y estaban obligadas a vivir con sus enfermedades por el resto de sus vidas. «Aun así, la fe tiene su lugar», le recordaba a su audiencia, pero empezó a poner más énfasis en la soberanía de Dios.

Para ilustrar la arena en la que Kathryn se movió conforme empezó su nueva etapa de ministerio, debemos revisar el estado del movimiento de sanidad en 1947. Los tres nombres principales ya no estaban. Aimee Semple McPherson había muerto en 1944, y el doctor Charles S. Price y Smith Wigglesworth murieron a principios del año 1947. Uldine Utley, después de un fuerte inicio, se convirtió en metodista y dejó su ministerio de viajes. Los mejores años de Fred Bosworth y de Raymond T. Richey ya habían pasado.

Los ministerios nacionales que predicaron la sanidad fueron pocos y con mucha distancia el uno del otro, inclusive hizo pensar a algunos creyentes que el movimiento doblaría sus tiendas y moriría. Pero mientras Kathryn estaba dando forma su nueva teología de sanidad, salió al escenario un predicador de treinta y ocho años, con poca educación, con el nombre de William Marion Branham. Branham nació en Kentucky, en una cabaña con suelo de tierra, y dijo que un ángel se le había aparecido en 1946 mientras esperaba con Dios en una cueva secreta. Se le dio el don de discernir las enfermedades y los pensamientos de las personas, y las personas sanaban cuando oraba. Para un movimiento pentecostal que esperaba la segunda venida de Aimee Semple McPherson, Charles Price, o Smith Wigglesworth, la radiantez de Branham era como el sol al medio día. Su ministerio inició atrayendo multitudes de un extremo del país al otro. Tal vez, su mejor carta era que le decía a las personas qué enfermedad sufrían, e inclusive algunas cosas sobre sus vidas privadas.

Los críticos llamaban a Branham un místico y charlatán, pero Kathryn quería verlo con sus propios ojos. Disfrazándose, llevó a algunos de sus asociados a un servicio de

Branham, en Cleveland. Aunque Kathryn se desilusionó por la manera en que los ayudantes de Branham llevaban el servicio, salió reconociendo que Dios estaba utilizando al humilde y expredicador Bautista.[11]

Luego salió, de Oklahoma, Oral Roberts, quien desarrolló el mayor número de seguidores de todos los evangelistas de movimiento de salvación y sanidad. Estaba a cargo de un pastorado en Enid, Oklahoma, pero creía que Dios quería que llevara el mensaje de sanidad a más personas. El 25 de mayo de 1947 –tres semanas después de que George Orr recibiera la sanidad en Franklin, bajo el ministerio de Kathryn– Roberts alquiló el auditorio de Enid y empezó la primera de sus muchas reuniones de sanidad.

Siguiendo el liderazgo de Branham y de Roberts, otros predicadores sintieron el llamamiento a ministerios similares y renunciaron a sus pastorados o compraron tiendas más grandes y las colocaban en todas las secciones del país. Gordon Lindsay, un pastor de las Asambleas de Dios, promovió las reuniones de Branham con una nueva revista, *Voice of Healing* (La voz de la sanidad). Más tarde se convertiría en la pieza promocional de varios evangelistas, incluyendo a A. A. Allen, Jack Coe, Morris Cerullo, W. V. Grant, Tommy Hicks, Louise Nankivell, David Nuno, T. L. Osborn, y A.C. Valdéz. También formó una asociación de evangelistas sanadores, utilizando el nombre de la revista. Posteriormente, su organización se convirtió en Cristo a las Naciones y en la actualidad opera escuelas bíblicas en Dallas y en otras ciudades.

Notados por su ausencia, Oral Roberts y Kathryn Kuhlman permanecieron como independientes de *Voice of Healing* (La voz de sanidad). Kathryn no podía aceptar lo que veía en algunos evangelistas. Después de visitar una reunión en una tienda puesta en Erie, se marchó triste y convencida de que Dios tenía una mejor idea para que ella tratara con los enfermos. Las miradas de desesperación en los rostros de aquellos que no eran sanados y ahora cargados por el síndrome de tener una fe débil, la buscarían durante semanas. Al salir de la tienda, las lágrimas corrían por su rostro, y clamó: «Se han llevado a mi Señor, y no se dónde lo han colocado».[12]

Un escritor de McCall's dijo que asistió a una reunión de sanidad similar, en donde el evangelista fue confrontado a una mujer totalmente ciega. Rápidamente la alejó de la plataforma. «No está creyendo, hermana», le dijo. «Su fe es débil».[13]

El culpar la ausencia de sanidad a una fe débil parecía la mejor manera de salir del problema. Parecía como si muchos de los evangelistas sanadores estuvieran luchando por «la super copa» del circuito de carpas de evangelismo, con puntos extras a las tiendas más grandes, a las ofrendas más grandes, a las mayores multitudes, a las afirmaciones más sensacionales de sanidad y, posteriormente, al programa de televisión más visto.

Asa Alonso Allen probablemente se ganó ese título con su espectáculo parecido a un carnaval, el cual incluía frecuentemente un servicio de exorcismo. En un número de *Miracle Magazine* (La revista de los milagros), el primer artículo sobre una reunión en Los Angeles informó sobre un aceite «sobrenatural» divinamente creado, saliendo de las manos de los hombres, mujeres y niños... ¡Y que brillaba como joyas en la noche!»

A esto le siguió un informe de una cruz de sangre que apareció en la frente de Allen mientras éste predicaba. Si eso no era suficiente para atraer a los curiosos, la revista también informó que una bola de fuego de casi cuatro metros de diámetro había aparecido sobre la tienda. En el mismo número, Allen contó su propia historia sobre su arresto mientras conducía intoxicado durante una serie de reuniones en Tennessee.[14]

Una vez que Allen y Coe entraron a la televisión, el espectador podía esperar cualquier cosa. Los fotógrafos de Jack Coe lo habían filmado orando por una mujer que tenía un problema en la espalda; después de su oración, Coe colocó su rodilla en la espalda de la mujer, la tomó por los hombros, y jaló su espalda hacia atrás. Coe era áspero, creía que batallaba con el diablo –un método que posiblemente tomó del legendario Smith Wigglesworth, quien a menudo golpeaba a los enfermos con el puño para sacar al demonio. Otros destruían los medicamentos, rompían los bastones y las muletas, y veía a personas liberarse de sus aparatos ortopédicos y yesos, mientras miles de personas en la tienda gritaban y los que lo veían por televisión suspiraban.

A pesar de la noble idea que tuvo Gordon Lindsay con su revista *Voice of Healing* (La voz de sanidad), no había manera de cuidar a los evangelistas independientes que andaban por todo el país. Muchos eran honestos y estaban motivados por un llamamiento divino, pero otros se inclinaban hacia el sensacionalismo y hacia practicas teológicas dudosas. Kathryn Kuhlman eligió no unirse a ese grupo de ministros de sanidad. Los recuerdos de aquella noche en Erie y los escandalosos informes ayudarían a Kathryn a moldear su propia teología de la sanidad y a darle una mayor compasión para la humanidad que sufre. Queriendo tener algo que la distinguiera entre su ministerio y el ministerio de otros, ella rápidamente corregiría a cualquiera que la llamara una sanadora por fe. «¿Una sanadora por fe? ¡No! ¡Solamente estoy recordándoles lo grande que es Dios!».

Muchas personas que siguieron el ministerio de Kathryn veían una contradicción en su negación con respecto a que ella no tenía nada que ver con «esos milagros», y que no tenía ningún don para sanar, ni ningún otro don.

La revista *Christianity Today* intentó determinar si Kathryn sentía que tenía el don de la sanidad. Ella rápidamente afirmó que jamás diría que ella hubiera recibido algún don. «Es el Espíritu Santo», era su respuesta. «Es lo que el Espíritu Santo hace a través de un vaso que le cede su lugar». Y explicaba que le daba miedo el contristar al

Espíritu Santo: «Cuando se aleja de mí soy la persona más común que jamás haya vivido».[15]

Si ella no tenía nada que ver con los milagros y era «la persona más común que jamás haya vivido», sus seguidores podrían haber preguntado con todo respeto durante la segunda mitad de su vida: «¿Por qué no vemos milagros como éstos en otros ministros? ¿Por qué no vemos los milagros cuando ella no está?» O si no tenía nada que ver con los milagros, preguntarían: «¿Por qué se ponía tan mal emocionalmente cuando alguien no sanaba? ¿No asumía en cierto sentido alguna responsabilidad por el bienestar de las personas?»

Buenas preguntas.

Oral Roberts cree que Kathryn Kuhlman era modesta y que por ello negaba cualquier cosa personal, por causa de su entrenamiento previo. Recordando sus propias raíces pentecostales, me dijo en una entrevista, en 1992: «Pensamos que todo era parte de la educación que recibimos como pentecostales. Se nos aconsejó una y otra vez que no pareciera que nosotros hacíamos algo, que Dios estaba haciendo todo. Y no sé si ella se lo creyó literalmente».

Roberts está convencido de que Kathryn ministraba con los dones del Espíritu, pero trataba de quitarse del panorama.

«Moriré creyendo que ella tenía los dones de Dios», dijo Roberts, «Ciertamente sé de dónde venía».[16]

Si Kathryn Kuhlman hubiese escrito la historia de su propia vida, no hay duda que hubiera dividido su ministerio en dos volúmenes. La Kathryn del volumen uno empezó su ministerio en Idaho, en 1928 y lo terminó justo antes de mudarse a Franklin en 1946.

El volumen dos, comprendería el tiempo crítico en Franklin –con sus nuevas creencias y prácticas de sanidad– y luego su ida a Pittsburgh y al resto del mundo.

Excepto por referencias frecuentes al ministerio de Idaho, el volumen uno estaría terminado. Aun si algunas personas se habían sanado durante su primera época –la cual vino con la imposición de manos y la unción con aceite– ellos no estarían incluidas en *I Believe in Miracles* (Creo en los milagros) y otros libros de testimonios de sanidades. Los testimonios fueron tomados únicamente de la última parte de su ministerio –de Franklin en adelante.

Kathryn frecuentemente le recordaba a su audiencia y a sus lectores que la nueva era jamás habría ocurrido si no hubiera sido por la experiencia transformadora de aquel callejón sin salida, cuando Kathryn Kuhlman «murió» (ver el capítulo 7). Otra cosa que hay que recordar era que alistaba a mucha gente para que orasen y ayunasen por las reuniones, una disciplina que ella practicó desde los primeros días de su ministerio. Millie Heldman, quien no podía asistir a los servicios de milagros de los viernes, dijo: «Íbamos a trabajar, pero ayunábamos ese día».[17]

A medida que el ministerio se desarrollaba, había menos énfasis en la fe y más en el acto soberano del Espíritu Santo trabajando en las reuniones. Luego, conforme el Espíritu Santo ministraba en los asientos, Kathryn, de alguna manera, siempre reconoció que era el Espíritu Santo quien le daba la información. Ella captaba una señal y señalaba la sección donde una sanidad se estaba llevando a cabo. Como un equipo de dos miembros, el Espíritu Santo hacía el trabajo y Kathryn anunciaba los resultados. Aun si Kathryn no se sentía cómoda de que le atribuyeran parte en la sanidad –incluyendo en esto a Oral Roberts– otros lo llamaban el don de la palabra de sabiduría (1ª Corintios 12:8).

Kathryn hubiera estado de acuerdo con que un servicio de milagros era un trabajo de equipo, pero que su parte era muy pequeña. No había tarjetas de oración. No había una fila larga yendo hacia la rampa para recibir un toque y oración de Kathryn. No había una tienda de inválidos. Todo se mantenía de una manera sencilla y abierta. Ya no diría más que alguien no había sido sanado por tener una fe débil. Había visto sanar a personas que no servían al Señor, y había visto sanar a otros que no tenían nada de fe en que serían sanados. Esto era una ruptura con el concepto tradicional de las reuniones de sanidad, y una forma que otros copiarían más tarde.

Otra de las afirmaciones a menudo repetidas por Kathryn era que la sanidad del alma era más importante que la del cuerpo. Difícilmente pasaba un servicio sin que ella le hablara a los inconversos, enfatizando que necesitaban experimentar la gracia de Dios. A menudo relataba la experiencia de su conversión a la edad de catorce años, añadiendo: «El mayor milagro de todos es un corazón que se limpia por la sangre de Jesucristo –un alma que nace de nuevo por medio del Espíritu Santo, nacido en la familia de Dios, nuestro Padre Celestial; el ser hecho heredero y coheredero con nuestro precioso Señor y Salvador Jesucristo».[18]

Ni siquiera el presentador de un programa de televisión podía intimidar a Kathryn para que cambiara su posición. Su espíritu ecuménico la hizo suavizar las doctrinas y actitudes que dividen, pero el *nuevo nacimiento* no era una de ellas.

La pregunta que más le hicieron a Kathryn fue: «¿Por qué no se sana todo el mundo?» Después de asistir a un servicio de Kathryn en Springfield , Missouri, en 1971, intenté resolver esa agobiante pregunta una vez que la emoción había bajado. Más tarde me enteré de que Kathryn enfrentaba lo mismo en cada ciudad, con cada reportero, y con cada presentador de televisión. Ahora yo estaba haciendo la pregunta.

Con todo el poder de Dios aparentemente presente, ¿por qué no todos son sanados?

Durante la reunión de Springfield –mientras Kathryn iba señalando lo que ella sentía que eran sanidades, una sección tras otra– un popular amigo de diecisiete años y antiguo alumno mío en la Escuela Dominical, yacía en una camilla de hospital en la parte trasera del auditorio. A causa de un accidente en el bosque seis meses atrás –en el cual un tronco le cayó sobre la cabeza–, Melvin «Cricket» Tucker estaba en coma. Su madre viuda había hecho los arreglos para transportarlo de su habitación en el hospital hasta el servicio de milagros.

Angeline Tucker no era extraña al sufrimiento y a la tragedia. Su esposo misionero, J. W. Tucker, había sido encarcelado y golpeado hasta morir durante una revuelta rebelde en el Congo Belga (ahora Zaire) en 1964. Ahora, la cariñosa madre enfrentaba la batalla de su vida. Temprano por la mañana, las personas en el hospital la veían sentada al lado de la cama de Cricket, leyendo su Biblia u orando, o sencillamente mirándole el rostro, buscando alguna respuesta. Después de salir del trabajo, nuevamente estaba al lado de su hijo en estado de coma, orando y esperando que de pronto «Cricket» respondiera a sus palabras y caricias.

Jamás ocurrió nada de eso.

Ni tampoco Kathryn lo señaló como alguien que estuviese siendo sanado –para la desilusión de cientos de personas que lo conocían.

Yo conocía a cuatro personas que respondieron cuando Kathryn señaló hacia su sección y clamó sanidades que encajaban con sus necesidades: cáncer, artritis, y dos casos de diabetes. Los cuatro pasaron a la plataforma y fueron «golpeados por el Espíritu Santo», conforme Kathryn los tocaba. Esta es la razón por la cual yo y miles de personas nos hemos preguntado por qué no se sana todo el mundo.

Cricket Tucker murió un mes después, sin haber recuperado el sentido.

T. Texas Tyler, miembro del Salón de la Fama de la Música Country, que se había convertido en evangelista, era el hombre con el cáncer. Su vida fue tomada en 1972, ocho meses después del servicio de milagros.

Cientos salieron del edificio pensando que el hermano y la hermana con diabetes habían sido sanados. Más de veinte años después continúan con la enfermedad.

La mujer con artritis, que había demostrado su «curación» arrodillándose y utilizando sus dedos repetidas veces, aún tiene la enfermedad que la invalida –y ahora está peor que antes.

¿Qué sucedió? ¿Falló Dios? ¿Kathryn se confundió? Parece que todos ellos siguieron las instrucciones que Kathryn dio para el milagro –todos excepto Cricket, quien era incapaz de responder. Pasaron a la plataforma y fueron golpeados por el Espíritu Santo.

Las preguntas son difíciles. Nadie está culpando a Kathryn Kuhlman de haber cometido un error. Ella, bajo lo que creía que eran las palabras de sabiduría o de revelación, señaló a secciones donde estaban sentados los cuatro, y los cuatro pensaron que eran los que Dios tenía en mente para realizar los milagros.

¿Qué diría Kathryn si se pudiera hablar con ella sobre esas personas un año después de aquella reunión?

«Cuando tenía veinte años, podría haberle dado todas las respuestas», hubiera confesado. «Mi teología era correcta. Estaba segura de que si seguía ciertas reglas, si hacía un gran esfuerzo, obedecía los mandamientos y estaba en cierto estado espiritual, Dios lo sanaría.»[19]

Pero, ¿por qué no se sana todo el mundo?

La responsabilidad es de Dios, diría Kathryn. Ella estaba en el departamento de ventas, no en la fábrica, y no sabía por qué el fabricante no elegía sanar a todo el mundo, incluyendo a los cinco mencionados. Es una de las primeras preguntas que ella le quería hacer al Señor cuando llegara al cielo.

Después de esto, se mostraría la compasión de Kathryn: «Soy humana, y jamás sabrán cómo me duele en mi interior cuando veo que aquellos que vinieron en sillas de ruedas son empujados nuevamente hacia la calle. Jamás sabrán el dolor, el sufrimiento que siento, pero la respuesta se la debo dejar a Dios.»[20]

En realidad, las reuniones en masa donde se ofrecía

orar por los enfermos –las de Kathryn Kuhlman, Oral Roberts, Jack Coe, William Branham, o las de cualquier otro–
produjeron muy pocos casos verificables de sanidades instantáneas. Ya fuera que, utilizaran el método tradicional de
las tarjetas de oración, la unción con aceite, la imposición
de manos o adoptaban los métodos de Kathryn, esto no hacía ninguna diferencia.

Se ofrecían muchas oraciones, muchas personas creían,
y muchas personas eran vencidas por el Espíritu, pero muy
pocas eran sanadas. Un reportero que cubría una de las primeras reuniones de Kathryn en el Carnegie Music Hall de
Pittsburgh, notó eso en 1948 y escribió: «De cada persona
que afirma que ha sido curada, una multitud se perdió en
la oscuridad, quedando tan miserables y tan enfermos como vinieron.»[21]

Un investigador que ha pasado años estudiando el movimiento pentecostal, escribe que la doctrina y la práctica
de la sanidad divina, junto con el hablar en lenguas, son la
espina vertebral de ésta tradición. Y aun cuando la mayoría
de los pentecostales crean que Dios sana actualmente, sólo
una pequeña minoría han afirmado alguna vez alguna sanidad milagrosa. Lo mismo probablemente se aplicaría al
movimiento carismático.[22]

A menudo ocurren sanidades que desafían a la imaginación y hacen que una audiencia crea en cualquier cosa.
Por ejemplo, en una reunión a principios de los años setenta, una hermosa rubia en minifalda vino a la plataforma y
declaró: «Mi esposo es siquiatra, y no cree en nada de esto,
así que vine sola. Mi sordera era incurable. No sé lo que va
a decir cuando le entregue mis dos aparatos auditivos.»[23]

O tomen el caso de George Davis, de cuarenta y nueve
años, quien había sufrido un infarto en 1971 y fue hospita-
lizado durante dos meses. Los doctores le colocaron un
marcapasos en un intento de darle una vida normal. Posteriormente, asistió a un servicio de milagros en Pittsburgh.
Buscó la sanidad pero declaró que él jamás caería bajo el

Espíritu como otros lo hacían. Pero al igual que otros que habían dicho lo mismo, cuando Kathryn lo tocó, Davis cayó al suelo.

Cuando Davis salió del edificio se sentía muy enfermo y se durmió en el auto hasta llegar a casa. Una vez en casa se dio un baño y notó después que la cicatriz de doce centímetros del marcapasos había desaparecido. Más tarde, el doctor George Johnston, de Filadelfia, un médico que atendió a Davis durante el infarto y la hospitalización, confirmó el hallazgo de su paciente. «El marcapasos y la cicatriz de la incisión han desaparecido. Todo está registrado.»

Como resultado de la curación, Davis volvió a sus actividades normales. «Ahora puedo cortar el césped y hacer muchas otras cosas que no podía hacer antes.»[24]

Aparentemente, la mujer y Davis fueron sanados, pero aún así, muy pocas de las personas necesitadas que estaban en los dos auditorios en aquellos días recibieron una sanidad divina.

La mayoría se marchó «tan miserables y enfermos como cuando entraron». La mayoría regresaría. Algunos jamás tendrían la posibilidad de asistir a otro servicio de milagros.

Confuso para algunos y molesto para otros es la sugerencia –o la explicación– de que una persona se sanó en la reunión, pero que «perdió» su sanidad por falta de fe o por no haber «confirmado» la sanidad. Kathryn creía que a menos que las personas pasaran al frente y dieran testimonio, podían perder su sanidad –lo cual supuso aumentar el número de personas que presumían haber sido sanadas y daban testimonio de algo que no habían recibido.

Después, viene la pregunta del valor del sufrimiento. Kathryn jamás habló de ello, tal vez porque pensó que podía debilitar la fe de algunos, o tal vez porque pensó que era mejor ignorar los problemas filosóficos de tal magnitud.

El doctor Robert Lamont no temía hablar con Kathryn

sobre las preguntas difíciles. El creía que Dios sanaba a las personas en las reuniones de Kathryn y en sus propios servicios, en la Primera Iglesia Presbiteriana donde Kathryn dirigía servicios. «Una vez, la señorita Kuhlman me preguntó si había visto su programa de televisión», me contaba en su casa de jubilado, en Florida. «Le dije que había apagado la TV porque todo lo que veía eran historias exitosas. Jamás hizo pasar a alguien que no hubiera sido sanado, y le dije que ambos sabíamos que muchas personas salían del edificio sin haber sido sanadas.»

El doctor Lamont transmitió su mensaje, y Kathryn invitó a personas en *I Believe in Miracles* (Creo en los milagros) que no habían sido sanadas.[25] «¿Por qué no se sana todo el mundo?» Parecía que Kathryn tenía la mejor respuesta para esta pregunta, y lo trató con solvencia: «No lo sé. Y temo por aquellos que afirman saberlo. Porque sólo Dios lo sabe, y ¿quién puede escudriñar la mente de Dios?»[26]

Y para evitar afirmaciones que no eran verdaderas, afirmaciones que pudieran afectarle al ministerio posteriormente, Kathryn utilizaba un criterio con cuatro puntos antes de que las historias fueran aceptables para sus libros.

1. La enfermedad o herida debería ser orgánica o estructural en naturaleza, y debería haber sido diagnosticada médicamente.
2. La sanidad debería ocurrir rápidamente, en forma instantánea. Los cambios debían ser anormales y no de la clase que pudiera resultar por sugerencias.
3. Todas las curaciones debían ser verificadas médicamente –preferiblemente por más de un doctor. Al menos uno de los doctores debía ser el doctor particular del paciente.
4. La sanidad debería ser permanente, o al menos de una duración suficiente para que no pudiera ser diagnosticada como una «remisión».[27]

Cuando las personas discutían el principio del ministerio de sanidad de Kathryn Kuhlman, invariablemente sur-
gían las experiencias de Franklin, Pennsylvania. Ya que fue
aquí donde Kathryn abrazó su nueva teología de sanidad
divina. Algunas personas que aún viven y que recuerdan el
día que ella empezó lo que debió ser dos semanas de reuniones, le dirán que fue la cosa más grande que haya sucedido en la historia de Franklin.

Pero todas las cosas buenas tienen un fin. Así como nadie podía esperar que se detuviera el fluir del Allegheny
River, tampoco nadie podía esperar que Kathryn quedara
restringida al condado Venango. Seguiría al Allegheny hasta Monongahela, donde los dos ríos forman el Ohio y el
Pittsburgh. Y éste último se convertiría en su base central.

DIEZ

Una base amistosa en Pittsburgh

«Un reciente viernes por la mañana, la Primera Iglesia Presbiteriana de Pittsburgh estaba completamente llena con no menos de 1.200 personas enfermas, angustiadas, fieles y curiosas. Eran de todas las edades, cubiertos con gabardinas, amontonadas dentro del interior gótico de la iglesia. La nieve caía, la temperatura estaba alrededor de los treinta grados bajo cero y había una huelga de autobuses y tranvías; no obstante, habían venido y estaban esperando a la mujer predicadora».[1]

—ANN BUTLER, REPORTERA

DESPUÉS DE QUE Kathryn Kuhlman tuvo problemas con Matthew J. Maloney a causa de las ofrendas recibidas durante su ministerio en Franklin, su congregación se asentó felizmente en la pista de patinaje remodelada de Sugarcreek, ahora con el nombre de Templo de Fe.

Las multitudes continuaban llegando al noroeste de Pennsylvania. Los fieles amaban a la mujer predicadora y venían esperando un tiempo emocionante y, tal vez, uno o dos milagros.

Donde una vez flotaban los sonidos de las ruedas de los patines, las voces altas, la música de Frank Sinatra y el «Vals de los patinadores» de Ken Griffin, ahora se reunían las personas para cantar, orar, escuchar la Palabra de Dios y ver cómo Dios sanaba a los enfermos. Rara vez salían desilusionados del Templo de Fe.

Conforme Kathryn aumentó las estaciones de radio a su pequeña red, su popularidad creció, respondiendo así a los oyentes que querían que dirigiera reuniones en sus áreas. Una ciudad que recibió el ministerio de Kathryn con emoción fue Pittsburgh.

Después de la Segunda Guerra Mundial, Pittsburgh, ostentando orgullosamente su indiscutible título de la Ciudad de Acero, estaba nuevamente en los negocios, y una evidencia de ello era el humo de las metalúrgicas que estaban produciendo acero para los mercados locales. Ahora, en lugar de suplir acero para tanques y barcos, U.S. Steel y otras compañías estaban produciéndolo para todos los usos, desde autos y artículo de cocina hasta clavos y estructuras de puentes.

Mientras la nación se preparaba para la campaña presidencial de Truman-Dewey durante el verano de 1948, Kathryn hizo planes para las dos semanas más importantes de su ministerio. Creía que los pobladores de Pittsburgh, así como los de sus alrededores, a pesar del aumento de afluencia en tiempos de paz, responderían a las reuniones del evangelio que había planeado para el Carnegie Music Hall, con dos mil asientos. Esta evangelista trasplantada de Missouri, con un registro probado en lugares como Idaho, Denver y Franklin, ahora estaba lista para tomar los establecimientos del este, en una de sus ciudades claves: una ciudad católica.

Al otro lado del estado, en Filadelfia, Harry S. Truman –que al igual que Kathryn, creció en Missouri– anticipó la fiesta de nominación de su partido como presidente. Los registros muestran que a ninguno de los dos personajes de Missouri les fue mal durante esas dos primeras semanas de julio de 1948. Truman dando sus primeros pasos para volver a la Casa Blanca y Kathryn estableciendo una base en Pittsburgh.[2]

Cubriendo las reuniones en Carnegie para un diario local, William Cooper presentó a Kathryn Kuhlman a la «Ciudad de Acero». Aun en esa temprana etapa de su carrera, el edificio estaba a reventar, y a cientos de personas no se les permitió entrar por falta de espacio. Algunos empezaron a llegar al medio día para el servicio de las 7 de la tarde, y ya a las 5:30 las personas que estaban en la fila pasaban los ostentosos bares que había cerca. Los que normalmente estaban en el bar, al ver a las pacientes personas de pie en el calor de julio, debieron pensar que habían tomado demasiado. ¿Podía atraer a tanta gente un servicio religioso en Carnegie Hall?

Un dibujo que acompañaba el artículo de Cooper mostraba una sala llena, y a Kathryn al micrófono en el centro de la plataforma. El artista ilustraba a muchos de la congregación elevando sus manos en adoración. «Es rubia y atractiva, de unos treinta y cinco años», escribió el reportero, errando por seis años con respecto a la edad de Kathryn. «Es la combinación de la oradora y la actriz; la cantante y la evangelista.»

Varias personas afirmaron haber sido sanadas durante la reunión de julio, aunque el reportero notó algo que Kathryn ya sabía que sucedería: que la mayoría se marcho «tan miserables y enfermos como cuando llegaron».[3] Sin embargo, al igual que el hombre del estanque que esperaba que alguien lo metiera cuando el ángel moviera las aguas, la gente volvería.

Cientos de personas en Pittsburgh ya conocían a

Kathryn en el verano de 1948 por causa de su programa de radio Heart to Heart (De corazón a corazón). Una fiel radioyente no era de aquellos que le gustaba ir a la iglesia, pero se volvió una adicta del programa de Kathryn, para disgusto de su hija.

«Mi madre escuchaba a la señorita Kuhlman en la radio», Millie Heldman recordaba. «Cuando volvía a la casa al salir de la escuela, le apagaba la radio si la estaba escuchando... ¡No podía soportar su voz!»⁴ Aparte de eso, Millie no creía en los milagros modernos o en que las mujeres debieran predicar. Difícilmente sería un modelo de los convertidos por Kuhlman.

Pero antes de que pasara mucho tiempo, Millie no sólo escucharía a Kathryn en la radio junto a su madre sino que también empezó a asistir a las reuniones de Pittsburgh y se involucraría en el coro. Finalmente, trabajó treinta años como voluntaria en el ministerio de Kuhlman.

La asociación de Millie con el ministerio de Kuhlman comenzó cuando ella terminó el bachillerato y obtuvo un trabajo al otro lado de la calle del Carnegie Music Hall de Pittsburgh. Un día notó que unos hombres estaban colocando un cartel en Carnegie Hall, el cual anunciaba que Kathryn Kuhlman tendría reuniones en ese lugar por un espacio de dos semanas a partir del 4 de julio de 1948. Fue a su madre y le dijo sarcásticamente: «¡Tu amiga viene a la ciudad!»

Al tener una naturaleza curiosa y ser una persona que buscaba a Dios honestamente, Millie decidió que asistiría a la primera reunión, junto con la gente que al principio había catalogado como «gente loca». El edificio estaba a reventar, pero lo que Millie notó desde la posición en la que estaba fue la electricidad que había en la atmósfera. Más tarde le atribuiría la sensación a la presencia del Espíritu Santo.

A Millie le gustaba la música y no vio nada a lo que pudiera llamar *fanatismo*. Se sintió atraída hacia las demás reuniones, y también regresó más tarde, cuando Kathryn volvió a Pittsburgh para tener otras reuniones. Millie aún era escéptica a cerca del tema de las sanidades, pero lo que ella vio un día de mayo en 1949 la convertiría en una creyente. Millie cree que Dios la puso en aquel asiento detrás de Mary Schmidt, una mujer de Pittsburgh a quien nunca antes había visto. Lo primero que notó fue el gran bocio bajo la barbilla de la señora Schmidt. Medía más de cuarenta centímetros de ancho y había padecido de ello durante treinta y seis años.

La reciente pérdida de su esposo en un accidente la había dejado con una profunda melancolía. No sólo estaba inestable emocionalmente, sino que también sufría del gran bocio y de problemas con el corazón. El estrés la estaba llevando al suicidio. Fue entonces cuando escuchó de Kathryn, asistió a las reuniones y ahora estaba convertida y feliz, aunque su condición física le quitaba toda la energía –hasta el grado de que casi no podía caminar. El respirar y el comer le eran extremadamente difícil. Sabía que a menos que recibiera un milagro, moriría al igual que habían muerto por la misma enfermedad su madre y su tía.

El libro *I Believe in Miracles* (Creo en los milagros) habla de una sorprendente historia de Mary Schmidt en aquel jueves de mayo de 1949.

El Servicio casi terminaba cuando sintió un terrible dolor en la parte superior de la cabeza, y simultáneamente sintió algo que la tiraba del cuello y se le atoraba allí. Instintivamente se llevó la mano a la garganta... ¡y ya no había señal del bocio!

«O Señor», dijo, mientras lágrimas de gozo y gratitud recorrían su rostro, «¿en realidad es cierto?»

Lo era.[5]

Millie Heldman estaba observando todo: la desaparición del gran bocio como si estuviera viendo un truco de magia, o como si fuera el aire saliendo de un globo. «Vi cómo se reducía, y la señorita Kuhlman ni siquiera estaba cerca de ella. Sabía que Dios la había sanado».

Al final del servicio, Millie pasó al frente y se arrodilló al borde del banco del piano, donde el pianista Jimmy Miller tocaba. La escéptica encontró lo que había estado buscando, la pieza que hacía falta en el rompecabezas de su vida.

Mary Schmidt volvió a su doctor, quien confirmó que ya no padecía de bocio, ni de los problemas del corazón. (El doctor se impresionó tanto que empezó a enviar peticiones de oración a las reuniones de Kathryn). Trece años después, la señora Schmidt todavía trabajaba tiempo completo y no tuvo más problemas físicos después de aquel milagro en el Carnegie Hall.

¿Y Millie? Ella, al igual que muchos otros quienes le daban el crédito a Kathryn por haberlos guiado a Jesús, se unieron al ministerio Kuhlman. Cantaba en el coro, dirigía el grupo de jóvenes adultos y trabajaba en la oficina, comprometida a treinta años de ministerio. Y ella, al igual que muchos otros, no cambiaría sus experiencias por nada en el mundo.

La «amiga» de su mamá había sido el instrumento para cambiar su vida.[6]

Bill Hall es otro fiel a Kuhlman, quien creció junto con la Fundación. No fue planeado de esa manera, pero después de que un amigo de la escuela lo llevara a una reunión de Kuhlman para pasar un buen rato en el mes de octubre de 1949, quedó cautivado.

«Sólo quedaban dos asientos, y era en la plataforma del Carnegie. Nos sentamos allí con los pies colgando de la plataforma, estábamos listos para pasarla bien», recordaba él. Entonces Kathryn vino a la plataforma. «Miré su rostro, y era como el rostro de un ángel. Había algo en esa mujer...». Hall no terminó su frase, pero continuó diciendo que jamás había escuchado a alguien que hiciera a Jesús tan real como lo había hecho Kathryn. «¡Hizo que Jesús fuera algo de primera clase!», exclamó. Después de la conversión, él cantó en el coro de Kuhlman durante once años y a menudo cantó solos. «"La gloria de su presencia" era uno de los favoritos de la señorita Kuhlman», recordaba Hall.

Inclusive después de mudarse a California, Hall continuó asistiendo a las reuniones de Kathryn en la capilla. «El estar en sus reuniones era como morir e ir al cielo», decía al reflexionar sobre sus casi treinta años de asociación con el ministerio.

La historia de la conversión de Hall y su lealtad al ministerio pudo repetirse por miles, muchos de los cuales salieron de otras iglesias, mientras que otros no provenían de ninguna. No todos ellos veían el rostro de Kathryn como el de un ángel, pero la veían como alguien que de alguna manera podía tocar a Dios por ellos, y como alguien que realmente se preocupaba por ellos y por sus necesidades.[7]

Si Kathryn hizo a Jesús como de primera clase –como lo describía Bill– dejaba en claro, a cada persona que estaba en el edificio, que este mismo Jesús le dio más valor para sanar almas que para sanar cuerpos. Y al tratar con personas con problemas y culpa, cortaba todas las excusas y explicaciones que las personas presentaban y les preguntaba: «¿Qué quieres de Jesús?»

Al igual que dos de sus antecesoras –Maria Woodworth-Etter y Aimee Semple McPherson– era una dinámica y exitosa ganadora de almas, aun desde antes que fuese notada por su ministerio de sanidad.

Después de varios meses en el Carnegie Hall –y de seguir dirigiendo servicios dominicales en Templo de Fe de Sugarcreek– la cobertura de prensa de Kathryn era inigualable. Un diario local reimprimió una fotografía que mostraba a cientos de personas esperando fuera del Carnegie Hall desde el medio día para entrar a una reunión que iniciaba a las 3:30 de la tarde. La fotografía fue reimpresa como resultado de numerosas peticiones de copias del diario que llevó la fotografía original.

La revista semanal de Pittsburgh *Bulletin Index* –o *BI*

como la llamaban–, con setenta y dos años de existencia, tenía una historia en la cubierta que mostraba a Kathryn y a
un niño pequeño. Demasiados «milagros» habían sucedido
en las ya legendarias reuniones de Kathryn como para escribir sobre ella como «una evangelista más».[8]

Notando primeramente los ujieres en Carnegie, el escritor los describió como hombres maduros en su mayoría,
pero «a diferencia de la mayoría de los ujieres, éstos no estaban aburridos por lo que se llevaba a cabo en la plataforma». Se sorprendió cuando los escuchó responder al mensaje de la predicadora con un «¡Amén!», o un «¡Así es!».

Para Kathryn, los ujieres eran algunas de las personas
más importantes en el edificio. Debían ayudar, mantener el
orden, y siempre ser sensibles al movimiento del Espíritu
Santo. Kathryn, al igual que un comandante en jefe de la
armada en el día de inspección, regresaba a un ujier si sus
zapatos no estaban lustrados o si no cumplía con sus normas de apariencia o limpieza.

Los ujieres no eran únicamente oficiales comisionados
o personas que enlistaban hombres para el barco, sino que
de alguna manera eran el cuerpo médico que tomaba un interés personal en cada persona necesitada. Eran la extensión de las manos de Dios –y de Kathryn– con un ministerio que no era menor al del Buen Samaritano.

Los ciento cuarenta y cuatro ujieres en la lista de 1974,
eran hombres dedicados de Pittsburgh, de los alrededores,
e inclusive de Cleveland, a unos 107 kilómetros de Youngstown, donde ministraban durante los servicios dominicales. No; la brigada de Kathryn no estaba compuesta de
«ujieres normales».[9]

Varias personas pasaron a la plataforma durante el servicio en el que estuvo presente el escritor del *BI*, cada uno
de ellos contaba cómo había sido ayudado. Un hombre, de
nombre Marco, se subió el pantalón y mostró cómo su pierna había sino sanada de una deterioración. Las personas a
través de toda la audiencia se hacían hacia adelante o se

ponían de pie para ver mejor, mientras Kathryn hacia su pregunta tan frecuente: «¿Cuántos piensan que eso es maravilloso?»

Repetía la pregunta después de que cada persona daba testimonio de haber sido sanada, incluyendo la artritis, el bocio u otras enfermedades.

Un hombre, quien representaba a un grupo de personas por el cual Kathryn desarrolló un interés especial, vino al micrófono. «Estuve tomando por cuatro semanas enteras, pero ahora no he tomado ni una sola gota desde que vine a las reuniones de la señorita Kuhlman». «¿Cuántos piensan que eso es maravilloso?», Kathryn preguntó otra vez.

Otra persona había sido liberada del alcohol y no había tocado la bebida en dos años, desde que volvió a la fe bajo el ministerio de Kathryn, en Franklin. Su agradecida esposa escribió que habían estado casados durante treinta y seis años y que su esposo había tenido problemas con el alcohol a través de todo su matrimonio. Estaban a punto de divorciarse cuando el hombre se convirtió. «A partir de ese momento», escribió la mujer, «hemos sido más felices de lo que lo habíamos sido en los treinta y seis años previos».[10]

Una de las personas que ayudó al éxito de Kathryn en Pittsburgh fue el pastor del People's Tabernacle, Jack Munyon, quien había predicado en Denver en 1935. Kathryn había predicado al menos en dos series de reuniones para Munyon. Tres personas que se consagraron al ministerio de Kathryn desde finales de los años cuarenta hasta su muerte –y que salieron de la iglesia de Munyon– fueron Marguerite Hartner, el organista Charles Beebee y el pianista Jimmy Miller.

La «maniobra» de Kathryn en la iglesia de Munyon no afectó la buena relación que había entre los dos, pero el quitarle el talento a otros ministerios era –y sigue siendo– una práctica común –inclusive el alejar a una persona de sus propios familiares. Audrey Mieir, una música talentosa y

escritora de canciones de estilo *gospel*, me contó que en
1945 ella y su esposo estaban ministrando con el cuñado y
la hermana de Kathryn, Everett y Myrtle Parrott, en las reuniones de la tienda. Los Mieir recibieron una carta de Burroughs A. Waltrip, quien en ese momento todavía estaba
casado con Kathryn, invitándolos a unirse a su equipo
evangelístico. «No conocíamos a ninguno de ellos», dijo
Audrey, «pero Waltrip nos ofreció triplicarnos el salario si
nos uníamos a ellos». Los Mieir no aceptaron, lo cual resultó ser una decisión sabia, puesto que los Waltrip se separaron unos meses después.[11]

Marguerite Hartner, mejor conocida como Maggie, no
sólo dejó la iglesia de Munyon sino también su puesto en la
compañía de teléfonos, para volcarse por completo en el
ministerio de Kathryn. Aunque su amistad fue tirante después de que Tink Wilkerson tomó el cargo de gerente durante el último año de vida de Kathryn, pocas personas en
el ministerio eran tan cercanas y tan devotas a Kathryn como Maggie. Cuarenta y cinco años después de que Kathryn
la contrató, todavía seguía en su puesto, dirigiendo la Fundación Kathryn Kuhlman.

Nunca fue alguien que hablara de ella misma o de su
contribución al ministerio –y ciertamente no decía nada
que causara reflexiones pobres sobre el ministerio– Maggie
podría haber tenido un *best-seller* si hubiese decidido escribir sobre sus experiencias con Kuhlman. Una escritora, que
era observadora de Kuhlman para su diario de Pittsburgh
antes y después de la muerte de Kathryn, tal vez era la que
mejor enterada estaba sobre la relación entre Kathryn y
Maggie. Ann Butler escribió que Maggie lo sabía todo. «Algunas veces se revuelven las fechas, pero Maggie lo sabe
todo. Y se lo llevará todo consigo. Leal y verdadera, se lo
llevará a la tumba».[12]

Además de sus deberes ejecutivos en la oficina Kuhlman, la fiel Maggie Hartner sirvió como una de las personas que hacían contacto en un servicio de milagros. Su

responsabilidad era subir y bajar por los pasillos buscando a las personas que Kathryn afirmaba que se habían sanado. Después de quedar satisfecha por haber hallado a las personas correctas, las enviaba a la plataforma en donde Kathryn se hacía cargo de ellos.

Y Kathryn necesitaba toda la ayuda posible. Un mes después de que abrió las reuniones del Carnegie Hall, un reportero de un diario notó que los programas de radio recibían mil cartas diarias. El escribió: «La magia de su voz, y la intensidad de su atracción religiosa, ha construido una audiencia que derrama miles de dólares al mes para ayudarla a que continúe con su ministerio».[13] Al no operar como una organización sin fines de lucro en aquella época, el nuevo ministerio pagó diez mil dólares de impuestos por donaciones recibidas en 1947.

El manejar las finanzas era un elemento importante en la organización de Kathryn. Las organizaciones religiosas recibían una inspección muy cuidadosa y muchas críticas en el área de las finanzas. Kathryn tenía una regla en lo que respecta a las ofrendas y las oraciones por los enfermos: no aceptaba dinero de aquellos que tenían peticiones de oración.[14] Los reporteros que buscaban un escándalo no encontrarían ninguno en la Fundación Kuhlman.

Dos eventos importantes en noviembre de 1950, ayudaron a forjar el futuro de Kathryn. Uno involucró la remodelación de la pista de patinaje en Sugarcreek. El otro fue un artículo en la revista *Redbook* ese mes. El primero fue para cambiar finalmente el lugar donde dirigían los servicios, y el segundo sirvió para cambiar la forma de pensar de muchas personas con respecto a la sanidad espiritual.

Por casi dos años y medios, Kathryn había estado celebrando reuniones en Pittsburgh entre semana, regresando al Templo de Fe de Sugarcreek en los domingos. Mantenía una oficina en Franklin y había abierto otra en Pittsburgh. Maggie Hartner y otros deseaban que pusiera su operación permanente en Pittsburgh. Pero Kathryn no podía hacerse a la idea de abandonar a sus amigos de Franklin. «Esas personas me adoptaron, me amaron y me aceptaron cuando nadie más me quería», le dijo a Maggie. «Les debo mi vida».

Kathryn creía que Dios quería que permaneciera en Franklin y que siguiera dirigiendo servicios en Pittsburgh. Le dijo a Maggie que el techo del Templo de Fe debería desplomarse antes de creer que Dios quería que se mudara.

Nadie acusó a Kathryn de querer que el techo se desplomara, pero eso fue lo que sucedió el Día de Acción de Gracias en 1950. Una pesada nieve era más de lo que podía soportar el techo del Templo de Fe, haciendo que se derrumbara.[15]

Los servicios continuaron en parte del edificio después de que el techo fue arreglado, y Kathryn mantuvo una oficina en Franklin durante los próximos años, pero Pittsburgh se convirtió en el enfoque del ministerio.[16]

Un año antes, Eve Conley, compañera de Kathryn, había comprado una casa en la exclusiva área Fox Chapel de Pittsburgh, y en diciembre de 1950 compró una espaciosa mansión con diez habitaciones y cuatro baños en la esquina de Bigelow Boulevard y Bayard Street, en la sección de Okland, de Pittsburgh, cerca de la Universidad. Con un estilo del renacimiento italiano, la propiedad tenía un garaje para tres autos y una casa para carruajes con apartamentos de dos habitaciones. La casa está a una distancia cercana de Carnegie Hall, y Kathryn vivió allí hasta que se regresó a la casa de Fox Chapel en 1953, donde ella viviría el resto de su vida.[17]

El segundo evento de noviembre de 1950, que ayudó a cambiar el destino de Kathryn, fue el artículo de *Redbook* «¿Puede la fe en Dios sanar a los enfermos?», escrito por Emily Gardner Neal.

Como respuesta a los escépticos que dirían que los doctores diagnosticaron incorrectamente los casos en donde las personas afirmaban haber sido sanadas, los editores del

Redbook escribieron: «Tal vez fuera posible, pero una enorme cantidad de diagnósticos erróneos es poco probable». Los editores de la revista sabían que el artículo sería controversial y se aseguraron de poder respaldar las afirmaciones con informes de compensaciones a obreros, informes médicos y placas de rayos-X, cartas de religiosos y oficiales de gobierno, junto con testimonios de personas que afirmaban que habían sido sanadas.

La revista investigó a ocho personas que afirmaban que fueron sanadas en las reuniones de Kathryn. Las fotografías de las ocho acompañaban el artículo. Ellos fueron la señora J. H. Owen, de Aliuippa, Pennsylvania (cáncer), James McCutcheon, de Pittsburgh (cadera rota), la señora Pearl Black, de Pittsburgh (inválida), David Davis, de Jeannette, Pennsylvania (padecimiento de la cadera), Mary Lou Gueringer, de Pittsburgh (heridas de nacimiento), Vera Showers, de Leighton, Kentucky (cuello roto), Paul Gunn, de Pittsburgh (cáncer) y la señora F.R. Mosley, no se cita su procedencia (corazón crecido y presión arterial alta).

Se cita a Owen Walton, ministro metodista y secretario ejecutivo del Consejo de Iglesias del Condado de Allegheny, quien dijo: «Hablo por mí y por el Consejo cuando digo que indudablemente Kathryn Kuhlman llevaba esperanza y fe a muchos miles que las iglesias establecidas no estaban alcanzando».

Otro ministro que escuchó a Kathryn cuando se dirigía a un grupo de ministros, le dijo a *Redbook* que su propia fe había sido revitalizada y que las sanidades sucedían en su propia parroquia.[18]

A menudo se hacen preguntas de dónde sacaba Kathryn Kuhlman su poder. Por ejemplo, ¿por qué una sección de americanos viajaba cientos de kilómetros, inclusive con mal tiempo, a Pittsburgh y a Youngstown para asistir a los servicios durante la semana y los domingos? O, ¿por qué había tantos que rentaban autobuses desde Toronto y de otros sitios distantes? ¿Por qué las personas pasaban de largo por las iglesias que estaban más cercanas a sus casas, donde podían escuchar el mismo evangelio predicado, sólo para ir a una reunión de Kathryn Kuhlman?

Una mujer de Slippery Rock, Pennsylvania, contó lo empeñadas que estaban ella y su madre en llegar a las reuniones del Carnegie Hall. El viaje requería tomar el tren de Slippery Rock a Butler, y luego un autobús a Pittsburgh. «Yo dije que cuando Mamá viniera de Erie, vendríamos a uno de sus servicios —como fuera— y lo hicimos», le escribió a Kathryn. Pero hacer el viaje no fue fácil. Sólo había dos trenes al día en Slippery Rock, y la mujer y su madre habían perdido el tren de la mañana. Afortunadamente, a un amable ingeniero le dijeron que las dos mujeres estaban esperando en la estación; así que hizo una parada inesperada y recogió a las dos pasajeras.

La mujer le contó a Kathryn lo emocionadas que estaban por estar sentadas junto a una mujer muda y que fue sanada, y después escucharla dando su testimonio en la radio.[19]

Al igual que estas mujeres, la esperanza de experimentar o ver un milagro atraía a las multitudes. Pero el ver o experimentar los milagros era lo único que hacía que las personas volvieran semana tras semana.

Kathryn era una gran comunicadora. Un crítico escribió una carta a *Los Angeles Times* en la cual confesaba que cuando Kathryn habló, él escuchó: «Te hizo escuchar, porque respondió la petición del corazón del hombre de expresar su más profunda convicción con su más profunda emoción».[20]

Por supuesto que los seguidores de Kathryn sabían que ella recibía su habilidad a través del Espíritu Santo, y no por un arte adquirido.

Las personas que estudian las comunicaciones en audiencias han analizado mucho el estilo de hablar de Kathryn Kuhlman, un estilo que podía captar la atención de miles durante dos o tres horas. Aunque ella se apoyaba más en un estilo peculiar de entrega que en la satisfacción, Kathryn se podía comunicar con el científico de cohetes al igual que con el empleado de una compañía aérea; con el dignatario en una limosina al igual que con una persona que anduviera en sandalias.

Era vista por su congregación como una increíble comunicadora, escribió una investigadora. Sus virtudes incluían (1) ser competente en su campo –predicación, enseñanza, ministerios en radio y TV, y escribir–; (2) tener un carácter intachable, una percepción derivada obviamente de su «toque por Dios»; (3) tener compostura, estar siempre en control; y (4) ser extrovertida –«jamás le faltaban personas a su lado».[21]

Otra de las habilidades de Kathryn en la comunicación era el hacer que su audiencia se identificara con ella. Al escuchar los sermones grabados de Kathryn y al estudiar su teología, la investigadora escribió que no podía encontrar doctrinas, actitudes, o creencias «que las vastas mayorías de conservadores y cristianos fundamentalistas (al igual que muchos no cristianos también) no podían aceptar».[22]

Este esfuerzo de parte de Kathryn para tener una armonía con todas las tradiciones cristianas, obviamente es la razón por la cual dejó de publicar el diario *Eye Opener* a finales de los años cuarenta, su diario –de corta vida– atacaba al antiguo Consejo Federal de Iglesias y a los teólogos liberales por sus posiciones.

Kathryn tampoco predicó nunca contra el consumir bebidas alcohólicas o el fumar. No es que lo aprobara; más bien, se frenaba de criticar a aquellos que tomaban y fumaban para evitar que se aislaran. Ella creía que con predicar un evangelio positivo llevaría a cabo su propósito.

Sin embargo, en otro intento por mantener la harmonía en sus servicios, Kathryn no permitía que se hablara en lenguas o la manifestación de ningún otro don del Espíritu. Creía que los dones eran para la actualidad, pero pensaba que si le permitía a individuos de la audiencia que dieran un «mensaje» en lenguas, debilitaría la armonía que había logrado crear con las personas que no aceptaban esas manifestaciones.

Kathryn hacía que sacaran a las personas de sus servicios si persistían en hablar en lenguas o en profetizar. Esta reacción hizo que se levantara una crítica de parte de algunos que pensaban que eso era parte de las manifestaciones del Espíritu Santo.

No queriendo que la llamaran pastora o predicadora, parecía tener un plan para neutralizar la tendencia que algunos en la audiencia tenían en contra de las mujeres en el púlpito. Estas políticas pueden verse especialmente en las últimas reuniones de Kathryn, las cuales atraían a grandes cantidades de americanos y canadienses.

La parte más controversial de las reuniones –sin embargo algo que atraía también a muchos– era el fenómeno que Kathryn comúnmente llamaba «ser golpeados por el Espíritu». Cuando Kathryn tocaba a las personas, de pronto sus rodillas se doblaban, y caían al suelo o en los brazos de los ujieres que los esperaban. Cuando se le preguntó sobre caer en el Espíritu, la seguidora de Kuhlman, Agnes Spriggs, dijo: «Eso fue lo que me atrajo –aun más que los milagros– ese gran poder».[23] (Ver el capítulo 13 donde hay más sobre este tema). Lo que surgía de la plataforma, desde la música hasta el papel de Kathryn, era un programa creado para levantar y sanar –alma y cuerpo– y ciertamente no para ofender. A través de estos medios, Kathryn se convirtió, entre otras cosas, en una embajadora para unir a las personas. Mientras los líderes denominacionales se reunían en grandes encuentros en Roma y Evanston y Génova para discutir la posibilidad de una participación ecuménica mundial, Kathryn Kuhlman abrió las puertas de Carnegie Hall y entraron católicos, ortodoxos, los que no tenían iglesia y protestantes de todos los tipos.

En sus primeros años Kathryn le hubiera rogado a sus convertidos que se mantuvieran tan lejos como pudieran de la Catedral de St. Mary, o de la Primera Iglesia Presbiteriana. Su filosofía posterior era el rogarles que volviesen a sus iglesias y que se convirtieran en luces brillantes y en una fuerza de sanidad.

Sin recibir direcciones del movimiento ecuménico, pero recibiendo muchas críticas de los ultra conservadores, Kathryn estaba haciendo su parte para responder a la oración de Jesús: «Para que todos sean uno; como tú, oh Padre, en mí, y yo en ti, que también ellos sean uno en nosotros; para que el mundo crea que tú me enviaste» (Juan 17:21).

Muchos le dan el crédito a Kathryn Kuhlman por haber renovado el interés en el Espíritu Santo en la iglesia institucional y por ayudar a cruzar el abismo entre los protestantes y católicos, al atraer grandes cantidades de católicos a sus servicios. Estos regresaban a sus iglesias con el conocimiento del Espíritu Santo.[24]

Todo el mundo se sorprendía de la personalidad tan dinámica de Kathryn, y ella le sacaba toda la ventaja que podía, como lo notaban sus críticos. Una vez que ella aparecía en escena en su amplio vestido, era el foco de atención, inclusive durante los números musicales. Cualquier otro maestro de ceremonias se habría sentado o se hubiera escurrido en alguna de las alas para darle al solista o al coro el centro de la plataforma, pero no Kathryn. Permanecía de pie, sonriendo, alzando su mano ocasionalmente, y siempre a la vista de la audiencia. Nadie le quitaba el lugar a Kathryn –ni el solista Jimmy McDonald, el pianista Dino, el coro bien entrenado del doctor Metcalfe, ni ningún otro que actuara durante el servicio. Obviamente, ella apoyaba al músico quedándose, pero al permanecer de pie sencillamente le recordaba a la congregación quien tenía el control.

En contraste, Oral Roberts –durante su etapa principal en las reuniones de tiendas– permanecía detrás de la plataforma durante el servicio de cantos, oración, anuncios, números especiales y promoción de libros. En un momento dado, el gerente de Roberts lo presentaba, las cortinas se abrían, el organista empezaba a tocar el inconfundible himno *Donde fluyen las aguas de la sanidad*, y Roberts saltaba al gran micrófono ya listo para dirigir a la congregación en su himno lema. Una vez que llegaba, Roberts –al igual que Kathryn– se convertía en el centro de atención.

Los seguidores de Kathryn rápidamente se dieron cuenta del interés que ella tenía en cada persona que llegaba a sus servicios. Las personas que se tomaban el tiempo para asistir a sus reuniones merecían su preocupación. Sus seguidores pueden decirle que era algo genuino, ellos lo reconocían y a cambio también se preocupaban por ella.

Una de estas seguidoras fue Marjorie Close, de Greensburg.[25] Bastante raro, la comediante Phyllis Diller fue uno de los eslabones que conectó a Marjorie con Kathryn. Resultó que la señorita Diller era una de las comediantes favoritas de Marjorie. A través del contacto de una amiga, la señorita Diller le envió una fotografía autografiada a Marjorie y le recomendó tres libros a Marjorie para que los leyese. Uno de ellos era *I Believe in Miracles*, de Kuhlman. En ese momento, Marjerie no tenía la menor idea de que Kathryn fuera a ser el instrumento para cambiar su vida –física y espiritualmente.

Educada en la Iglesia de Cristo, Marjorie pensaba poco en la sanidad divina hasta que una cirugía de exploración reveló que sufría de cáncer en el estómago y que tenía sólo seis semanas de vida. «He cortado las partes enfermas», le dijo el doctor Parrone, «ahora todo depende de usted y del que está allá arriba».

Dirigiéndose a casa para morir, el peso de Marjorie había bajado a cuarenta y cuatro escasos kilos. Estaba muy enferma para cocinar, e inclusive el caminar a la tienda de alimentos requería de dos paradas de descanso, tanto de ida como de vuelta. El dolor en su boca y en su garganta era tan fuerte que difícilmente podía tragar. Para facilitarle la respiración, la cabecera de la cama había sido elevada con latas de pintura.

Marjorie estaba al punto de darse por vencida cuando el pianista local y el cantante Larry Ahlborn la animaron para que asistiera a un servicio de milagros. Ahlborn se había convertido en una de las reuniones de Kathryn unos años atrás y estaba organizando autobuses rentados para ir a las reuniones. En cuatro ocasiones accedió Marjorie a ir, pero pensando que podía involucrarse con el fanatismo, se echaba para atrás en el último minuto.

Finalmente, a la quinta invitación de Ahlborn, Marjorie se subió al autobús junto con su hija Janie. En ruta a Pittsburgh pensó que había cometido una equivocación y le dijo a su hija que deberían bajarse del autobús. «No», le respondió Janie, «ya hemos llegado hasta aquí, y será mejor que sigamos hasta Pittsburgh.»

El aceptar el consejo de su hija fue una de las mejores decisiones que Marjorie haya tomado jamás. Durante el servicio, de pronto experimentó una sensación de calor que le llegaba por la cabeza y bajaba hasta su estómago. También notó que una bola del tamaño de un limón había desaparecido de su estómago. Uno de los ujieres sintió que algo había sucedido y animó a Marjorie para que pasara a la plataforma. «Ni siquiera había nacido de nuevo en aquella ocasión», dijo la señora Close, aunque pensaba que era cristiana por pertenecer a una iglesia. Kathryn le preguntó si sabía lo que era pasar de muerte a vida. Cuando confesó no saberlo, Kathryn la guió en la oración del pecador.

Entonces Kathryn tocó a Marjorie y a Janie, y ambas cayeron al piso. «Parecía que estaba en otro mundo», recordaba la señora Close y luego trató de describir la experiencia. «Fue el sentimiento más maravilloso que jamás haya tenido. Veía todo en una luz brillante y hermosa».

Después de levantarse del piso, la señora Close nuevamente miró a Kathryn, quien le dijo, «Te vas a marchar de aquí con más de lo que trajiste». Era cierto. Se marchó con un corazón y un cuerpo cambiado. «Ya no odiaba más a las personas», dijo ella. «Amo a todos. Parece como si hubiera sido lavada por dentro y por fuera. ¡Complétamente!»

Cuando Marjorie llegó a Greensburg, caminó las seis calles, las empinadas calles, hasta llegar a su casa sin tener que detenerse a descansar ni una sola vez. Luego hizo algo que había sido incapaz de hacer durante casi dos años: preparó la cena para su familia –espaguetis y dos tartas de limón– y se sentó y comió junto con ellos.

La familia de Marjorie no estaba segura de lo que había sucedido con su esposa y madre. Pensaron que tal vez se había involucrado con alguna religión fanática o que se había vuelto loca. Más tarde, Kathryn le dijo a Marjorie que se fuera a su casa y que viviera la vida. «Deja que Dios haga su propia obra». En breve, la familia vio a Dios en la antigua inválida y, finalmente, vinieron a conocer al Señor de la misma manera que Marjorie.

Ella volvió a ver a su doctor. Le echó un vistazo a su paciente, quien para ahora había subido de peso y recobrado su fuerza, y le preguntó: «¿Dónde has estado? ¿Qué has hecho?»

«¿Cree en los milagros, doctor?» ella le preguntó. «Claro que sí», le respondió él. Marjorie procedió a contarle toda la historia. Antes de que Marjorie saliera del consultorio, el doctor escribió un informe del caso antes y después, con respecto a la enfermedad, el cual fue añadido a los archivos de Kuhlman. La nueva Marjorie Close empezó a hacer sus propias labores nuevamente y luego se ofreció como voluntaria para ayudar a una mujer enferma y hacerse cargo de sus labores de la casa. Empezó reuniones de oración, llegando a tener hasta cien personas en su casa.

Todo el mundo parecía creer la historia de sanidad, excepto el pastor de Marjorie. Accedió a asistir a uno de los servicios de milagros con Ahlborn y la señora Close, pero una vez que salió del edificio, atribuyó el ministerio de Kathryn a la obra del diablo.

Marjorie Close, la mujer a la cual le dieron seis semanas de vida en 1967, estuvo alegre y saludable cuando la ví en

1992. El apartamento donde vivía lo amuebló con su propia congregación. Muchas personas que sabían de su caminar con Dios venían a ella en busca de oración y consuelo. No sólo había vivido veinticinco años más, sino que siguió viviendo después que murieran sus dos doctores, Kathryn Kuhlman, y su incrédulo pastor.[26]

Cinco meses después de que Kathryn Kuhlman abriera la temporada de dos semanas en Pittsburgh, ella seguía con fuerza, inclusive moviéndose hacia la gran Mezquita Siria, donde 4.500 personas asistieron a un servicio un domingo por la noche. Ya habían pasado cuatro meses y medio más de las reuniones originalmente programadas, y le preguntaron a Kathryn qué tiempo pensaba quedarse. «Me quedaré», respondió, «hasta que mi trabajo aquí haya terminado».

Jamás recibió la señal para irse a otra parte y se quedó hasta su muerte, casi veintiocho años después.[27]

Kathryn no se marchó de Pittsburgh pero si se marchó de Carnegie Hall, después de haber utilizado sus instalaciones de 1948 a 1967, a causa de que la ciudad decidió remodelar el edificio, cortando el gran auditorio en salas más pequeñas. La gran pregunta era: ¿dónde iba a encontrar Kathryn otro edificio para su servicio de milagros del viernes por la mañana? Sin saberlo ella, la respuesta vendría a través del doctor Robert Lamont, el pastor de la Primera Iglesia Presbiteriana. Fue hasta Berlín para descubrir una nueva dimensión en el Espíritu Santo, y finalmente esa experiencia lo llevaría a dejar su iglesia a disposición de Kathryn para los servicios de milagros de los viernes por la mañana.[28]

Como uno de los fundadores de *Christianity Today*, Lamont fue invitado al Congreso Mundial de Evangelismo de 1966, llevado a cabo en Berlín. Entre los muchos oradores que escuchó en el congreso estaba Oral Roberts. «Asistí a sus seminarios, y tuve una apertura hacia el Espíritu Santo como no la había tenido antes», me contó.

El último día del congreso, después de ya estar cerrado el edificio, Bob Lamont, uno de los pastores presbiterianos más conocidos en América estaba de rodillas. «Quería reconocer lo que estaba haciendo el Espíritu Santo, aun cuando no lo comprendiera o no me gustara. Y quería convertirme en parte de ello, apoyarlo».

Después de regresar a su ministerio en Pittsburgh, algunos de los hombres que asistían a un estudio de la Biblia al medio día, le dijeron que Kathryn iba a perder su lugar de reunión. «Nunca he conocido a la señorita Kuhlman», dijo, «y no siento ninguna responsabilidad por ello». Sabía que miembros de su iglesia asistían a las reuniones de Kathryn en Carnegie Hall y que algunos habían sido bendecidos y sanados. Pero aun así, él no sentía ninguna responsabilidad para con Kathryn. Durante casi un mes escuchó la misma historia: Kathryn Kuhlman iba a perder su lugar de reunión.

«Entonces recordé que había orado para abrirme a ser guiado por Espíritu de Dios». Y la guía en este caso fue considerar el dejar que los evangélicos carismáticos entraran a la institución más antigua de Pittsburgh, la hermosa y gótica Primera Iglesia Presbiteriana.

Entonces Lamont miró de cerca el horario de la iglesia, el cual tenía algo durante los siete días de la semana. El único tiempo libre era los viernes por la mañana. «He aquí», descubrió Lamont, «¡éste es el momento en que la señorita Kuhlman tiene programadas sus reuniones!»

Su primer acto fue hablar con el personal. Al no haber ningún voto en contra, le rogaron que continuara con lo pensado. «Así que fui a ver a la señorita Kuhlman y le conté los eventos con respecto a la Primera Iglesia Presbiteriana».

Luego Lamont supo que Kathryn y Maggie Hartner escuchaban su programa de radio todos los domingos por la noche. «Si tenemos un pastor, usted es nuestro pastor», le dijo Kathryn.

Después Lamont se enteró más a cerca de cómo la actitud de la ciudad hacia las mujeres que están en el púlpito había afectado a Kathryn. «Usted es el primer hombre, de una de las denominaciones principales, que ha ofrecido su mano derecha en señal de compañerismo», le dijo Kathryn. «Y yo se lo agradezco».

Después de examinar los libros de la Fundación Kathryn Kuhlman con los auditores –y encontrarlos «limpios»–, Lamont regresó a la iglesia y llamó a una reunión a los treinta y seis miembros del consejo y a los ancianos –entre los cuales había doctores, cirujanos, presidentes de grandes compañías, otros hombres profesionales y el capitán de un barco del río.

Lamont ahora admite que se volvió muy vulnerable al presentar la cuestión de Kuhlman a su consejo. Las personas de Pittsburgh o querían a Kathryn o la consideraban un fraude, añadió. Pero dio el primer paso. «Me parece que deberíamos considerar esto seriamente. Creo que el Espíritu de Dios nos está guiando en esta cuestión».

Después de que Lamont respondió varias preguntas, un cirujano que era pionero en la cirugía de ojos por medio de rayos láser –y quien no estaba muy entusiasmado con el ministerio de Kathryn– habló: «Si el Espíritu Santo está guiando a Bob Lamont, de la manera en que lo ha hecho durante estos años que llevamos trabajando juntos, creo que debemos hacer un movimiento para invitar a la señorita Kuhlman». Otro doctor se puso de pie y dijo que creía en el Espíritu Santo, en Bob Lamont y en Kathryn Kuhlman; y pidió que hubiese un apoyo unánime en la invitación. Los treinta y seis hombres accedieron.

«Así que, me puse en contacto con la señorita Kuhlman», continuó relatando Lamont, como si hubiera ocurrido el día de ayer. «Ella creyó que era la guía del Señor. No puedo decir otra cosa sino eso. Había hecho esa oración en Berlín, que yo quería ser parte de lo que el Espíritu Santo estaba haciendo».

Y así se despidió Kathryn Kuhlman de Carnegie Hall y cambió sus servicios de milagros al otro lado del Allegheny River, en el centro de Pittsburgh. Sus críticos no podían creerlo, pero con la bendición del doctor Lamont, ella empezó a dirigir sus reuniones en la Primera Iglesia Presbiteriana.

Después de que Kathryn había estado utilizando la Primera Iglesia Presbiteriana durante un mes, la iglesia recibió un cheque de la Fundación –sin ninguna explicación– por la cantidad de $2.800. Lamont, finalmente, descubrió que Kathryn había pagado $700 semanales por el uso de Carnegie Hall y planeaba hacer lo mismo en la Primera Iglesia Presbiteriana.

Lamont rápidamente llamó a Kathryn. «Señorita Kuhlman», le dijo, «a nuestros amigos no les cobramos alquiler. Esta es la casa de Dios. Usted es una de las siervas elegidas por Dios, y creemos que hemos sido guiados por el Espíritu del Señor ha hacer esto. ¡No le cobraremos en absoluto!»

El doctor Lamont se convirtió en uno de los mejores amigos de Kathryn en Pittsburgh, y a menudo oraba con ella antes de que dirigiera alguna reunión. En el banquete del veinticinco aniversario de estar en Pittsburgh, le regaló unos gemelos que un artesano le había hecho de dos piezas de oro y que su padre le había dado cuando se marchó de su casa en 1924.

No todos en Pittsburgh le dieron la bienvenida a Kathryn. Pero personas como Robert Lamont hicieron de la ciudad de acero una base amistosa para su peculiar ministerio, y ella jamás olvidaría su amabilidad.

ONCE

Los críticos lanzan sus mejores argumentos

«Ella hipnotiza a su audiencia, mayormente a las mujeres,
y les hace creer que su predicación las ayuda
a sanar sus malestares... Primero fue el bingo en Brady Lake
o en Jungle Inn, luego llegó el Pyramid Club,
y ahora la sanadora. ¡Sólo el cielo sabe
lo que vendrá después».
—CARTA AL EDITOR DE YOUNGSTOWN.[1]

«Si todas las numerosas afirmaciones fueran hechos reales,
el movimiento de Kathryn Kuhlman se hubiese convertido
en una estampida desde hace mucho tiempo».
—THE PITTSBURGHER, DICIEMBRE DE 1953[2]

POCOS PREDICADORES reciben tanta adulación y tantos honores como los recibió la chica del pueblo de Missouri, Kathryn Johanna Kuhlman. Se argumentaba que aceptaba un estatus de superestrella y que era tan reconocida como las estrellas que tienen sus nombres grabados en la acera del Teatro Chino de Grauman, en Hollywood.

En sus últimos diez años –que vieron cómo se expandió su ministerio a otras ciudades aparte de Pittsburgh y Youngstown, y el lanzamiento de su programa de televisión–Kathryn sencillamente tenía una fila para los honores.

Un honor especial que recibió Kathryn fue por su contribución a las personas vietnamitas, incluyendo una capilla militar, una clínica y mil doscientas sillas de ruedas para soldados incapacitados. El gobierno vietnamés la invitó a una visita y le otorgó la medalla de honor en enero de 1970.

La Universidad Oral Roberts le otorgó a Kuhlman un doctorado *honoris causa* en letras humanas, en 1972. Su pueblo natal de Concordia comenzó a hacer planes para erigir una placa de honor. Y unos meses después, el Papa Pablo VI le concedió una audiencia privada en el Vaticano. Alabándola por su «trabajo admirable», la amonestó a que «¡lo hiciera bien!» y le dio un medallón de oro, grabado a mano, con una paloma que simboliza el Espíritu Santo.[3] St. Louis le dio las llaves de la ciudad a la nativa de Missouri. En Los Angeles, una ciudad en la que Kathryn dirigía servicios mensuales de milagros, el alcalde Sam Yorty reconoció que su ministerio «enriquecía y llenaba las vidas de incontables millones».[4]

Y sus amigos en casa no olvidaron su veinticinco aniversario de ministerio en Pittsburgh. En un banquete de gala para 2.500 personas en el hotel Hilton, Kathryn fue honrada y tuvo tiempo para reflexionar en los eventos desde que su nombre fue colocado en la cartelera del Carnegie Music Hall. Los oficiales de Pittsburgh reconocieron su contribución a la ciudad presentándole las llaves ceremoniales.

Por encima de todos estos honores, las estrellas de Hollywood estaban asistiendo a sus servicios –inclusive se sometían a la experiencia del «golpe del Espíritu». Y cada vez más revistas nacionales y programas de televisión estaban esperando una entrevista.

En vista de todos estos honores, Kathryn podía sonreír y decir a su manera inimitable:

«*¿No eeeeeeeessssss maaaaaravilooso?*»

Pero difícilmente esa era la manera en que otros la veían. Los críticos lanzaron sus mejores argumentos al sonriente blanco que se movía. Las críticas cubrían todo, desde un estilo de vida frugal hasta acusar a Kathryn de ser un gran engaño. Al igual que los misiles, las críticas le llegaban de todas partes. Algunos de esos misiles, Kathryn los podía destruir mientras estaban en el aire. Pero otros, le dieron de lleno al ministerio –especialmente los lanzados por el doctor William A. Nolen y sus antiguos empleados Dino Kartsonakis y su cuñado Paul Bartholomew, como lo veremos posteriormente en este mismo capítulo. Kathryn tenía poco tiempo de estar en Pittsburgh cuando ya un pastor bautista estaba distribuyendo material anti Kuhlman, al final de una reunión de Kathryn, junto a veinte personas. También daban folletos a los seguidores de Kathryn conforme estaban en la fila para entrar al Carnegie Hall. El papel, que desafiaba los métodos de Kathryn y la validez de sus sanidades, casi causó una revuelta. Más tarde, Boyko dijo que había recibido llamadas amenazadoras por haber desafiado el nuevo ministerio en el área norte de Pittsburgh.

Kathryn contraatacaba las críticas diciendo: «Dios da la sanidad. Yo le muestro a las personas la fe». Herbert R. James, el presidente de la Iglesia Bautista Sandusky, afirmó que su esposa fue una de las personas de la grey de Boyko que recibió sanidad. James permaneció como miembro de la iglesia, pero renunció a su puesto de diácono como protesta.[5]

La controversia no se dejó a un lado en Pittsburgh. En todas las ciudades que iba Kathryn Kuhlman, no faltaba quien buscara una pelea. «Es un escándalo religioso», decían los incrédulos en los periódicos, en la televisión, en programas de radio y en bares de los vecindarios. «¡Las mujeres no deberían estar en el púlpito!», argumentaban algunos. «Ella está allí por el dinero», afirmaban otros. «La sanidad terminó con los apóstoles», decía otro grupo. «¡Está divorciada!», gritaban otros más.

Sus críticos iban de un extremo a otro; desde los agnósticos hasta los cristianos entregados que no compartían sus doctrinas carismáticas pentecostales, las que se refieren a los dones del Espíritu.

Al igual que el ingeniero de trenes que no puede detenerse para tirarle piedras a cada perro que ladra, Kathryn aceleró sus especiales de sanidad e ignoró a la mayoría de sus críticos. Dijo que nunca terminaría si pusiera una defensa contra cada uno que la criticaba. Además, los críticos tenían argumentos en contra de la verdad y de Dios, no contra ella. «La verdad no necesita defenderse», decía a menudo.

Una rara excepción a esa regla había sucedido en Akron, Ohio, en agosto de 1952, cuando Kathryn tuvo diferencias con uno de los pastores bautistas más conocidos de América, el doctor Dallas Billington, quien durante años había predicado un rígido fundamentalismo.

Ese verano el país estaba mirando la campaña presidencial de Eisenhower-Stevenson, y los fanáticos del box apostaban por el enfrentamiento que se cercaba entre los pesos pesados Rocky Marciano y Joe Walcott, aunque los seguidores de Kathryn estaban pensando en algo más celestial. Veinte mil de ellos llegaron a Akron para desbordar una reunión que habían preparado Rex Humbard y su esposa Maude Aimee.

Mágicamente, la gran tienda de pronto se convirtió en un escenario y sus actores incluían a Kathryn Kuhlman, Dallas Billington, los Humbard, reporteros, y miles de extras más. Otros ansiosos por tener al menos un papel de apoyo, eran los seguidores de Kathryn, que se ofrecieron a dar testimonio a su favor.

Antes de que terminara, las escenas se pusieron bastante feas. Billington, confiando en que él podría respaldar sus creencias fundamentalistas frente a personas que él veía como a charlatanes religiosos, ofreció pagar $5.000 si Kathryn podía llamar a una persona que hubiera sido sanada por su ministerio. Kathryn creyó que iban a ser los cinco mil dólares más fáciles que iba a poder conseguir en su vida –los cuales irían a parar al Fondo Unido de Akron. Ella y su personal se apresurarían a conseguir una evidencia de una sanidad, y el siempre sonriente doctor Billington se convertiría en un predicador sorprendido.

Al hacerse público, el desafío de Billington proveyó de entretenimiento a los lectores de los diarios locales durante varios días, inclusive compartió los encabezados con el All-American and International Soap Box Derby que Akron patrocinaba cada mes de agosto.

Más tarde Billington modificó su desafío pidiendo una sanidad «por la que Kathryn hubiese orado». Como Kathryn –a diferencia de la mayoría de evangelistas sanadores– se rehusaba a afirmar que sus oraciones traían la sanidad, la lucha terminó en tablas, y Billington retiró su oferta.[6]

En Pittsburgh, uno de los diarios publicó una gran historia sobre el tema. Titulado, «La señorita Kuhlman "calla" a un crítico», y llamándolo la «batalla en los púlpitos», el artículo hablaba de la oferta de Billington y la razón por la cual Kathryn aceptó el desafío.[7]

Miles de cristianos creían en la sanidad divina, explicó Kathryn, así que, no sólo era un ataque en contra de ella. «Sentí que debía aceptar el desafío», dijo, «para que fuera justo con los miles de cristianos que creen lo mismo que yo».

Como regularmente sucede en conflictos de esta naturaleza, no se logró nada bueno. Fue todo, al menos que se quiera mencionar la publicidad generada por las reuniones de tiendas (y eventualmente para la iglesia de Humbard) y la amistad duradera que se inició con los Humbard durante la cruzada. Los Humbard, quienes habían evangelizado de una costa a otra, finalmente permanecerían en Akron y construirían una de las iglesias más grandes de América y uno de los más grandes ministerios de televisión.

Posteriormente, Kathryn se preocupó por la publicidad adversa que el conflicto creó ante los incrédulos, e intentó una reconciliación con Billington. Pero nunca se pudo materializar la reunión.[8]

Cuarenta años más tarde, Charles, el hijo del doctor Billington, quien sucedió a su padre como pastor del Akron Gospel Temple, explicó que su padre no tenía dudas con respecto a la sanidad divina. «Papá fue un testimonio vivo durante treinta y un años de la sanidad de Dios», me dijo. Los doctores que habían visto sus informes médicos en 1941, pensaban que, el evidente infarto masivo que sufrió debería haberlo matado. Sin embargo, su familia y sus amistades de la iglesia habían orado y había sobrevivido. «Papá creía en la sanidad, pero no en los sanadores», añadió Charles Billington.[9]

La controversia de Akron fue meramente un problema corto comparado con uno que Kathryn enfrentó en su propio rodeo. No intimado ni impresionado con el artículo de la revista *Redbook* y otra publicidad a nivel nacional, *The Pitsburhger* –una revista local– empezó una serie de artículos en el número de diciembre de 1953, los cuales hacían serias preguntas sobre la credibilidad del ministerio Kuhlman. Antes de que terminara la serie de artículos, los seguidores de Kathryn sacaron también algunos puntos positivos.

Originalmente creado como un solo artículo, los editores sintieron que se necesitaba una segunda parte. Pero la primera parte, «Kathryn Kuhlman, ¿buena o mala para nuestra gente?» inspiró a los seguidores de la predicadora con una intensidad y lealtad no menor a los cruzados de hace mil años. Su reacción creó una avalancha de cartas y llamadas telefónicas a la revista que convenció a los editores en extender la serie durante más de un año.

El escritor anónimo del artículo –un defensor del cristianismo ortodoxo, tal como se identificó– no quería ir en contra de la ayuda mental, espiritual o física que los seguidores de Kathryn hubieran recibido en Carnegie Hall. Sin embargo, el escritor estaba preocupado por la amargura que algunos sentían después de que habían «abrigado sus esperanzas sin razón y se habían metido en nuevas profundidades de desesperación» al no ser sanados.

Los predicadores estaban divididos en dos clases por la serie de artículos: los ortodoxos, a los cuales el escritor los veía como aquellos que utilizaban métodos comúnmente asociados con las iglesias establecidas; y los no ortodoxos, cuyo líder en Pittsburgh en ese momento parecía ser Kathryn Kuhlman. Ella no solamente estaba clasificada entre los no ortodoxos, sino también estaba catalogada con el Divino Padre, el Dios encarnado que estaba operando en Filadelfia.[10] La iglesia cristiana ha visto pasar muchas maneras no ortodoxas de predicar el Evangelio, dijo el escritor, pero la historia nos muestra que, «la manera digna y ortodoxa de enseñar la Palabra de Dios continua para siempre».

Haciendo una encuesta entre los ministros locales, el escritor se sorprendió de que la mayoría fueran semi tolerantes y que de ninguna manera estaban temerosos por la presencia de Kathryn en la ciudad. Veían a Kathryn como alguien que tenía lo que se necesitaba para ser una actriz, pero comparándola con muchos de los anteriores predicadores –notablemente con Aimee Semple McPherson–dijo un miembro, «la señorita Kuhlman es una mediocre».[11] Pero aun si a los ministros no les preocupaba, la revista se había propuesto hacer una cruzada contra lo que ellos creían que era histeria masiva y un engaño.

«La histeria masiva, o como ustedes gusten llamarle», decía el artículo, «puede producir extraños resultados» –de los cuales, el escritor nombró las curas inexplicables que producen los doctores brujos. Luego, enfocando las sanidades de Kathryn, el escritor añadió: «El problema principal es que los resultados generalmente son temporales y los efectos posteriores son malos».

Los servicios de milagros de Kathryn estaban atrayendo a fanáticos como el fuego atrae a las palomas, declaró el escritor anónimo. Él (o ella) también temía que las reuniones –que según la opinión del escritor incitaban al autohipnotismo– empujarían a los fanáticos al borde de la locura. «El fanatismo religioso es una forma no peligrosa de locura en la mayoría de los casos», decía el resumen, «pero de cualquier forma, es una forma de locura.»

Si fuera cierta la acusación del escritor con respecto a que Kathryn era «violentamente alérgica a las críticas», entonces debió estar echando humo en su oficina después de leer sobre sus métodos fanáticos no ortodoxos.[12]

Una persona de Pittsburgh, quien se consideraba justa en todos los aspectos tolerantes, se ofendió con la investigación y decidió obtener información por ella misma. El escritor asistió a una de las reuniones de Kathryn pero se marchó, describiendo la reunión como «salvaje y destrozadora de nervios», halagando a la revista por su valiente periodismo. Comparando el ministerio de Kathryn con el de un sacerdote del vudú, el escritor oraba para que Dios bendijera a la revista y a «aquellos que están bajo la influencia de Kathryn Kuhlman». Esta ardiente carta al editor se resumió en una gran esperanza de que «Kathryn Kuhlman empacara su marquesina y su equipaje de artista y se volviera al lugar de donde venía».[13]

Cientos de seguidores de Kuhlman escribieron cartas y llamaron a la oficina del *The Pittsburgher*. Pero el escritor, quien indudablemente prefirió permanecer anónimo a tal reacción, interpretó la mayoría de las cartas como resultado de un fanatismo y argumentó que el fanatismo no tenía lugar en «las obras de Dios». Golpeando una de las partes débiles de los sanadores de fe, el escritor dijo que muchos admitieron haber empezado de forma sincera, pero que gradualmente fueron vencidos por la ambición del dinero y del poder. La quinta parte de las series terminó con lo que aparentó ser un antiguo dicho: «Encuentra un sanador por fe que sea humilde y pobre en bienes materiales y encontrarás sinceridad si no encuentras rectitud».[14]

En los años posteriores, los críticos a menudo señalaban las joyas de Kathryn, antigüedades raras y arte, ropa cara – incluyendo un abrigo de piel de cuatro mil dólares– y Cadillacs. La mayoría de las cosas se las daban, incluyendo generosas sumas de dinero, pero a los críticos no les importaba cómo las obtenía. Era un pecado vivir con el estilo de los del *jet-set* y rozarse con los pobres del lado norte de Pittsburgh.

«Ella se merece lo mejor», dijo Maggie Hartner.[15] Y los otros muchos seguidores de Kathryn defendieron su extravagante estilo de vida. ¿Qué importaba que tuviera un bonito apartamento en California? ¿Esperaban que se quedara en un motel mientras dirigía sus reuniones en el Shrine Auditorium y grababa programas de televisión?

Kathryn había pasado mucho en los lugares de misiones en Idaho. Ya no era una pobre evangelista que se quedaba en jacales, bodegas de heno y que pidiera «aventones» para ir de un lugar de reunión a otro. Era una superestrella, decían los medios de información, y veía y vivía su papel con sus gafas obscuras de gran tamaño y con la ropa y las joyas de un Rockefeller. Y nadie podía decir que Kathryn no gozaba de su nuevo estilo de vida.

Desde el principio de su ministerio de sanidad, Kathryn definitivamente pensaba que no se podía perder nada si sus seguidores regresaban a las consultas médicas después de haber sido sanados. Intentó mantener una armonía con la profesión médica, y a través de los años, muchos doctores estuvieron dispuestos –inclusive ansiosos– por aparecer en sus reuniones para ayudar en el ministerio de sanidad o para dar fe de los hechos. La lista incluyó a los doctores Elizabeth R. Vaughan, de Dallas, Richard Casdorph, del Sur de California, Richard O'Wellen, de la Escuela de Medicina Johns Hopkins, Viola Fryman, de La Jolla, California, Martin Biery, de Long Beach, California y Robert Hoyt, de la Escuela de Medicina de la Universidad Stanford.

Un médico con unas credenciales impecables, William A. Nolen, inclusive se ofreció como voluntario para trabajar como ujier en uno de los servicios de milagros de Kathryn en Minneapolis, en Junio de 1973. Pero él no estaba allí sólo para empujar sillas de ruedas. Estaba investigando para hacer un libro sobre sanidades paranormales, y el trabajo como voluntario le daría la oportunidad de ver a Kathryn Kuhlman en acción, y posteriormente entrevistarla así como a aquellos que afirmaban que habían sido sanados en la reunión de Minneapolis. El resultado fue el ataque más feroz de la profesión médica en contra del método de sanidad de Kathryn.

Reconociendo ciertos factores impredecibles y definidos como enfermedades –tal como la fe y el deseo de vivir– para mantener con vida a las personas e inclusive «provocar» una sanidad, Nolen empezó su investigación en formas de sanidad que no eran parte de su entrenamiento. A pesar de las prácticas de sus propios colegas sobre descartar la fe en Dios como un medio de sanidad, Nolen quería más información.

«A causa de mi trasfondo católico», escribió para McCall's en setiembre de 1974, «ya estaba convencido de que la fe jugaba algún papel en la sanidad, así que estaba seguro de poder acercarme al tema con una mente abierta».[16]

Su mente abierta lo llevó a la sección de sillas de ruedas del servicio de milagros, donde podría ver a las personas que respondían a los anuncios de Kathryn con respecto a que varios padecimientos físicos estaban ocurriendo por todo el auditorio. En particular, una hermosa muchacha de veinte años captó su atención conforme se dirigía a la plataforma. «Iba balanceando el sostén de su pierna conforme caminaba, con la pelvis en una gran inclinación, y sobre una pierna buena y otra corta y seca».

La mujer había estado así durante trece años, desde que había tenido polio. «¿Y ahora está curada?», Kathryn le preguntó a la chica, dijo Nolen. «¿Ya no lo necesitas más? ¿Te lo has quitado?» «Sí, creo en el Señor. He orado y me está curando», respondió la joven.

Nolen no sólo estaba impresionado sino que también se reservó un lenguaje fuerte por las acciones de Kathryn. «Para creer que el Espíritu Santo había hecho un milagro con esta joven», argumentó, «Kathryn Kuhlman tenía que ser una imbécil o estar ciega.»

Intentaba ser objetivo, dijo Nolen, pero a causa de lo que había visto con la minusválida, «la credibilidad de toda la organización se hizo muy cuestionable en su mente».

Más tarde, Kathryn le concedió un tiempo a Nolen estando en su vestidor, para poder contestarle todas sus preguntas. Se marchó con la impresión de que Kathryn realmente creía que Dios la había elegido para llevar a cabo una misión entre los enfermos y que estaban recibiendo una ayuda. Posteriormente, Nolen mantendría correspondencia con Katheryn sobre otras afirmaciones de sanidad.

El médico había solicitado la ayuda de sus secretarias legales para hacer un seguimiento en las personas que habían pasado a la plataforma ese día para informar de alguna sanidad. Recogieron ochenta y dos nombres con direcciones, números telefónicos y diagnósticos.

Ahora estaba en marcha la prueba.

Se enviaron cartas a las ochenta y dos personas, invitándolas a que cooperaran con la investigación. Una regla era que se utilizarían nombres ficticios si sus casos se citaban en alguna publicación. Una reunión en Minneapolis atrajo a veintitrés de los ochenta y dos, quienes accedieron a trabajar con Nolen y su investigación durante los próximos meses.

Nolen afirmó que buscó cuidadosamente un milagro durante los meses siguientes sin encontrar alguno.

Luego siguió con los pacientes de cáncer que dieron su testimonio en la reunión de Minneapolis pero que no respondieron a su invitación. Nuevamente, Nolen informó que ninguno de ellos había sanado.

Leona Flores afirmó ser sanada de cáncer en el pulmón cuando Kathryn anunció que alguien estaba sanando de esa enfermedad. Realmente tenía la enfermedad de Hodgkins pero nadie se levantó con cáncer de pulmón. Ella dijo: «Creí que debía de ser yo». Pero nuevas radiografías mostraron que no había cambio en su condición.[17]

Gerald Werren se sintió bien durante algunos días, pero luego tuvo que volver a su doctor una vez a la semana para que lo inyectaran a causa del cáncer en la próstata.[18]

Hellen Sullivan creyó que había sido sanada de cáncer durante la reunión de Minneapolis. «Supe que se refería a mí», le dijo a Nolen. «Subí a la plataforma». Cuatro meses después ella murió.[19]

Teniendo correspondencia con Kathryn, Nolen recibió una lista de milagros que se reportaban. De los ocho pacientes de cáncer en la lista, Nolen sólo recibió la respuesta de uno. Pero inclusive la mejoría de éste mantenía a Nolen con dudas. El paciente afirmaba haber sanado de un cáncer de próstata; pero además del ministerio de Kathryn, el hombre había pasado a través de un extenso tratamiento con cirujía, radiaciones y hormonas. Con todo, el hombre eligió el acreditar su curación, o remisión, al ministerio de Kathryn.

Nolen argumentó que sería imposible probar dónde había recibido ayuda este hombre, si a través del tratamiento médico o por la fe. «Si la señorita Kuhlman tuviera que apoyarse en su caso para probar que el Espíritu Santo "curaba" el cáncer a través de ella, estaría en una situación muy desesperada».[20]

Al igual que Kathryn había detenido todo en el caso de Dallas Billington veinte años atrás, era difícil que dejara el artículo de Nolen –y el libro que le siguió–[21] sin un desafío.

Era obvio, respondió Kathryn en Chicago un mes después de que la revista fuese distribuida, que el doctor Nolen estaba promoviendo su próximo libro al permitir que McCall's publicara un extracto de su crítica. «Aquí viene un doctor», respondió Kathryn. «Asiste a un sólo servicio. Sólo a un servicio, eso es todo. Y luego, a causa de su posición .... siente que su palabra es la última, su análisis es final. Y sólo se trató de un servicio».[22]

No hay duda de que las críticas de Nolen y sus hallazgos publicados dieron en el centro del servicio de milagros. Tomaba testimonios del servicio y declaraba que en su cuidadosa investigación ninguna enfermedad orgánica había sido sanada. Había, tal vez, mejorías en enfermedades sicosomáticas, pero no había sanidades orgánicas.

Ahora, el doctor Nolen tenía la pelea en sus manos.

Reflexionando en los hallazgos de Nolen sobre las reuniones de Minneapolis, Kathryn respondió que la profesión médica espera demasiado de las «sanidades divinas» sin hacer las mismas demandas sobre ella misma. Luego hizo una pregunta: «¿No sería maravilloso si jamás murieran todos los pacientes que tienen los doctores?» Kathryn añadió, «el sanar en una reunión o a través de medicamentos no significa que uno no va a enfermarse nuevamente o que uno no va a morir.»

«La verdad no necesita defensa», reiteraba Kathryn a un diario local. Luego cambió la crítica de Nolen hacia ella y Dios: «El artículo es el mayor error que el doctor Nolen haya cometido: atacar al poder sobrenatural de Dios». Y continuó citando al *St. Louis Dispatch* y a otras fuentes que catalogaron al artículo de Nolen como «lejos de ser acertado».[23]

Tal vez ninguno de los dos estuvieron de acuerdo, pero ambos podían tener la razón. Nolen buscaba a alguien que hubiese sido sanado divinamente en la reunión a la que él asistió, y de los pocos casos que investigó no halló ninguno. Si hubiese asistido a más reuniones y hecho más investigaciones, es probable que hubiera encontrado lo que buscaba. Si Kathryn y sus colaboradores hubieran estado con Nolen, es posible que debieran estar de acuerdo con sus hallazgos. Probablemente, es seguro decir que Kathryn no hubiera utilizado a ninguna de las personas investigadas por Nolen para mencionarla en sus programas de TV o en sus libros. A causa del conocimiento médico limitado de Kathryn, no aceptaba todo lo que decía el doctor William A. Nolen, quien era bien conocido por su libro *The Making of a Surgeon*.

En ayuda de Kathryn y en defensa de las cuestiones milagrosas, en sus reuniones surgió el doctor Richard Casdorph, un internista que ejercía en Long Beach, California. Casdorph había decidido anteriormente darle seguimiento a algunas de las sanidades registradas en el Shrine Auditorium de Los Angeles, diez de las cuales fueron publicadas posteriormente en memoria de Kathryn Kuhlman. Al escribir *The Miracles*,[24] Casdorph no sólo tomó las palabras del paciente sino que investigó los archivos médicos. Su entrenamiento y experiencia le daban comprensión de las enfermedades y de la terminología médica y entrevistas a puerta abierta con doctores y otros técnicos relacionados con estos casos.

El primer caso en el cual se involucró Casdorph fue el de Lisa Larios, una niña de doce años que había sido diagnosticada con cáncer en la cadera.

Una amiga había animado a la señora Larios para que llevara a Lisa a un servicio de milagros, lo cual ella hizo en julio de 1972. Sin saberlo Lisa, y después de haber sido operada, los doctores le habían dicho a su madre que tenía un tumor canceroso en el área pélvica, el cual le había impedido caminar por más de dos meses. Había sufrido de mucho dolor. Con asistencia médica, los doctores dijeron que Lisa viviría cerca de seis meses.

Durante el servicio, mientras Lisa estaba sentada en una silla de ruedas, Kathryn señaló en esa dirección y dijo que alguien estaba recibiendo sanidad del cáncer. Lisa no sabía que ella tenía cáncer pero le dijo a su madre que estaba experimentando una sensación de calor en su abdomen. Su madre le sugirió que tal vez tenía ganas de comer algo. «No, no tengo hambre, tengo un sentimiento de calor», y señaló su abdomen.

Kathryn, sin saber de la condición en la que se encontraba Lisa, le rogó al que estaba recibiendo la sanidad que se pusiera de pie. «Levántese y tome su sanidad».

Lisa se volvió a su madre y le preguntó si podía levantarse, mencionando que pensaba que podía caminar. Su madre le dijo que permaneciera sentada, pero un ujier se acercó y empezó a hacer preguntas. El ujier se enteró de que Lisa tenía cáncer y entonces le recordó a la señora Larios que sí ocurrían milagros durante la reunión. Finalmente, ella le dio permiso a Lisa para que se pusiera de pie. Entonces, empezó a caminar, sin dolor. Lisa no sólo caminó y corrió hacia la plataforma, sino que anduvo en bicicleta al llegar a casa. Dos años más tarde, los estudios mostraron que no había señales de un cáncer previo.

A causa del involucramiento de Casdorph en el caso y su creencia en la sanidad divina, se encontró tomando el lugar de Kathryn en «The Mike Douglas Show» en el mes de marzo de 1975. Lisa y su madre estuvieron allí, estaba también presente el doctor William A. Nolen, el cirujano de Minnesota que aún continuaba buscando un milagro. Casdorph presentó sus radiografías, y Lisa y su madre hablaron sobre la sanidad. Pero Nolen, según Casdorph, razonó que la recuperación de Lisa Larios pudo deberse a ayuda natural y médica en lugar de ser algo milagroso. Tanto al doctor Casdorph, a la señora Larios y especialmente a Lisa, les parecía definitivo que Dios había efectuado el milagro, sin importar lo que creía el doctor Nolen.[25]

Echemos otro vistazo a la serie de artículos críticos que salieron en The Pittsburgher durante 1954. Intentado objetividad y justicia, los editores presentaron la historia de un médico que había sido sanado en Franklin cuatro años atrás. La historia fue relatada en el número de noviembre de 1954 por el amigo del doctor, el sacerdote episcopal Don H. Gross.

Este artículo de 1954 pudo ser el primero que apoyara la sanidad en las reuniones de Kathryn con placas de rayos-X, dos de las cuales eran del hueso fracturado de la clavícula del doctor, antes y después de asistir al servicio en Franklin.

El doctor permaneció anónimo[26] aunque Gross y Kathryn lo conocían, y los editores de The Pittsburgher sabían su nombre y se habían enterado del caso, después que había iniciado la serie en su revista. Era un cristiano practicante, pero admitió en una carta que le envió a Kathryn, que su trasfondo religioso y científico le habían llevado a creer que los milagros no eran para esta época.

Tiempo atrás, durante ese mismo año, el doctor se había caído, pero no estaba consciente de haberse roto la clavícula. Continuó sin atención, lo cual hizo que la fractura no se soldara de la manera adecuada. A cambio, se formó un «callo falso», una condición en la cual la cubierta exterior del hueso crece sobre la parte quebrada. Unos rayos-X posteriores revelaron un crecimiento del tamaño de una nuez en la unión. Además de esta herida extremadamente dolorosa, sufría de una dolorosa y crónica sinusitis y de la pérdida de su capacidad auditiva del oído derecho. Su esposa había enviado una petición de oración a Franklin, y luego alguien les mostró el artículo del Redbook sobre Kathryn Kuhlman.

La pareja decidió ir a Franklin a un servicio dominical –justo una semana antes de la gran nevada (Día de Acción de Gracias de 1950) cuando se desplomó el techo del Templo de Fe.

Más tarde, el doctor le escribiría a Kathryn: «Durante el período de sanidad usted afirmó que había una sinusitis abriéndose. Alguien está obteniendo de nuevo su capacidad auditiva...» Continuó para decir: «veo un bulto del tamaño de una nuez disolviéndose». Todos éstos eran problemas que el doctor padecía. No sólo testificó el doctor de haber sido sanado de los problemas físicos, sino que también dijo que recibió «una verdadera ayuda espiritual».[27]

¡La historia del doctor se convirtió en un clímax a favor de Kathryn en la controversia que se había extendido durante un año en *The Pittsburgher*!

Kathryn Kuhlman, la directora ejecutiva, tenía poco tiempo para empleados y voluntarios que no estaban dispuestos a dar el 100% de sus esfuerzos y de su lealtad al Reino de Dios. Muchos daban ese 100%, aunque algunas veces algunos sospechaban que Kathryn veía al Reino de Dios como sinónimo de la Fundación Kathryn Kuhlman, su propio ministerio.

Las personas no tenían mucho tiempo en sus puestos cuando se daban cuenta que Kathryn tenía tiempo para escuchar las historias de éxito, pero no tenía tiempo para las excusas. Ni de los voluntarios, ni de los empleados que llevaban mucho tiempo con ella, y ni siquiera las de su propio hermano Earl.

Cuando Earl tenía diecisiete años, Kathryn le dijo: «¿Saben cómo Chico...», tal como lo llamaba la familia, quien era un genio de la mecánica y recibió una oferta para trabajar en la base aérea, «¿...se pasaba la vida?» preguntó retóricamente. «Les voy a decir: sentado en un cómodo sillón y descansando. Sólo descansaba».[28]

Kathryn recordaba cómo su madre defendía a su hermano, diciendo que jamás se había recuperado por completo de la apendicitis que sufrió cuando tenía quince años. Pero Kathryn no le creía. «Ningún amor de madre logrará tener éxito en un niño precioso», añadió. «Se necesita esfuerzo. Si no se hace un esfuerzo, jamás se tendrá éxito.»[29]

Nadie podrá acusar jamás a Kathryn Kuhlman de no haber dado lo mejor de sí. Si no tenía éxito de alguna manera, lo intentaba de otra. Y de otra. Y no esperaba menos de las personas que pasaban por la oficina de la Fundación o que tomaban parte en los servicios de milagros y de los estudios bíblicos. De todas las personas que contrató y despidió, se llevaría dos nombres hasta el sepulcro considerándolos como traidores al ministerio. El pianista Dino Kartsonakis y su cuñado, Paul Bartholomew, el distribuidor de los programas de televisión de Kathryn y administrador personal.[30]

Una disputa sobre los salarios y contratos se vio en todos los diarios –desde el *New York Times* hasta el *Los Angeles Times* incluyendo a la revista *People*– y finalmente, Bartholomew levantó un juicio contra Kathryn por $430.500. Los cargos y los contraataques fueron más rápidos que las afirmaciones de milagros en el Shrine Auditorium. Todo esto ocurrió un año antes de la muerte de Kathryn.

El autor de *Daughter of Destiny*, Jamie Buckingham, alguien que jamás escondía sus opiniones, habló de la historia de Kartsonakis y Bartholomew en un capítulo titulado «¡Traicionado!». El trato que Kathryn le dio a Bartholomew parece que especialmente impacientó a Buckingham.

«Y ahora…, ¡Diiii-nooo!» El reflector lo enfocaba conforme salía de un ala, vestido con un traje smoking azul marino, una camisa adornada y resplandecientes anillos. Ella lo tomaba del brazo después de que él terminara su parte y contaba la tonta historia sobre la niña que quería a Dino en su árbol de Navidad, y se quedaba humildemente de pie y lo tomaba. Después de todo, ella recogía su ropa, y le enseñaba cómo utilizarlas con estilo. Envió a Dino a Italia para que le

hicieran sus trajes, lo hospedó en los mejores ho-
teles, y financió la producción de su disco.»[31]

Bartholomew se convirtió en el asociado mejor pagado
de Kathryn, y en un año –a principios de los años setenta–
ganó más de $130.000 en comisiones de televisión, más
$15.000 como administrador personal de Kathryn.[32] En con-
traste, Kathryn le pagaba a varios empleados fieles menos
de $10.000, lo cual les obligaba a tener un empleo secunda-
rio.

Steve Zelenko, uno de los empleados de Kathryn por
mucho tiempo, veía a Kartsonakis y a Bartholomew con no
pocas sospechas, y previno a Kathryn diciéndole que los recién llegados le causarían una gran pena al ministerio.
Otros empleados de Pittsburgh estaban de acuerdo, y se
preocupaban de que Kathryn estuviera creando una relación potencialmente desastrosa con Kartsonakis, inclusive
refiriéndose a él como a un guardaespalda y escolta. Pero
Kathryn gozaba de su compañía, y nada le haría cambiar
su forma de pensar –nada, es decir, hasta 1975, cuando despidió a Kartsonakis y a Bartholomew después de la disputa
interna.[33] «Aprendí algo», *Los Angeles Times* citó su comentario confidencial en julio de ese año. «Tu no puedes ganar
por perder cuando se acepta a una familia».[34]

Las murmuraciones difícilmente eran para Bartholomew y Kartsonakis en la misma historia de tres columnas
en la primera página de la segunda sección. El *Times* no sólo publicó la historia de la demanda de Bartholomew, sino
que también mencionó las afirmaciones críticas de él mismo y de Kartsonakis en contra de Kathryn. Colocó una ba-
tería de fuegos artificiales un día antes del Día de la Inde-
pendencia.

El problema explotó conforme Kathryn se preparaba
para hablar en la convención mundial de Full Gospel Business Men's Fellowship International, y en un momento
cuando ella sabía que sus problemas cardíacos la estaban

llevando a una cirugía o a la tumba. El momento no pudo haber sido peor. Y una pelea pública no era exactamente la manera en que la Biblia instruía a los creyentes para resolver sus diferencias.

Los fieles de Kuhlman se conmovieron por los comentarios de crítica que Bartholomew y Kartsonakis dieron libremente a la prensa. Los de dentro del ministerio estaban conmovidos, pero no sorprendidos. Estaban molestos principalmente con Dino, afirmando que era casi un desconocido hasta que Kathryn lo sacó de una iglesia local y lo elevó a una posición de alta visibilidad, como lo era el ministerio de la televisión.

Dino dijo que él renunciaba al ministerio (Kathryn mantenía que ella lo había despedido) porque había rehusado a firmar un contrato con él para que tocara el piano, debido a que vivía un estilo de vida de doble standard, y porque se oponía a que se casara con Debby Keener.[35]

Como respuesta a la afirmación de Dino de que ella vivía un estilo de vida doble, Kathryn respondió: «Tengo que vivir conmigo misma; no puedo tener una personalidad doble .... Mi vida es un libro abierto.»

El intentar desacreditar su ministerio, creía Kathryn, era lo que había motivado a Bartholomew y a Kartsonakis. «Ellos saben qué es lo más importante para mí», dijo conforme se le empezaban a salir las lágrimas, «es toda mi vida».[36] Dino estuvo involucrado en la demanda, pero voluntariamente ofreció información personal, afirmando que Kathryn tomaba alcohol y que su casa en Fox Chapel tenía una caja de seguridad donde mantenía grandes cantidades de dinero y piezas antiguas valuadas en $1.250.000. Las bellas artes que tenía en su lujoso apartamento de Newport Beach se valoraron en $184.000, dijo él. Pero eso no era todo. Sus joyas valían más de un millón de dólares, incluyendo un diamante de 15 carats.[37]

Cuando se le preguntó sobre sus joyas, Kathryn rehusó todo comentario debido por lo que su nuevo gerente, Tink

Wilkerson, llamó «razones de seguridad». Con respecto al diamante de 15 carats, Kathryn respondió que no tenía ninguno. Y tal vez con la única sonrisa a lo largo de toda la entrevista, respondió: «¡Ojalá lo tuviera!»[38]

Bartholomew, a quien Kathryn dijo que Dino le rogó que lo contratara, había tenido un ligero contacto después de que Kathryn contrató a una firma de Hollywood como su representante de información. Aun estaba bajo contrato, insistía Bartholomew. El arreglo fuera de la corte con la firma de Hollywood le costó a Kathryn más de $50.000.[39]

Pero este le costaría mucho más.

Tal vez, lo más costoso de todo fue la herida que recibió de sus amigos. Esa angustia sucedió cuando algunos de sus seguidores empezaron a escribir cartas de críticas como reacción a los cargos que aparecían en los diarios y revistas.

Dos meses después de que se hizo la demanda, se llegó a un acuerdo, pero aún entonces, Kathryn y Bartholomew no estuvieron de acuerdo en los detalles. Kathryn le dijo a un reportero de St. Louis: «Todo se ha arreglado». Y añadió que Kartsonakis y Bartholomew habían pedido perdón «por haber causado el problema».[40]

Pero no es la manera en que lo contó Bartholomew.

El había prometido no discutir los términos del acuerdo, pero no había pedido disculpas. «No han habido disculpas. Dino no pidió disculpas. Yo, de todas las personas, no pedí disculpas».[41]

«La batalla ha terminado», escribió Buckingham, «pero como sucedió en Franklin y en Akron, nadie había ganado y el Reino había sufrido un revés.»[42]

Kathryn Kuhlman había recibido su parte de críticas, especialmente durante los últimos treinta años de su vida, cuando la gente empezó a identificarla como una sanadora por fe. Pero recordaba algo que le había enseñado su padre sobre ser un águila en lugar de ser una pequeña ave. A Papá Kuhlman le gustaba citar a un misionera bautista que dijo: «Las tormentas y los problemas en la vida de uno siguen siendo las mejores pruebas del carácter real de una persona.»[43]

Y por cada crítico, Kathryn podía depender de amigos leales –e inclusive en personas que no conocía– que dejarían lo que estaban haciendo para venir en su ayuda.

Para retar al doctor Dallas Billington en Akron, cientos se levantaron en su defensa. Para objetar por las series en *The Pittsburgher*, nuevamente cientos de amigos escribieron cartas y llamaron. Tal vez el más convincente fue el doctor que accedió a contar su historia. Cuando el doctor William A. Nolen empezó a hablar sobre las personas que no habían sido sanadas en Minneapolis, el doctor H. Richard Casdorph documentó a aquellos que sí fueron sanados en Los Angeles. Y cuando dos empleados dieron a conocer sus fallas a los medios de información, otros empleados –algunos de ellos ya conscientes de esas fallas– vinieron en su ayuda y le recordaron la historia del águila que vuela sobre la tormenta.

Una mujer que apoyaba a Kathryn fue Ruth Walney, de McKeesport, Pennsylvania. Ella resentía las declaraciones maliciosas que Lester Kinsolving utilizaba en su columna de artículos religiosos. Titulado «La señorita Kuhlman deslumbra a su grey», Kinsolving describía a Kathryn saltando sobre la plataforma en un vestido dorado, «sus dientes aperlados brillaban ante la luz de los reflectores, mientras otros dos hacían un halo flameante de su cabello rojizo». Su apariencia, de acuerdo a Kinsolving, hacía que Oral Roberts «pareciera como una persona cansada».[44]

La descripción de Kinsolving se hacía más insultante mientras más leía la señora Walney, hasta llegar al punto de llamar los discursos de Kathryn «unas tonterías increíbles». La señora Walney había leído suficiente. Su carta al *Pittsburgh Post-Gazette* decía que ni en los días de Bill Sunday y Dwight L. Moody, Pittsburgh había visto su necesidad de Dios –es decir, no la habían visto hasta que Kathryn Kuhlman llegó a la ciudad.

«Hay cientos de borrachos», le contestó a Kinsolving, «cuyas familias jamás supieron lo que era tener un estómago lleno, ni calzado en sus pies, y ahora tienen lo esencial, debido a que la señorita Kuhlman les había enseñado algo sobre Dios».[45] Ruth Walneys no podía detener todas las declaraciones que criticaban a Kathryn Kuhlman, pero al menos la ayudaban para que las críticas no le cayeran tan pesadas.

DOCE

El amor es algo que se hace

*«Cada día, a medida que camino a través de nuestra escuela
primaria y secundaria y nuestra nueva guardería
y jardín de infantes veo el toque [de Kathryn Kuhlman].
»Escritorios nuevos y otros cómodos muebles, platos,
pañales, patines, carretas,... todos testifican que [ella]
ha tomado a nuestros niños ciegos en sus manos».*
—DR. ALTON G. KLOSS, SUPERINTENDENTE EMÉRITO,
ESCUELA PARA NIÑOS CIEGOS DEL OCCIDENTE DE PENNSYLVANIA.[1]

BEV DIETRICH WATKISS jamás se olvidará del 3 de setiembre de 1960, el día en que la casa de su familia cerca de Butler, Pennsylvania, se incendió y explotó, ni de cómo fue que Kathryn Kuhlman vino en su auxilio.

«Lo único que se salvó fue la Biblia de la familia», me dijo Bev mientras tomábamos una taza de café, «y sólo tenía un pequeño rasguño». Afortunadamente, cinco de la familia de ocho se encontraban lejos de casa en ese momento.

Una cosa es segura: el hermano de Bev espera que nunca más tenga que darse un baño como el que se dio ese día. Sentado en una tina de agua, de pronto se encontró en el patio, lanzado por la explosión, aunque milagrosamente sin heridas. Otro de los hermanos estaba en el sótano, la madre también estaba en la casa, y fueron lanzados fuera; también sin heridas.

Leonard y Margaret Dietrich eran dos padres trabajadores, y tenían tres hijos y tres hijas. Tomaban en serio su religión y asistían a los servicios de Kathryn Kuhlman en Franklin. Todos los domingos arreglaban a sus hijos y se dirigían a Franklin, y posteriormente a Youngstown; ambos lados a una hora de camino de Butler. Conforme crecieron los hijos, cuatro de ellos se unieron al coro Kuhlman y apoyaban el ministerio de varias maneras.

Cuando en 1960 una gran explosión destruyó todo lo que poseían, se vieron obligados a mudarse con sus abuelos, en la casa de al lado. Las noticias viajaron rápidamente, y no pasó mucho tiempo antes de que Kathryn empezara un programa de recuperación, el cual se inició cuando ella anunció una fiesta. «Era una entrega increíble de su amor», recordaba Bev treinta y dos años después. «Recibimos cincuenta y dos sábanas, cuarenta y ocho juegos de fundas para cojín, sartenes, artículos del hogar, ¡de todo!» Dos camiones y dos autos fueron necesarios para transportar los regalos desde Youngstown a Butler.

Pero eso era sólo una parte de la generosidad que Kathryn irradiaba. Después de que Leonard Dietrich compró los materiales para reconstruir su casa, varios de los hombres que asistían al servicio en Youngstown se ofrecieron como voluntarios para el trabajo manual. Cerca de un mes después los Dietrich se mudaron a su nueva casa.

Bev, quien acaba de empezar su último año de bachillerato, también recordaría un momento especial después del incendio, cuando Kathryn y el solista Tony Fontaine llevaron a las tres niñas Dietrich a desayunar y después fueron de compras. «Ella nos compró tres o cuatro cosas a cada una, incluyendo unas faldas preciosas». Posteriormente, la Fundación proveyó de dinero para Leonard, Jr., para que fuera a la universidad y se convirtiera en ingeniero.[2]

Kathryn jamás se vanaglorió por ayudar a personas como los Dietrich. Tan natural como el respirar, Kathryn iniciaba recolecciones y fiestas cuando veía la necesidad. Muchas personas podían hablar del amor y decirle cuánto amaban a quienes los escuchaban, no obstante ella le recordaba a su audiencia y a sus lectores, que «¡el amor es algo que se *hace*!»

Wendell St. Clair sabía eso.

Recién nombrado como director de «Youth for Christ», en Pittsburgh, en 1960, St. Clair recibió una llamada de un miembro de la Fundación que él conocía. «La señorita Kuhlman sabe que necesita de algunos muebles», le dijo, y le invitó a que se vieran en una tienda muy exclusiva de muebles en Pittsburgh. Mientras St. Clair y su esposa seleccionaban muebles Thomasville, la gente de la Fundación pagó dos mil dólares en efectivo. Kathryn proveería de más dinero, posteriormente, para que se compraran una casa.[3]

Más tarde, cuando Wendell St. Clair trabajó brevemente con la Fundación Kuhlman, Kathryn le dijo que había sufrido un infarto en los años cincuenta y creía que la obra de su vida había terminado. Tenía casi cincuenta años en aquella ocasión. Durante una semana o más oró en silencio para que Dios la sanara o que se la llevara. Dios eligió el curarla, y le dio otros diecisiete o dieciocho años más. Su experiencia era un paralelo a la forma en que el rey Ezequías regresó de la tumba, cuando Dios le dijo: «...He aquí que yo te sano .... Y añadiré a tus días quince años» (2° Reyes 20:5-6).

Como lo muestran los registros, estos fueron los años marcados con la mayor productividad de Kathryn. Durante estos años, ella produjo sus libros *I Believe in Miracles, God Can Do It Again, Nothing is impossible with God*, y otros. Seis o siete años después inició su ministerio en televisión, produciendo 500 programas de treinta minutos en los próximos diez años. Produjo otros cuatro mil programas de radio durante esa nueva oportunidad de vivir, y tuvo cientos de apariciones personales. Y la visión de expandir el Evangelio al extranjero –lo cual incluyó el fundar veinticuatro edificios– acababa de empezar.

Los seguidores de Kathryn Kuhlman, si hubieran sabido sobre el infarto, le hubieran dicho en un instante que ciertamente Dios hizo lo correcto al restablecer su salud –especialmente los seguidores que, al igual que la familia Dietrich, se beneficiaron con su generosidad.

El ministerio de Kathryn fue conocido anteriormente como un ministerio que ayudaba a los pobres y a los afligidos. En Denver no faltaron aquellos que necesitaban, ya que su ministerio allá fue durante la Gran Depresión, cuando las personas hacían fila por alimentos en los centros del Ejército de Salvación. Organizando una delegación, animaba a las personas que podían dar para que donaran alimentos y otros enseres, a fin de que aquellos que no los tenían pudieran tomar lo necesario sin costo alguno.

Después de empezar su ministerio en Pittsburgh –mientras continuaba viviendo en Franklin– Kathryn se involucró en obras de caridad locales. En un servicio que dirigió en la Mezquita Siria, se recibió una ofrenda para el Hospital de los Niños que llegó a los $3.036.[4] En 1948, Kathryn apareció con la Miss América reinante, Barbara Jo Walker, con el fin de recolectar dinero para un programa de jóvenes llamado Hill City. El sueño de Kathryn era empezar un Girls Town, similar al Boys Town que el padre Flanagan había fundado en Nebraska. Apoyaba a Boys Town y un año les regaló una fotografía de ella misma. El Girls Town de Kathryn jamás se materializó, pero descubrió una escuela para niños ciegos cerca que ella podía apoyar.

Desde la casa de Kathryn, en la esquina de Bayard y Bigelow, cerca de la Universidad de Pittsburgh, podía ver el área de recreación de la Escuela para Niños Ciegos del Occidente de Pennsylvania. Su simpatía y amor llegó al área de recreo y a los salones de clases. Un día decidió ver si había algo que pudiera hacer para ayudar. Más sucedió que el superintendente de la escuela, Dr. Alton G. Kloss, tuvo que rechazar el regalo de Kathryn de un millón de dólares.

«Se puso en contacto conmigo para hablar sobre nuestras necesidades», recordaba Kloss que ahora ya está retirado. «Me preguntó si podríamos utilizar un millón de dólares. La señorita Kuhlman estaba dispuesta a conseguir todo ese dinero a través de su organización.»

Desafortunadamente, la escuela no podía aceptar donaciones de lo que pareciera ser una organización patrocinadora. Dependía de la contribución de muchas organizaciones e individuos, y también recibían algunas ayudas del estado. «Bueno, haré contribuciones de vez en cuando», le dijo Kathryn al doctor Kloss, «para que se utilice estrictamente con los niños.»

Cumpliendo su palabra, Kathryn ayudó a sus vecinos. Un día un representante de la Fundación llegó con un cheque por $10.000. La escuela utilizó el dinero para comprar escritorios nuevos, muebles, juguetes y otras necesidades. Kloss recuerda una Semana Santa cuando Kathryn llamó para informarle que la ofrenda del servicio de Pascua del Carnegie se le daría a la escuela.

Kloss y los miembros del personal se vieron con Kathryn en su oficina de Carlton House, con una ofrenda de más de $7.000. «Ella quería que fuera de $10.000, así que se sentó en su escritorio y le hizo un cheque por la diferencia», dijo Kloss. Él estimó que, en varios años, Kathryn contribuyó con la escuela con una cantidad comprendida entre los $50.000 y $75.000.

A Kloss le habría gustado hablar con alguno de los críticos de Kuhlman, y decirle los beneficios que recibieron los niños ciegos. «Sólo puedo hablar con el mayor respeto sobre Kathryn Kuhlman», añadió.[5]

Viendo la necesidad de estudiantes en una educación más elevada, Kathryn seleccionó varias universidades para apoyarlas con regularidad. Estas incluyeron el Conservatorio de Música de Cincinnati, la Universidad Nacional de Medicina de Hong Kong, la Universidad Evangel, la Universidad Estatal de Kent, la Universidad Carnegie Mellon, la Universidad Oral Roberts, la Universidad Wheaton y otras.

Entre los muchos estudiantes que se beneficiaron de la generosidad de Kathryn estuvo Irene Oliver, quien asistía al Conservatorio de Música de Cincinnati, y pasó a cantar en la Compañía de Opera Metropolitana. Anteriormente, como parte del Coro Kuhlman, en Pittsburgh, la nativa de Warren, Ohio también había estudiado en Roma con una beca Fulbright.

En 1982, la beca otorgada por Kathryn Kuhlman en la Universidad Wheaton para ayudar a los estudiantes que la merecían, tuvo un valor de $14.186. Diez años más tarde, el valor en el mercado era de $41.845.[6]

Kathryn también proveyó para otra clase de necesidades. Lejos de los bien arreglados *campus* universitarios, los fondos de la Fundación Kuhlman se abrieron paso en los ghettos sucios y llenos de crimen de las ciudades más grandes del mundo. El «Teen Challenge» de David Wilkerson –un ministerio enfocado a alcanzar a los adolescentes y a los jóvenes adultos atrapados en pandillas, drogas, alcohol y otros problemas– se benefició de generosas donaciones. Empezando en Nueva York en 1958, el nombre de Teen Challenge y el de David Wilkerson se convirtieron en sinónimos de los programas antidrogas, y más aun después que el libro de Wilkerson , *La Cruz y el Puñal*, se elevara a la lista de los *best-sellers* en 1963.

El libro y el trabajo exitoso que Wilkerson tenía con los drogadictos no pasó por alto la vista de Kathryn. Ella lo invitó a dirigir una reunión en Youngstown, presentándolo de tal manera que su congregación pudiera encontrar una afinidad con él: «Este es David Wilkerson. Sé que es un hombre de Dios.»[7]

Este fue el principio de una larga relación con Wilkerson y Teen Challenge, el cual tuvo un programa mensual para jóvenes en Pittsburgh.

Wilkerson escribió: «Ella levantó personalmente el dinero y lo dio a Teen Challenge para construir un lugar en nuestra granja, a fin de alcanzar y rehabilitar a los adictos sin esperanza. Y no sólo eso», añadió Wilkerson, «ella caminó conmigo a través de los ghettos de Nueva York, y colocó sus manos cariñosas en los sucios adictos. Ella jamás se retrajo; su interés era genuino.»[8]

Mucho más lejos de casa, Kathryn se involucró fuertemente en la poco popular guerra de Vietnam, y lo más probable es que se haya debido a su legendaria posición anticomunista. Viendo que los Estados Unidos tenían suficiente dinero para apoyar el esfuerzo, las simpatías y el dinero de Kathryn fue a varias causas del ejército de Vietnam del Sur. Este interés la animó a aceptar una visita de V.I.P. de cinco días a ese país destruido por la guerra, en enero de 1970, la cual incluyó un vuelo en helicóptero sobre las áreas de batalla.

Al llegar, Kathryn fue recibida por oficiales de alto rango del ejército de Vietnam. Más tarde, Madam Nguyen Van Thieu, la primera dama de Vietnam del Sur, la honró con una recepción en el palacio. Al día siguiente, Kathryn dedicó la capilla Tin Lahn para los militares del país, construida con fondos que la Fundación Kuhlman les había dado. Durante las ceremonias, Kathryn recibió la medalla de honor de Vietnam, la más alta presea que los militares le pueden otorgar a un civil. Por causa de su apoyo a los Vietnam Rangers, fuerzas que luchan contra la guerrilla, Kathryn fue honrada como la primera mujer miembro, recibiendo un emblema de la unidad y seis metros de tela para su uniforme. La Fundación en ese momento estaba dando fondos para construir y equipar una clínica con cincuenta camas para los Rangers. Además, la Fundación donó mil doscientas sillas de ruedas a los minusválidos de Vietnam aparte de material y equipo de hospital.[9]

Garth Hunt atesora los recuerdos de la visita de Kathryn a Vietnam, llamándola «una de las más grandes historias de Kathryn Kuhlman». Como misionero en Vietnam de la Alianza Cristiana y Misionera, Hunt ministraba con Jim Livingstone. Livingstone le escribió a Kathryn sobre la capilla militar Tin Lahn: «De la nada, donó $20.000 para el proyecto».[10]

Hunt, quien más tarde se convertiría en el presidente de Bibles International de Canadá, pensó que lo correcto era que Kathryn viniera a Vietnam para dedicar la capilla, lo cual a ella le encantó hacer. El trabajó con el gobierno para la visita de Kathryn . «Mi esposa y yo volamos junto con ella hasta el Delta y visitamos clínicas, donde ella pudo ver la necesidad. Y nos dijo que haría todo lo que pudiera para ayudar.»[11]

Antes de que Kathryn se marchara de Vietnam, se había comprometido a dar $156.000 para incubadoras, sillas de ruedas, muletas y el dinero para traducir *God Can Do It Again* (Dios puede hacerlo otra vez) al vietnamés. En unas semanas, el equipo empezó a llegar.

Hunt recuerda especialmente el ministerio de Kathryn en la nueva capilla. «Ella habló con varios cientos de paraplégicos y lisiados. Era tremenda, y fue algo sobresaliente en su vida.»[12]

Ella no buscaba ningún crédito, según Hunt, pero le comentó que proveía de fondos educativos para los hijos del misionero Ed Thompson y su esposa, quienes fueron asesinados en Vietnam durante la ofensiva Tet 1968.

En cuarenta años de ministerio con personas del extranjero, Hunt tenía buenos recuerdos por haber trabajado con Kathryn Kuhlman –y no sólo porque puso $250.000 en sus manos. «Sólo había una Kathryn Kuhlman. Era una dama. Tenía clase. Tenía una tremenda compasión. No era una carismática extremista». Y mientras asistía a un servicio en los Estados Unidos, Hunt quedó impresionado por el gran amor que le tenía a Jesucristo. «No tenía su mirada puesta en los milagros», él quería dejarlo claro, y añadió, «tenía sus ojos en Cristo.»[13]

La contribución más duradera de Kathryn para el Reino de Dios pueden ser los edificios construidos en asociación con los esfuerzos de las misiones extranjeras. No hay duda que mucho tiempo después de que la Fundación Kuhlman haya cerrado sus puertas, algunos de los edificios que Kathryn financió por completo o que contribuyó con gran parte, aún serán utilizados para predicar el Evangelio.

La política de Kathryn –una vez que se aprobaba un proyecto y se daban los fondos– era que el edificio le pertenecía a las personas, ya fuese en Sudáfrica o en la isla de Macao. El primer proyecto que Kathryn accedió a fundar fue una iglesia en Corn Island, a unos sesenta y cuatro kilómetros de Nicaragua en el mar Caribe, allá por 1962. Cuatro de los seis siguientes también fueron construidos en Nicaragua. Otros centros de adoración fueron construidos en Honduras, India, Costa Rica, Sudáfrica y Dahomey. Cada uno de ellos tiene su propia historia para alcanzar a los pueblos del mundo.

El misionero Mark Buntain pidió ayuda para construir una iglesia para gente pobre cerca de Calcuta. El proyecto de 1963 fue una inyección de ánimo para el ministerio que ha crecido hasta tener un hospital, una escuela de enfermería, clínicas en las aldeas, un programa de prevención de drogas, un sistema escolar para seis mil niños y un programa de alimentación que provee de alimentos a veintidós mil personas diariamente.

Un edificio en la isla de Macao, cerca de las costas de China, se le compró a un doctor por solo $42. Luego fue remodelado para convertirse en iglesia con la ayuda de la Fundación Kuhlman y, posteriormente fue valorizado en $150.000.

Una bendición inesperada sucedió durante la construcción, apoyada por Kuhlman, de un edificio para una iglesia en Mar del Plata, Argentina, en 1965. El coro de la iglesia fue invitado a cantar en un programa de televisión donde la estrella del programa había escuchado hablar de la Fundación Kuhlman. Este trajo a otras personas al servicio de la iglesia y se convirtió en un evangelista personal agresivo. Su primer convertido fue el presidente de Coca-Cola en Sudamérica.[14]

Mirando los beneficios financieros únicamente, la iglesia de Mar de Plata mostró un beneficio grandioso. Se construyó con un costo de $45.000. Más tarde se valuó en casi $200.000.

Cuando se lanzó el vigésimo programa de construcción en 1967, en Indonesia, Gene Martin, el director de misiones de la Fundación, dijo: «Los cristianos han estado allí durante treinta años, pero no podían rentar ni siquiera un local pequeño. El primer servicio en el nuevo edificio atrajo a 1.400 personas, y la escuela dominical tenía un promedio de 900».[15] Para esa época, la Fundación Kuhlman había fundado iglesias en Nicaragua, Sudáfrica, Dahomey, África Occidental, Argentina, Macao, Honduras, India, Costa Rica, Formosa y Malasia, además del techo de una escuela en Hong Kong. Más tarde, la capilla y la clínica de los Rangers fueron construidos en Vietnam, así como iglesias en Nairobi y San Salvador. Y se dieron $25.000 para reconstruir iglesias que fueron dañadas con el terremoto de Managua.

Martin calcula que fueron dados unos $750.000 para proyectos de edificios en el extranjero, a través de la División de Misiones de las Asambleas de Dios. Añadan ésta cantidad a los $250.000 que fueron a Vietnam a través de la Alianza Cristiana y Misionera y el total es de casi un millón de dólares. «La señorita Kuhlman ha tenido un profundo efecto alrededor del mundo con sus varios ministerios... Ella tuvo la visión. No hubieran sido construidos de otra forma».[16] Después de la muerte de Kathryn, dos iglesias se construyeron en su memoria en Nairobi y El Salvador.[17]

Muchos se preguntaban el por qué Kathryn Kuhlman no construyó su propia iglesia en Pittsburgh. ¿Por qué en un período de veinticinco años continuó rentando edificios para sus servicios de iglesia? Una de las razones es que ella no se consideraba a si misma una pastora –aunque en muchos aspectos funcionaba como pastora de Youngstown. El tener su propio edificio la hubiera colocado en el papel de pastora, con todos los deberes administrativos asociados con ese papel –un papel de varón, de la manera en que ella lo veía.

Kathryn siempre dijo que Dios había planeado su ministerio, y no incluía el pastorado o una iglesia, ni una escuela como monumento. Maggie Hartner ve hacia atrás, a casi cincuenta años de asociación con Kathryn Kuhlman, y no ve que en su amiga hubiera lugar para las ambiciones personales. «Kathryn Kuhlman era muy cuidadosa con el ministerio que Dios le había dado, administrándolo como ella sentía que Él quería que lo hiciese.»[18]

Reconociendo su habilidad para levantar fondos para alcanzar a otros con el Evangelio, Kathryn Kuhlman puso su dinero de vuelta en su ministerio de medios de comunicación y los esfuerzo al extranjero de las Asambleas de Dios y de la Alianza Cristiana y Misionera. En 1972 solamente, la Fundación dio casi $500.000 a proyectos de varias misiones de los Estados Unidos y en el extranjero.[19] Y el creciente ministerio de radio y televisión requería tres veces esa cantidad anualmente para producir y comprar tiempo en las emisoras.[20]

Con todo el dinero que Kathryn donó a los proyectos en el extranjero, y con lo que gastó en la radio y en la televisión, ella no se olvidó del hombre que la ayudó cuando Carnegie Hall cerró sus puertas para ser remodelado, el doctor Robert Lamont, pastor de la Primera Iglesia Presbiteriana de Pittsburgh.[21] La iglesia no le cobró renta por utilizar el edificio, y parece que ella buscaba una oportunidad para mostrar su gratitud. La oportunidad llegó cuando escuchó que los presbiterianos estaban construyendo un campamento en Ligonier, al este de Pittsburgh.

«Doctor Lamont, ¿por qué no me dijo que estaban construyendo un centro de conferencias y un campamento?», le preguntó Kathryn. «No había pensado en ello», respondió Lamont.[22]

De alguna manera, Kathryn se enteró que el comité de planeamiento del campamento quería una piscina de tamaño olímpico, y no había fondos para ello. «Yo se los daré», le dijo Kathryn a Lamont. Y luego añadió: «No quiero ninguna placa en ella, excepto si es en honor de Maggie (Hartner)».[23]

«Pronto recibí un cheque por la cantidad de $100.000», me dijo Lamont, «para pagar la nueva piscina».[24]

Sus admiradores no se sorprendieron. Así era Kathryn Kuhlman.

Nadie sabrá jamás a cuantas personas llegó con su generosidad, la misma clase de generosidad que vio en algunos granjeros de Idaho, quienes le proveyeron de comida y suficiente dinero para que pudiera continuar evangelizando en los tiempos difíciles.

«El amor es algo que se hace», le recordaba a su audiencia, «no para ti mismo sino para los demás.»

Izquierda arriba:
Kathryn Kuhlman
en los años
cincuenta,
Cortesía de Lottie
Anthony.

Derecha:
Kathryn, a los
siete años, y su
prima Myrtle
Nolte, con sus
muñecas en 1914.
Cortesía de Ruby
Paddock.

Izquierda: La familia de Joe y
Emma Kuhlman alrededor de
1910. A la izquierda está Earl;
sentada a la derecha está Myrtle; y con el moño grande,
Kathryn. Geneva nació
después. Cortesía de la Biblioteca de Concordia.

Abajo: Esta es la manera en
que la Kathryn, de diecisiete
años, veía su ciudad natal de
Concordia, Missouri, en 1914.
El edificio blanco con la torre
es la oficina de correos. Las
personas en los autos asistían a
una conferencia de la Iglesia
Evangélica. Cortesía de
Lohoefener House.

Arriba: A Myrtle, la hermana de Kathryn y a su esposo Everett B. Parrott se le reconoce por haber iniciado a Kathryn en el ministerio, después de llevarla con ellos en reuniones de tienda en 1924. Cortesía de Virginia Parrott McNight.

Izquierda: La hermana menor de Kathryn, Geneva, se unió a ella en Denver y, posteriormente, cantó en el coro en los servicios de milagros. Cortesía de Lottie Anthony.

Derecha: Hellen Gulliford y Kathryn con el Ford 1934 de Kathryn en Denver. Hellen ministró con Kathryn durante diez años. Cortesía de Lottie Anthony.

Derecha: Earl Hewitt, en traje oscuro, trabajó como representante de Kathryn durante los años treinta. Con él están Hellen Gulliford y el equipo evangelístico de Lem Stroud y William Peirce. Cortesía de Lottie Anthony.

Centro: Cuatro mujeres del equipo de Kathryn en el Tabernáculo de Denver: desde la izquierda, Lottie Anthony, Helen Gulliford, Agnes Anderson y Mildred Anderson. Cortesía de Lottie Anthony

Abajo: Kathryn Kuhlman dedicó este edificio con 2.000 asientos el año de 1935, cerca del centro de Denver. «La oración cambia las cosas», en letras de neón de noventa centímetros, se podía ver a varias calles de distancia. Tomado de *Kathryn Kuhlman: A Legacy*.

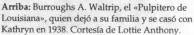

Arriba: Burroughs A. Waltrip, el «Pulpitero de Louisiana», quien dejó a su familia y se casó con Kathryn en 1938. Cortesía de Lottie Anthony.

Arriba derecha: «La casa que Dios construyó», Radio Chapel, Mason City, Iowa, tomada después de que Kathryn Kuhlman y Burroughs Waltrip se casaran. El edificio actualmente es un estudio de TV. Cortesía de la Biblioteca Pública de Mason City.

Derecha: En muchas formas Aimee Semple McPherson fue el modelo a seguir de Kathryn Kuhlman. Esta fotografía es de la revista Foursquare en 1928, cuando ella celebraba veinte años en el ministerio. Kathryn empezaba su ministerio en Idaho en aquella época.

Derecha: Con una pila de cartas de sus radioyentes bajo su codo, Kathryn se prepara para hablar en la estación de radio de Oil City, Pennsylvania a finales de los años cuarenta. Cortesía de R. N. Witmer.

Abajo izquierda: En 1949, después de perder el edificio de la iglesia en Franklin, Pennsylvania, Kathryn Kuhlman y su congregación se reunieron en una granja para tener un servicio antes de mudarse a la pista de patinaje remodelada. Aquí Kathryn dirige un servicio desde la plataforma de un camión. Cortesía de Alice Westlake.

Derecha: Kathryn Kuhlman en Franklin, Pennsylvania, donde ella pastoreó en 1946-1950. Entre otras cosas, llevaba su Biblia en su cesta. Cortesía de R. N. Witmer.

Opuesta: Kathryn Kuhlman y, quien más tarde sería su esposo, Burroughs A. Waltrip ordenando a Keith Williams el 25 de Febrero de 1938, en la iglesia ultramoderna Radio Chapel en Mason City, Iowa. El púlpito del lado izquierdo podía subirse y bajarse hidráulicamente. Cortesía de la Biblioteca Pública de Mason City.

Arriba izquierda: La tienda de la familia Humbard en Akron, la cual Kathryn pidió prestada para servicios dominicales en 1952. Cortesía de Harry Jackson.

Arriba derecha: Uno de los muchos libros de Kathryn, éste se publicó en 1969. Tiene 18 historias de personas que afirman haber sido sanadas.

Centro izquierda: La antigua pista de patinaje remodelada en Franklin, Pennsylvania, tenía un sonido diferente después de que la congregación de Kathryn la convirtieran en el Templo de Fe en 1948. Kathryn está al micrófono, sus colaboradoras de mucho tiempo, Susan Miller y Clara Mitchel, están a la derecha, y Jimmy Miller está al piano cerca de la bandera. Cortesía de Alice Westlake.

Izquierda: Kathryn Kuhlman y sus ujieres listos para servir la comunión en el Auditorio Stambaugh en los años cincuenta. Cortesía de Harry Jackson.

Arriba: Estas personas en Providence,
Rhode Island, están en fila para decirle
a Kathryn y a la 14.000 personas presentes
que fueron sanados.
Cortesía de Ernie Tavilla.

Derecha: Un niño minusválido se levanta
de su silla de ruedas después de recibir
una oración de Kathryn Kuhlman.
Cortesía de Doug Grandstaff.

Abajo: «Muchos se desmayaron», el
Toronto Daily Star captó esta escena en
el Centro O'Keefe, en su edición del 5 de
agosto de 1969. Kathryn Kuhlman prefiere
llamar a esta experiencia «golpeados por el
Espíritu». El fotógrafo dio una historia
de seis columnas: «Muchos afirman cura
y sanidad por fe en el repleto Centro
O'Keefe».

Izquierda: Oral Roberts y Kathryn Kuhlman, dos de los nombres más conocidos en el movimiento de salvación y sanidad, comparten la misma plataforma en la Universidad Oral Roberts, Mayo de 1975. Cortesía de la Universidad Oral Roberts.

Derecha: Los ciudadanos de Concordia, Missouri, erigieron este monumento después de la muerte de Kuhlman en 1976.

Abajo: La tumba de Kathryn Kuhlman, Forest Lawn Cementery, Glendale, California.
Cortesía de Greg Smith.

TRECE

Tocando vidas en todo lugar

«Para muchos en su audiencia, Kathryn Kuhlman
se parece a docenas de mujeres de entre sus oyentes.
Pero escondida debajo del peinado a la Shirley Temple
de 1945, era una de las mujeres cristianas más
carismáticas de los Estados Unidos.
De hecho, es una verdadera mujer
del santuario de Lourdes. En cada uno
de sus recientes servicios –en Los Angeles,
Toronto y en su hogar en Pittsburgh–
curas milagrosas parecen llevarse a cabo».
—*TIME*, 1970.[1]

GRAN PARTE DEL principio del ministerio de Kathryn
Kuhlman lo vivió a la sombra de su modelo, la mujer predicadora más famosa, Aimee Semple McPherson. Pero
cuando la sombra se levantó, Kathryn se convirtió en la
mujer predicadora más conocida del mundo, una mujer cuyo ministerio tocó vidas en todo lugar.

¿Quién fue Aimee Semple McPherson, y por qué las personas comparaban a Kathryn con ella?

Conocida como «hermana» por sus seguidores, las legendarias reuniones de Aimee Semple McPherson, a través del país durante los años veinte, resultaron en miles de conversiones y en la renovación de las pequeñas congregaciones pentecostales. Casi todas las personas de su época escucharon hablar de Aimee Semple McPherson.

Una amistad de Kathryn en Concordia la escuchó decir al principio de su ministerio que ella sería la próxima Aimee Semple McPherson. Eso no era raro, ya que muchas jóvenes durante los años veinte tenían la misma ambición. Más de una pequeña, aparte de Maude Aimee Jones Humbard, llevaba ese nombre a causa de Aimee Semple McPherson. Pero si McPherson tenía un manto, este había caído sobre Kathryn.

Desde el principio fue obvio que era el modelo de Kathryn. Más aun obvio, en un momento posterior, Kathryn quería que las personas pensaran en Kathryn Kuhlman cuando pensaran en una mujer en el púlpito –y no en Aimee Semple McPherson.[2] Pero el comparar a las dos era algo natural. Ambas eran atractivas, resplandecientes y hacían voltear a muchas cabezas. Aimee dependía más de cosas teatrales, las cuales incluían el echar fuera demonios y cosas así, grandes producciones, incluyendo sus propias cantatas. Se decía que las personas de Hollywood venían al Angelus Temple no necesariamente por el lado espiritual del ministerio sino para sacar ideas para sus películas.

Una vez, vestida como un oficial de tráfico, Aimee llegó a su iglesia en una motocicleta, se bajó, levantó el brazo, y gritó: «¡Alto, van de camino al infierno!» Esa era Aimee. Ella creó su propio estatus de superestrella, convirtiéndose en un producto del ruido de los años veinte, ya fuera por su forma de vestir o el énfasis en el materialismo –inclusive su corte de cabello, el uso de maquillaje, ¡y el mezclarse con los que no eran pentecostales! Adoptó con éxito trampas de la cultura y las mezcló con lo que tradicionalmente era un estilo de vida extremadamente sencillo, para el disgusto de sus amigos pentecostales y los creyentes de la santidad.

Para el momento en que Kathryn llegó a la posición de superestrella, estás prácticas culturales eran más aceptables entre la misma gente. Pocas mujeres, aparte de Aimee y Kathryn, tenían seguidores esperándolas semana tras semana para que aparecieran en el escenario. Ambas mujeres sacaban ventaja de esa espera, llegando con los brazos en movimiento, entre una gran ovación y fanfarrias de órgano.

Aunque Aimee oraba por los enfermos, y estos eran «golpeados por el Espíritu», eso solamente era una pequeña parte de su ministerio. Se le recuerda por su ministerio llamativo, pero también por su Angelus Temple con 5.300 asientos, la creciente denominación «Foursquare» y el instituto bíblico Lighthouse for International Foursquare Evangelism (L.I.F.E.) Todo empezó cuando ella sólo tenía treinta y un años de edad.[3]

Aimee formó a sus seguidores en la costa occidental a principios de los años veinte, y de Los Angeles muchos estudiantes salieron con entusiasmo y celo para ganar almas y plantar iglesias. Observándola desde el balcón del Angelus Temple estaba sentada una aprendiz rápida, tomando cada movimiento, cada canción, cada presentación dramática, cada llamamiento al altar –la hasta aquí desconocida Kathryn Johanna Kuhlman. Algún día ella estaría en el centro del escenario en la casa que Aimee construyó, y la llenaría de la misma manera en que lo hizo Aimee.[4]

Kathryn estuvo en Los Angeles durante el cenit de Aimee. Aun cuando ella dijo que jamás la conoció mientras asistía a su escuela y al Angelus Temple, mucho de su forma de ser se le pegó en su papel de superestrella. A diferencia de otros estudiantes del instituto L.I.F.E., Kathryn Kuhlman decidió no seguir en la denominación Foursquare de la «hermana», tomando así un camino independiente en el evangelismo, inicialmente en Idaho. Pero aun así las personas la comparaban con Aimee.

Cuando Kathryn cantaba I Ain't Gonna Grieve My Lord No More (No voy a hacer sufrir más a mi Señor) los estudiantes detallistas de Caldwell a Idaho Falls sabían que había estado con Aimee. Durante varios años, en los treintas y los cuarentas, Kathryn había dirigido grandes reuniones a través del país, pero no fue sino hasta seis años después de que su modelo, Aimee Semple McPherson, ya no estaba en escena –muriendo prematuramente en 1944[5]– que Kathryn empezó a estar en los encabezados nacionales.

Las multitudes rodeaban a Kathryn en cualquier lugar, ya que se había corrido la voz de que el Espíritu Santo había tocado a Kathryn Kuhlman con un carbón de fuego. Y a cambio, ella había empezado a tocar a las personas por todo lugar.

Durante las reuniones que Kathryn condujo en 1952 en Akron, la controversia con Dallas Billington sobre la sanidad no era la única carta que existía. La otra –y aun más importante– era Kathryn Kuhlman. Aunque al mirar hacia atrás, Maggie Hartner le recuerda a las personas que piden material sobre Kathryn Kuhlman, que no era el poder de Kathryn lo que se manifestó en Akron o en cientos de ciudades más. «Una y otra vez ella reconoció que no era nada, y que cada milagro que se llevó a cabo durante sus reuniones –desde las sanidades de cuerpos físicos hasta aquellos que encontraban a Cristo como su Salvador– era un resultado directo del poder de Dios».[6]

Y Kathryn empezó a decirlo al menos a partir de 1948, cuando le dijo a las personas de Pittsburgh que quitaran sus ojos de Kathryn Kuhlman y que vieran a Dios. Pero eso siempre se dice más fácil de lo que se hace. De hecho, en Akron fue el espectáculo de Rex y Maude Aimee Humbard, ya que ellos habían preparado una tienda con seis mil asientos, la cual se las había vendido Oral Roberts cuando él compró otra nueva. Kathryn escuchó de la tienda y fue para familiarizarse con ellos y preguntar si podía dirigir los servicios matutinos del domingo, ya que los Humbard no utilizaban la tienda durante la mañana. Los Humbard conocían a Kathryn por su reputación, y además Maude Aimee y su hermano habían ministrado con Myrtle y Everett Parrott, la hermana y cuñado de Kathryn. Así que se llegó a un acuerdo para que Kathryn utilizara la tienda durante los servicios matutinos de los domingos.

Las cosas no eran tan sencillas. Maude Aimee Humbard, quien después se consideró una de las amigas más allegadas de Kathryn, jamás se olvidará de las horas antes del amanecer del día domingo, antes de que Kathryn dirigiera la primera reunión en la tienda.

«Habíamos despedido cerca de 2.500 personas al finalizar nuestro servicio el sábado por la noche», escribió Maude. «A las cuatro de la mañana, la policía vino a tocar la puerta de nuestro trailer y nos dijo, «Reverendo Humbard, tiene que hacer algo. Hay casi 18.000 mil personas afuera de la tienda».

La gente de Kathryn habían puesto cientos de sillas extras, pero aun así no tenían lugar para toda la gente que quería entrar —¡y eso ocurría a las cuatro de la mañana, para el servicio de las once! Kathryn, ya acostumbrada a improvisar con las multitudes, llegó a las siete de la mañana y le dijo a los asombrados Humbard que sólo quedaba una cosa por hacer: empezar el servicio a las ocho de la mañana en lugar de a las once.

Y eso fue lo que hicieron. Maude Aimee dijo que el servicio de Kathryn duró hasta las dos de la tarde. «Su reunión podía haber continuado, pero nuestro servicio comenzaba a las dos treinta. Y sucedió lo mismo domingo tras domingo».[7]

En otra ocasión, cerca de cincuenta kilómetros al norte de Akron, Kathryn dirigió un servicio dominical en la Cleveland Arena, la cual tenía cabida para catorce mil personas. Sin embargo, tuvieron que regresar a casa otras tres mil. El servicio estaba programado para empezar a las dos en punto, pero el edificio ya estaba lleno al medio día, así que Kathryn corrió hacia el escenario e inició lo que se convertiría en un servicio de cuatro horas.

Un escritor del diario *The Plain Dealer*, escribió: «El día de ayer, durante cuatro horas, una mujer joven y delgada, con un ondulante cabello rojizo y unos brillantes ojos azules, captó la atención de catorce mil personas en la Arena». Los mayores dijeron que no habían visto nada parecido desde que Billy Sunday estuvo en la ciudad. Nadie va a dormir en sus reuniones. Kathryn le dijo a la audiencia: «Temen perderse algo», y tenía razón, añadió el reportero.

Muchos piensan que si Kathryn Kuhlman pudo dirigir servicios de milagros en Pittsburgh, Akron y Cleveland a principios de los años cincuenta, entonces podía hacerlo en cualquier lado: Chicago, Minneapolis, Nueva York, Dallas, Toronto, Atlanta, Kansas City, Seattle, Los Angeles, Londres. Tal vez era cierto, pero no era lo que Kathryn tenía en mente. Durante los próximos trece años no hizo ningún intento por expandirse a otras ciudades, prefiriendo permanecer en el área amistosa de su hogar, con algunos servicios filmados y televisados localmente.

Pero más de unos pocos que conocieron a Kathryn en el oeste querían que dirigiera ocasionalmente servicios en California. A Kathryn no le interesaba. ¿Para qué extender sus fronteras hasta la costa oeste a la edad de cincuenta y ocho años, si ya tenía todo lo que podía hacer en Pennsylvania y Ohio?

No fue sino hasta que un pastor de Anaheim, California, Ralph Wilkerson, la convenció que una audiencia entusiasta del sur de California la estaba esperando, y eso hizo que Kathryn accediera a venir. Dejó en claro que su visita solo sería para una reunión en el Centro Cívico de Pasadena, con 2.500 asientos.

Cuando Kathryn dio ese paso en 1965, encendió las luces de su ministerio, no sólo en el sur de California sino también en muchas otras ciudades. No había manera de echarse atrás. No pasó mucho tiempo antes de que los servicios fueran demasiado grandes para el auditorio de Pasadena, requiriendo que se cambiaran al famoso auditorio con siete mil asientos, el Shrine Auditorium. Kathryn tuvo reuniones mensuales en ese lugar durante los próximos once años. En sus reuniones jamás faltaron las multitudes en autobuses rentados, los cuales venían desde Portland. Personas que estaban enfermas o minusválidas viajaban grandes distancias en espera de un milagro. Otras estaban allí sólo para gozar de los inspiradores servicios.

Una de las primeras reuniones de Kathryn en Los Angeles fue cancelada debido a los motines de los Watts, en agosto de 1965. Sin embargo, eso no evitó que los dos diarios principales la entrevistaran. La columnista Cobina Wrighr del *Herald-Examiner* –quien pasó una tarde con Kathryn– dijo que Kathryn era su amiga: «Alguien que ha traído gozo a miles a través de su gran ministerio de sanidad.»

El editor de religión del *Times*, Dan L. Thrapp, abrió un extenso artículo que hablaba de la importancia de que «algo sucedía» cuando Kathryn salía al escenario. Citó: «Si no sucediera, sabría que yo no estaba bien con Dios». Kathryn añadió que si alguna vez ella le daba demasiada importancia a la sanidad, pasaría al escenario y nada sucedería: «Absolutamente nada», dijo.[9]

Al mes siguiente, Kathryn fue bien recibida en la iglesia que Aimee Semple McPherson construyó. Su visita se llevó a cabo durante la semana en que se conmemoraba el setenta y cinco aniversario de su fundadora. Kathryn no pudo remediar el mirar hacia el balcón en donde ella se había sentado casi cuarenta años atrás, mientras se aferraba a cada palabra que decía la «hermana». Debió sentirse como en su casa.

El sentirse en casa para Kathryn generalmente significaba que un servicio era completamente para ella. Prefería tener el control pleno y no ser únicamente un orador de una convención, o tener que compartir la plataforma con alguien más. El pedirle que pasara a la plataforma y se sentara con otros que estaban en el programa hasta que fuera su turno de hablar, era como pedirle al presidente de los Estados Unidos que permaneciera sentado mientras esperaba su turno. Pudo suceder, pero no muy a menudo. Era una cuestión de protocolo.

Nadie olvidó que una vez que llegó a su estatus de superestrella, Kathryn Kuhlman –al igual que Aimee Semple McPherson– fue la estrella de cada servicio en la que participó. Para 1970, ella era una de las líderes más respetadas en las plataformas carismáticas. Después de investigar el movimiento carismático, el historiador David Edwin Harrell vio la relación de Kathryn con el movimiento como algo inigualable. «Había llegado a un ministerio de sanidad a su manera, y había establecido una reputación de integridad y de honestidad intelectual grandemente valorada por los líderes no pentecostales. Nadie tipificó las mejores esperanzas y aspiraciones del movimiento mejor que Kathryn Kuhlman.»[10]

Sin embargo, no fue sino hasta los años sesenta que Kathryn estuvo dispuesta a integrar sus servicios de milagros con convenciones que otros patrocinaban. Siempre estaba temerosa de que las convenciones fueran demasiado restringidas, especialmente si los patrocinadores le decían que tenía una hora para hablar. Con sus conferencias tan divagantes, necesitaba más tiempo sólo para iniciar su tema. El recibir «la unción» era algo más que encender un interruptor. Kathryn descubrió que su estilo y el de los patrocinadores de las convenciones, al igual que los componentes de las computadoras, no tenían una *interfase*.

Una de las primeras convenciones grandes en la que Kathryn accedió a participar fue la de los Full Gospel Business Men's Fellowship International (FGBMFI, también conocida como Los hombres de negocios del evangelio completo), pero entonces, al igual que su expansión al Sur de California, al principio fue con señales preventivas.

Una vez que Kathryn descubrió que la armonía entre su estilo y el de ellos era posible, se convirtió en una de las oradoras más populares de FGBMFI. Pero era cuestión de que éstos últimos y otros grupos ajustaran sus programas para que encajaran con el de Kathryn. Ella tenía una manera de conducir un servicio de milagros –la manera en que ella creía que la había dirigido el Espíritu Santo– y no habría cambios.

Si los grupos que querían que Kathryn hablara accedían a sus reglas, podía trabajar con ellos. Dan Malachuk, presidente de Logos International, descubrió eso mientras preparaba la Segunda Conferencia Mundial del Espíritu Santo en Israel, en el año 1975.

Vio lo demandante y poco flexible que Kathryn Kuhlman podía ser cuando ella amenazó con cancelar su conferencia por causa de que Bob Mumford también estaba programado para hablar. Mumford, un profesor carismático quien estaba involucrado en el pastoreo controversial, o discipulado, del movimiento del período, estaba sacando ventaja de Pat Robertson, de los FGBMI y de otros grupos. La esencia del movimiento era que todos los creyentes –incluyendo los líderes como Kathryn– se debían someter a otros líderes cristianos. Los diezmos deberían ser entregados a los líderes.[11]

Aunque nadie podía demandar más lealtad y sumisión de lo que Kathryn demandaba de sus empleados, ella y muchos otros se opusieron al movimiento. Y ella sabía cómo arreglárselas y cómo enviarle un mensaje al movimiento carismático en el proceso.

Como Kathryn pensaba que las enseñanzas de Mumford eran heréticas, le dijo a Malachuk que no iría a Israel si Mumford permanecía en el programa. Primeramente Malachuk decidió tomar una posición en contra de Kathryn y ponerla en su lugar. Después de todo, ¿qué derecho tenía ella en dictar cuál iba a ser el programa? Lo discutió con la mesa directiva de Logos y con Mumford. Kathryn sufría de problemas cardíacos, le dijo a la mesa directiva, y su actitud desafiante no era parte de ella. Finalmente, la mesa directiva cedió a las demandas de Kathryn. Ella fue a Israel, y Mumford se quedó en casa.[12]

Kathryn siempre dijo que ella sabía cuál era su lugar, que ella jamás pasó por el papel del hombre. La mayoría de los hombres que trabajaron con ella se reían de eso. Cualquier hombre que alguna vez trató con Kathryn, supo que ella no daba oportunidad para negociar, ni para compromisos. Como en el caso de Mumford, las personas jugaban con las reglas de Kathryn Kuhlman o no había juego.

Kathryn creía que entre más gente hubiera, mejor era, porque eso significaba que más personas tendrían la oportunidad de recibir la conversión y la sanidad. El incrementado número de personas enfermas al borde la muerte que eran atraídas al servicio se multiplicó muchas veces. El Shrine Auditorium se convirtió en una clínica, excepto que esta clínica estaba llena de enfermos terminales en sillas de ruedas y en camillas de hospitales. Muchos de ellos estaban allí contra las órdenes de los doctores. En la mente de Kathryn estaba el hecho de que la mayoría de ellos se marcharían en las mismas condiciones en las que vinieron.

Kathryn no cambió su teología y prácticas muy a menudo, pero el saber cuál era la voluntad de Dios para los enfermos fue un área en que cambió su manera de pensar. Ese cambio vino después de que vio a las personas que no eran sanadas en Pittsburgh y en cada lugar en que ella ministraba. «Hace veinte años creía eso por completo, no importaba lo que sucediera, era la voluntad de Dios que todo el mundo, sin excepción, se sanara. Pero he observado esto cuidadosamente. Ahora veo que no podemos demandar o mandar que Dios haga una cosa».[13]

El ver a aquellos que informaban haber sido sanados milagrosamente, parecían apagar las desilusiones y hacía que Kathryn continuara regresando a la lista creciente de las ciudades que la esperaban a lo largo del país.

Además de sus apariciones en público, Kathryn estaba en Los Angeles cada mes para grabar su programa de televisión de treinta minutos, *I Believe in Miracles* (Creo en los milagros), en los estudios de la CBS. Y después se iba a Toronto o a Minneapolis, a Washington o a Youngstown. Luego, volvía a Pittsburgh y tal vez después, a Estocolmo. El itinerario de Kathryn se convirtió en un vicio, pero ella se esforzaba en su trabajo y era feliz.

El ir a una nueva ciudad requería de muchos contactos con pastores y organizaciones religiosas con el propósito de reclutar ujieres y miembros para el coro. El encargado del trabajo de avance era Gene Martin, quien también estaba a cargo del ministerio al extranjero de la Fundación. Para cuando el doctor Arthur Metcalfe (y Paul Ferrin posteriormente) llegaba a los ensayos, los hombres y las mujeres del área estaban reunidos y listos para cantar.

Llegando unas horas antes de la reunión, Kathryn captaba el «sentimiento» del nuevo auditorio, inspeccionaba el sistema de sonido y las luces. El llegar temprano le daba la oportunidad de caminar y orar a través del edificio donde ella esperaba que sucedieran los milagros del espíritu y del cuerpo. Las necesidades de la congregación que posiblemente sólo tendría una vez, era algo que pesaba en su corazón. «Muero mil veces antes de cada servicio», decía a menudo.

Kathryn sabía que hombres, mujeres y niños de todas las clases serían atraídos a las reuniones –desde los pobres hasta los superricos, desde los desconocidos hasta los de renombre, desde impíos hasta muy espirituales. El desafío era enorme para la mujer que gustaba de decir que era la más sencilla de la tierra.

Una sección del Shrine Auditorium era reservado para los famosos –lo mismo ocurría en algunos otros auditorios–, para que pudieran entrar sin ser molestados. «La señorita Kuhlman jamás hizo una excepción con ellos desde la plataforma», dijo Maggie Hartner. «Siempre tenían la misma oportunidad de tener un tiempo sencillo y sincero de adoración, como aquellos que venían y no eran conocidos para el público.»[14]

«Necesitaba saber que [los famosos] estaban allí», piensa Buckingham, «sentados y esperando, como príncipes y princesas tocando a su puerta.»[15]

Una de las sanidades más publicadas del Shrine Auditorium fue cuando un capitán de la policía de Houston testificó que había sido sanado de cáncer. El capitán John LeVrier, un diácono bautista, fue diagnosticado en diciembre de 1968 con cáncer en la próstata, el cual más tarde se había extendido a otras partes de su cuerpo. El equipo médico le ofrecía pocas esperanzas de recuperación, pero empezó un tratamiento con cobalto. Un sábado, mientras miraba la televisión, LeVrier se encontró con el programa de Kathryn *I Believe In Miracles* (Creo en los milagros). Se interesó y luego empezó a leer sus libros. Animado por su familia, asistió a un servicio de milagros en el Shrine Auditorium. Allí LeVrier conoció a Kathryn antes de que empezara la reunión.

Durante el servicio de sanidad, Kathryn señaló hacia varias secciones y dijo de las sanidades que ocurrían. Luego señaló al balcón izquierdo donde –sin ella saberlo– LeVrier estaba sentado. «Ha viajado mucho para ser sanado del cáncer», dijo ella, «Dios te ha sanado. Levántate en el nombre de Jesucristo y dilo». El capitán respondió y más tarde dijo que sentía una nueva fuerza a través de su cuerpo. Luego pasó a la plataforma donde contó su historia. Como acostumbraba, Kathryn puso sus manos sobre su cabeza y dio gracias a Dios por la sanidad y oró porque LeVrier fuera lleno del Espíritu Santo. Fue vencido por el Espíritu y cayó al suelo.

LeVrier dejó sus medicamentos y regresó al Anderson Institute en Houston para que lo examinaran. El primer doctor le dijo que el único milagro que había experimentado era un milagro médico, y que el haber dejado los medicamentos era una tontería. Desilusionando pero aún seguro de su sanidad, siguió con su cita con el jefe de radiación. Después de un examen exhaustivo y de rayos-X, el doctor le dijo a LeVrier que no podía encontrar señales del cáncer. Además, el doctor le pidió que viniera a su iglesia y diera testimonio de su sanidad. LeVrier escribió: «Eso abrió la puerta, y desde entonces no he parado de decirle a toda la nación y a los que no tienen esperanza sobre Dios, que Él no tiene escasez en su almacén de milagros.»[16]

La personalidad dinámica de Kathryn Kuhlman ciertamente influenciaba a otros que deseaban un ministerio similar. Conforme ella tocaba a otros, las características de su ministerio se podían ver en las vidas de las generaciones más jóvenes. Una semana después de que Richard Roberts fuera nombrado presidente de la universidad que su padre había fundado en Tulsa, hablé con él sobre la influencia que Kathryn Kuhlman había tenido en su vida.[17] El había soñado con su propio ministerio de sanidad mientras crecía en los días de las reuniones en tiendas durante los años cincuenta. Sin embargo, más tarde, se rebeló y decidió convertirse en cantante de un club nocturno. Después de volver a la universidad de su padre como estrella en los especiales de televisión, conoció a Kathryn Kuhlman. Su vida no volvió a ser la misma.

Kathryn se interesó en su ministerio y frecuentemente le pedía que cantara en sus servicios de milagros a principios de los años setenta. Me dijo: «Observaba todo lo que la señorita Kuhlman hacía», y añadió. «¡Era fantástica!» Kathryn habló mucho con él y discutieron sobre la predicación y la sanidad, un ministerio al que él entró después de la muerte de Kathryn.[18]

Es interesante que el mismo día en que Richard Roberts me contó sobre la influencia de Kathryn Kuhlman en su vida, hablé con la señora Jill Walker en Illinois, quien tuvo un ministerio en la televisión y pastoreaba una iglesia de una ciudad pequeña. La influencia de Kathryn Kuhlman se efectuó después de la muerte de ésta, y lo más cerca que la señora Walker había estado de ella fue a través de programas en video almacenados en los Archivos del Centro Billy Graham, en Wheaton College. Impresionada con el ministerio de Kathryn, prácticamente había memorizado sus libros y sus audio casetes. A diferencia de Richard Roberts, Jill Walker es prácticamente desconocida fuera del área donde tiene su hogar; sin embargo, la influencia de Kuhlman está allí.[19]

Se puede argumentar que Benny Hinn tiene el manto de Kathryn Kuhlman y sus cruzadas de milagros. Al menos en su formato, son casi copias al carbón de las de ella. Ella lo tocó con una influencia poderosa, dice Hinn, pero siente que tiene su propio manto y no el de Kathryn.[20]

A los admiradores de otras predicadoras –tales como Roxanne Brandt, Frances Hunter, Ann Gimenez, y Vickie Jamison Peterson– les gusta pensar que sus favoritas tienen «el toque Kuhlman», si no el manto. Lo mejor, sin menospreciar sus ministerios, es que reflejan la influencia de Kuhlman de vez en cuando, aunque les falta lo teatral y místico que hacía diferente a Kathryn Kuhlman del resto de ellas.

Cuando Kathryn accedió a expandirse de Pittsburgh al Sur de California y a otras ciudades grandes, una audiencia mucho más amplia empezó a ver lo que ella llamaba «ser golpeados en el Espíritu», tal vez el aspecto más controversial de su ministerio de sanidad. La práctica no se inició con el ministerio de Kathryn, pero ciertamente ella lo promovió y difundió su respeto.

Una de las preguntas más repetidas con respecto al ministerio de Kuhlman –y posteriormente del de Benny Hinn y otros– es: ¿por qué se caen al piso las personas? ¿Qué valor tiene ésta experiencia? Comúnmente llamado «golpeado en el Espíritu», o «ser vencidos en el Espíritu», se han predicado sermones y se han publicado artículos y libros a favor y en contra de ésta práctica. Miles han sido «golpeados» y han hablado del éxtasis que experimentaron. Una mujer a favor de Kuhlman, Agnes Spriggs, cuando se le preguntó sobre el caer en el Espíritu, dijo: «Es lo que me convenció –inclusive más que los milagros– ese gran poder».[21]

Agnes no estaba sola. Más tarde, dos carismáticos bien conocidos, Charles y Frances Hunter, mientras investigaban las sanidades divinas y el bautismo del Espíritu Santo, fueron invitados a un servicio de milagros en Pittsburgh. Ellos sólo habían escuchado de la experiencia de caerse y pensaban que de seguro Kathryn empujaba a las personas –es decir, hasta que vieron a Kathryn tocar a Ralph Wilkerson, quien estaba de visita desde California. Sus rodillas se doblaron, y cayó al piso. Y volvió a suceder una segunda vez. Luego Kathryn se volvió y le hizo una señal a Frances Hunter para que viniese hacia ella. «Sólo colocó aquellas manos suaves en mis sienes, con mucho cuidado, y pidió que Dios me bendijera», escribió Frances, «y El me bendijo. ¿Se imaginan a donde estaba? ¡En el suelo! ¡Y con mi mejor vestido...! Me sentía como si estuviera en el cielo.»[22]

Los Hunter se convirtieron en unos oradores y escritores carismáticos populares, conocidos por su ministerio entre los enfermos, lo cual generalmente incluía el caer en el Espíritu.

El antiguo sacerdote católico Francis MacNutt dijo que él cayó dos veces al suave toque de Kathryn, y cree que el propósito es una demostración del poder de Dios para tocar el corazón de la persona que cae.[23]

Russ Bixler, presidente de Cornerstone Television en Pittsburgh, me contó sobre un hombre en su iglesia –lo llamaremos Frank– que no quería tener nada que ver con el movimiento carismático. De hecho, quería que Russ dejara las reuniones de tipo carismático en la Iglesia Unida de los Hermanos. Pero Frank se encontró llevando a un amigo desahuciado a un servicio de milagros de Kathryn, como última esperanza para el hombre. Durante el servicio, Kathryn dijo que el brazo izquierdo de alguien se estaba soltando. Era el brazo de Frank, el cual él no podía levantar por encima de su hombro sin sufrir un intenso dolor. El hombre que no creía en esas cosas fue conducido a la plataforma, donde le dijo a Kathryn que sólo estaba allí con un amigo, no porque él quisiera.

Kathryn invitó a la plataforma al amigo de Frank donde ella se preparaba para orar por él. Decidido a no caerse cuando Kathryn orara por su amigo, Frank abrazó a su amigo y se agarró de él. Cuando Kathryn colocó sus manos sobre su amigo, cayó en los brazos de Frank, ¡y ambos cayeron al suelo!, empujando a dos ujieres conforme caían. Frank no solamente fue sanado, de acuerdo a Bixler, sino que le dijo a todo mundo que había estado equivocado sobre el poder de Dios.[24]

Mientras miles como Frank aceptan la experiencia de caer como una bendición auténtica de Dios, los críticos del movimiento pentecostal y carismático cuestionan su legitimidad, al igual que el hablar en lenguas y la afirmación de que la sanidad se hizo en la Expiación. Algunos ven el caer como un trance emocional, sin diferencia a las practicas religiosas de otros lugares. Inclusive algunos que oran por los enfermos y aceptan otros dones carismáticos tienen problemas para encontrar un presente en las Escrituras sobre el caerse en el piso, cuestionando si existe algún valor en la experiencia. Argumentan que sólo hay un ejemplo de postración –Pablo en el camino de Damasco– que puede encontrarse en el libro de los Hechos (dos casos, si se ve la caída en trance de Pedro como una postración, en Hechos 10). Además, argumentan que cuando sucede un caso de postración espiritual, en lugar de ser ocurrencias comunes, parecen aisladas, tal como el caso de Pablo, Juan en la Isla de Patmos, los soldados que vinieron a arrestar a Jesús; en el Antiguo Testamento, Ezequiel y Daniel.

En ningún lugar de la Biblia, contienden los críticos, el pueblo de Dios hace una fila –ni oran por ellos– para ser vencidos por el Espíritu. Y la idea de proveer personas que los «agarren» incrementa más el pensamiento de que el caer debe suceder.

Aunque los creyentes luchan por encontrar precedentes que encajen en el caer, se pueden encontrar muchos ejemplos en los últimos doscientos años. El avivamiento en Cane Ridge, al oeste de Kentucky, a principios del siglo diecinueve, no sólo tuvo a personas cayendo sino también a personas, ladrando, corriendo y cantando. Algunos afirman que ese avivamiento ha sido el mayor derramamiento del Espíritu desde el día del Pentecostés.

Más tarde, algunas de esas experiencias se reportaron en las reuniones del evangelista Charles Finney. Aun después, la evangelista Maria B. Woodworth-Etter fue llamada «una evangelista en trance», ya que muchos de sus seguidores «caían bajo el poder» y entraban en trances de una hora o más.

Durante los primeros avivamientos metodistas, era común ver a personas que no eran capaces de sostenerse en pie, pero no todos los líderes del siglo diecinueve aprobaban la experiencia, incluyendo al obispo metodista William Taylor. Durante el verano de 1848, Taylor asistió a reuniones en donde las personas caían en la predicación, al igual que los hombres en una batalla. Taylor, quien posteriormente se hizo conocido ampliamente como líder de misiones en el extranjero, estaba afligido y se preguntaba: «¿Por qué es que en todo mi ministerio aún no he tenido éxito en tocar los sentidos de cualquier pobre pecador?»[25]

Posteriormente, en uno de sus servicios, un hombre inconverso cayó al suelo como si le hubieran dado un tiro y aparentemente no lo podían revivir. Después de llamar a un doctor, el hombre fue revivido y reconoció la necesidad del Salvador. Esa tarde, Taylor predicó en el mercado, y un comerciante al escuchar su predicación, fue convencido, y se hizo creyente.

El primer hombre que se desmayó, dijo Taylor, jamás se supo que hiciera algo por el Reino. Al segundo, no sólo se le perdonaron sus pecados y tuvo una existencia feliz, sino que también se convirtió en un testimonio para los incrédulos, y aún seguía sirviendo en la iglesia cuando Taylor lo vio otra vez treinta y un años después.

Probablemente esta nos sea una prueba concluyente de caer en el Espíritu, pero Taylor dijo que, basándose en su experiencia con los dos convertidos, jamás le pidió a Dios que tocara los sentidos de un pobre pecador. «Prefiero que mantengan sus sentidos completamente despiertos para que puedan razonar con ellos».[26] En contraste, Raymond Bates, un admirador de Kuhlman, creía que cuando las personas se caían, sus mentes estaban en un punto «neutral», lo cual le daba una oportunidad al Señor para alcanzar sus corazones.[27]

Las experiencias pentecostales de caer en el Espíritu durante el cambio de siglo, de acuerdo a Dennis y Rita Bennett –anglicanos carismáticos– eran sucesos espontáneos sin que se impusieran las manos en aquel que estaba bajo el poder –obviamente diferente a lo que sucedió en los posteriores servicios de milagros de Kathryn. Pero la explicación de los Bennett acerca del valor de la experiencia era similar a la de Kathryn: «Se aceptaba como una señal de que el Espíritu Santo estaba actuando.»[28]

Aimee Semple McPherson escribió con respecto a la experiencia de Pablo en el camino de Damasco, que fue como si Jesús pusiera «sus hombros contra la tierra, y él se rindió en ese mismo momento». Comparaba la experiencia de Pablo a las de las personas en sus reuniones, pero enseñaba que debían mantenerse en pie tanto como pudieran antes de caer.[29]

David Verzilli, el pastor asociado de Kathryn durante mucho tiempo, jamás se olvidará de la primera vez que fue golpeado en el Espíritu. Durante un servicio de milagros que Kathryn dirigió en Cleveland, una mujer que tenía un soporte en el cuerpo, y por el cual era incapaz de asistir a la reunión, fue sanada en su casa mientras oraba. «La conocí cuando entraba al auditorio cargando su soporte», dijo Verzilli. Conforme caminaba hacia la emocionada mujer, de pronto él mismo fue vencido por el Espíritu y cayó al suelo. Hasta ese momento había visto que a otros les pasaba; ahora podía decir que le había pasado a él.[30]

Cuando le comenté a Oral Roberts que no había visto que las personas fueran golpeadas en el Espíritu, en sus reuniones de salvación y sanidad durante los años cincuenta, cuando imponía sus manos sobre miles de personas, él estuvo de acuerdo. «Intentamos no promocionarlo. Le decíamos a las personas que utilizaran esa energía para servirle a Dios». Sin embargo, Roberts añadió, que él había visto al Espíritu Santo trabajando a través de las experiencias en años recientes, y que él se había caído varias veces después de que Kathryn Kuhlman, Benny Hinn, o su hijo Richard le habían impuesto las manos.[31]

Los críticos también pueden cuestionar el que Kathryn era selectiva en el uso del don, si es que el ser golpeado en el Espíritu puede ser llamado de esa manera. Si la experiencia es válida y tan maravillosa, ¿por qué está reservada tan sólo a aquellas personas que afirman haber sido sanadas? De las siete mil personas en el Shrine Auditorium, menos de cien experimentaron tal caída, ya que los demás o no fueron sanados o no estaban enfermos, por lo cual no se les permitió pasar al escenario para estar al alcance de Kathryn.

En otras palabras, ¿por qué reservar el don para aquellos que ya han sido bendecidos con una sanidad física? Pero si Kathryn lo pusiera a disposición de todos los que estaban en el auditorio, no hay duda de que hubiera tenido una escena similar a la que el doctor Charles Price tuvo en Canadá, cuando se informó que seiscientas personas cayeron al piso en una sola ocasión.

Los observadores de Kuhlman podrían decirle que no todos los que fueron tocados se cayeron. Algunos se tambalearon y luego salieron del escenario. «Todo mi coro se cayó cuando vino a ministrar a mi iglesia», me dijo el pastor de Memphis, James Hamill, «y yo fui el único en la plataforma que quedó de pie.»[32]

En otra iglesia grande en Springfield, Missouri, un hombre a quien todos conocían como el más espiritual del pueblo, el pastor Noel Perkin, estuvo ayudando en la plataforma cuando Kathryn ministraba. «Por qué tu no te caes, Abuelo», le preguntó su pequeña nieta, a lo que el sabio hombre contestó: «Bueno, hijita, en reuniones como estas alguien debe permanecer de pié.»[33]

Cuatro de los anteriores asociados de Kuhlman dieron observaciones interesantes con respecto a ser golpeados en el Espíritu. Cuando se les preguntó si las personas se caían durante la época de Denver, Lottie Anthony respondió con una sola palabra: «¡Jamás!» Lem Stroud, quien cantaba en las reuniones de Kathryn en Denver, y después de que ella empezó a orar por los enfermos en Franklin y en Carnegie Hall, me dijo que las postraciones no ocurrían en ese entonces, sino que había sido algo posterior. Y en su opinión, era algo que dañaba su ministerio. Wendell St. Clair respondió que si alguien se cayó durante el tiempo que él estuvo en Pittsburgh en 1960, los asistentes lo levantaban de prisa y casi le pedían disculpas. David Verzilli no pudo recordar cuándo empezó lo de caerse, pero no sucedía en los primeros años. «No pudo haber pasado en Franklin», dijo él. «No había espacio».[34]

Más tarde, el caerse se convirtió en la moda y en algo espiritual, y Kathryn dio una explicación sencilla. «Todo lo que puedo pensar es que nuestro ser espiritual no está conectado al poder de Dios, y cuando nos conectamos con ese poder, no podemos soportarlo. Estamos creados para un voltaje bajo; Dios tiene un voltaje alto a través del Espíritu Santo.»[35]

Los admiradores de Kuhlman, quienes aceptan la manera en que Kathryn practicaba la experiencia, no están preparados para aceptar aquello que ven como variaciones de manipulación. Aquellas «variaciones» incluyen el soplo de Benny Hinn y el tirarle su saco a las personas. «Kathryn ha de dar vueltas en su tumba», me dijo un admirador de Kuhlman, «si ella pudiera ver lo que pasa hoy en día con respecto a ser golpeados en el Espíritu». Esa persona añadió que, en contraste con algunos que estimulaban los servicios de Kathryn, lo que ella hacía era reverente y en adoración, mientras que las copias parecen ser escandalosas y fuera de control.

Si alguien le hubiese sugerido a Kathryn que si las personas que se caen deberían de estar lejos de la plataforma o que deberían estar sentadas cuando se oraba por ellas para que no se cayesen –como lo practicaba el líder pentecostal David du Plessis–[36] ella sencillamente hubiera contestado que ella recibía instrucciones del Espíritu Santo. Si él quería que cayeran al suelo, era cuestión de Él mismo. Y probablemente añadiría que los resultados hablan por si mismos. Argumento cerrado.[37]

Durante décadas, Nueva Inglaterra ha tenido poco tiempo para los evangelistas. Maria Woodworth-Etter vino a Framingham, al oeste de Boston, en 1913 para una reunión de salvación y sanidad y se encontró en la corte, acusada de obtener dinero bajo falsas pretensiones. Después de que la corte la declaró inocente, tomó un tren hacia Hot Springs, Arkansas, para jamás regresar al noroeste.[38] Excepto por Billy Graham, quien tuvo éxito allá, la mayoría de los evangelistas se han marchado de los estados de Nueva Inglaterra tan desilusionados como Maria en 1913.

Kathryn Kuhlman estuvo en la radio y en la televisión de Boston en los años sesenta, pero no dirigió ningún servicio de sanidad. El año 1969 cambiaría eso. Cinco años antes le había pedido a Ernie Tavilla, un empresario y laico de las Asambleas de Dios, que actuara como contacto para esa región. Tavilla, quien había sido sanado de un problema en la espalda en Pittsburgh, esperaba el día en que Kathryn viniera a Nueva Inglaterra y a menudo la invitaba a reuniones. Finalmente, Kathryn accedió a que debían considerar una reunión en Boston.[39] Tavilla inmediatamente empezó a buscar un edificio para la reunión. Entonces pensó en su viejo amigo Harold Ockenga, pastor de la histórica iglesia Park Street Congregational Church. Ockenga, un evangélico firme –pero fuera de la tradición pentecostal-carismática– estuvo abierto a la idea de tener la reunión en su iglesia. Kathryn vino a Boston, y Tavilla hizo arreglos para que se viera con Ockenga durante una hora en la cual programaron un servicio para el domingo en la tarde, el 20 de abril de 1969.

Aun con una sala para el excedente de personas, Park Street Church no podía albergar a más de 2.000. Tavilla decidió que era mejor tener un auditorio de respaldo en caso de que se llenara la iglesia. Aseguró otra iglesia histórica al otro lado de la calle, el Tremont Baptist Temple, el cual tenía espacio para 2.300 personas. Como sucedió, no sólo se llenó Park Street en quince minutos sino que también Tremont estaba llena.

«Casi veinticinco años más tarde», me dijo Tavilla, «todavía me encuentro a personas que me cuentan qué bendición fue para ellos aquella reunión.»

Después de que Kathryn rompió el hielo de Boston, Tavilla hizo arreglos para que dirigiera una reunión en Providence, Rhode Island, en 1974, donde más de 14.000 personas llenaron el Centro Cívico y cerca de 10.000 quedaron fuera. Kathryn volvió en 1975 para tener otro servicio de milagros y fue programada para regresar en 1976, el año de su muerte.[40] Tavilla, quien ha trabajado con muchos proyectos evangélicos a través del país, dijo: «Creo que Dios utilizó a Kathryn Kuhlman para traer una nueva dimensión al área de Nueva Inglaterra». Y, tal vez, los esfuerzos y oraciones de Maria Woodworth-Etter en Framingham casi cincuenta años antes no fueron en vano.

Cuando Kathryn Kuhlman llevó sus servicios de milagros al Canadá por primera vez, difícilmente se movía a través de extraños. De hecho, cuando se abrieron las puertas del Toronto O'Keefe Center el domingo 3 de agosto de 1969, muchos de los cinco mil que llenaron el auditorio y la sala de entrada habían asistido a servicios en Pittsburgh. Esto incluyó a uno de sus más grandes apoyos allí, el columnista del *Toronto Daily Star*, Allen Spragget, el autor de *Kathryn Kuhlman, The Woman Who Believes in Miracles* (Kathryn Kuhlman: la mujer que cree en milagros). Al menos otros cuatro canadienses en la audiencia habían informado de sanidades durante los servicios de milagros.

«Todo el cielo pudo haberse desplomado», escribió un escritor del *Star*, un día antes del servicio. Y la mayoría de las personas tenían que estar de acuerdo con que el cielo casi se desplomó de una manera que jamás lo habían visto en Canadá.

Cobden, Ontario, parece que fue la capital de Kuhlman en Canadá, si se pudiera juzgar por las sanidades *per capita* que se reportaron y los siete autobuses rentados estacionados en el O'Keefe Center. Cobden, con una población de cerca de mil habitantes, era el hogar de Gordon Wilson, quien testificó en la reunión de O'Keefe que había sido sanado once meses atrás de una úlcera que le sangraba. Desde entonces había rentado autobuses casi dos veces al mes para llevar a gente a los servicios de milagros.

Otro residente de Cobden, Kenneth May, testificó que él había sido sanado de la enfermedad de Hodgkins tres años atrás, cuando una mujer oró por él a las afueras del servicio de milagros en Pittsburgh. Su historia fue escrita en el libro de Kathryn *God Can Do It Again* (Dios puede hacerlo otra vez).[41]

Un tercer residente de Cobden, Mary Pettigrew, dio su testimonio de sanidad de esclerosis múltiple un año atrás.

«Sentí los dedos de mis pies por primera vez en cinco años», dijo ella. Su historia: «Mírenme todos, estoy caminando», también fue publicada en *God Can Do It Again* (Dios puede hacerlo otra vez).[42] La historia de Mary Pettigrew no sólo fue publicada, también fue relatada en el programa televisivo de Kathryn *I Believe in Miracles*. Habían sido seis largos y dolorosos años para Mary Pettigrew, desde que se le diagnosticó que tenía esclerosis múltiple, hasta el instante en que fue sanada en Pittsburgh. Los doctores le ofrecían pocas esperanzas de mejorar algún día. La incapacidad de caminar sin apoyo casi hacía imposible que ella pudiera ayudar en el restaurante y en la gasolinera de la familia. La enfermedad significaba estar semanas y meses en el hospital, y los espasmos impredecibles en público eran muy bochornosos. Finalmente, Kenneth May, el campesino de Cobden que había sido sanado, le habló de los servicios de milagros de Kathryn Kuhlman en Pittsburgh y le rogó que asistiera. A pesar de su dolorosa condición, Mary, su esposo Clarence y otras tres mujeres viajaron del valle de Ottawa hasta Pittsburgh. Pero después de llegar a Carnegie Hall y entrar cuando se entonaba la canción de apertura con Kathryn, Mary sintió que le venía el temido espasmo. Sólo había una cosa que hacer: salir del auditorio.

Pasando a través de la sala de entrada, Mary de pronto se desmayó y rodó por el suelo. Después que recobró el conocimiento, vio a Clarence enfrente de ella y con lágrimas recorriéndole la cara. «Cerré mis ojos y pensé, "tengo que levantarme". Cuando los abrí otra vez Clarence sonreía, me extendió una mano y me levanté del piso como si fuera una porrista de bachillerato». Tal como me lo contara Mary posteriormente en muchas ocasiones, ¡fue un milagro instantáneo!

Mary comenzó a caminar normalmente por la sala de entrada, y emocionada le decía a las personas a su alrededor lo que había sucedido. «Tengo ganas de gritar», dijo Mary, «¡Eah! ¡Mírenme todos! ¡Estoy caminando!»

Este era la clase de toque que buscaban los ujieres de Kathryn. Mary y Clarence Pettigrew fueron llamados para que pasaran de la sala de entrada al escenario. Kathryn informó que el hecho de que Mary hubiera estado en la sala de entrada, y no dentro del auditorio, era otra prueba de que ella no tenía nada que ver con los milagros. Después de contar su increíble historia, Clarence y Mary de pronto se encontraron golpeados por el Espíritu, ¡lo cual era algo asombroso para los rígidos miembros de la Iglesia Unida de Canadá![43]

Los doctores de Mary le dieron una carta que declaraba que estaba 90% sanada de la esclerosis múltiple. Habrían escrito un 100%, le dijo a Mary, si hubiera estado dispuesta a.pasar por una serie de pruebas en el hospital. «No lo volveré a hacer», dijo ella, «sólo para probarle a las demás personas que dio resultado». Su terapeuta aceptó su recuperación como un milagro, diciendo que era médicamente imposible, y luego apareció con Kathryn en *I Believe in Miracles*.[44]

Cuando hablé con Mary Pettigrew, veinticuatro años más tarde, me dijo que la esclerosis múltiple jamás volvió, aunque había sufrido un infarto cinco años atrás y que podría utilizar otro toque de sanidad. «Desearía que la señorita Kuhlman todavía estuviera por aquí», se lamentaba, «Me gustaría estar en otro servicio de milagros».[45] Lo mismo querrían muchos más de una costa a otra, y desde Canadá hasta la frontera con México. Darían cualquier cosa por ver a Kathryn en el escenario una vez más dirigiendo una gran congregación en cantos tales como «El me tocó» y «Cuán grande es El».

Eso sería algo maravilloso.

CATORCE

Hacia casa

«Lo que ella hizo fue muy hermoso.
Y jamás habrá otra como ella.
»Ella vino a los enfermos y angustiados,
a aquellos que habían sufrido, que habían perdido la fe,
a aquellos que se habían dado por vencidos
–y ella los levantaba.
»Los hacía sonreír, y les daba de esa misteriosa,
y maravillosa luz de gozo a sus ojos.
»Les daba algo en que creer.
»Esa era su magia».
—ANN BUTLER, REPORTERA.[1]

A LOS HABITANTES de Pittsburgh jamás les hace falta algo de que hablar en diciembre. Si no hablan del precio del acero, hablan del clima frío y de la llegada de la Navidad. Y si los Acereros llegan a los Playoffs de la Liga Nacional de Fútbol y los Pingüinos han derrotado a los Flyers, sus rivales de hockey, entonces hay muchísimo de qué hablar.

En diciembre de 1975 el tema de conversación era diferente. Las conversaciones invariablemente volvían a Kathryn Kuhlman. En las barcas del río, en los salones de belleza, en los hogares, en las tiendas y en las iglesias, en oficinas de ejecutivos en el Triángulo Dorado; por todos lados.

El perfil más alto de la personalidad de la ciudad en un período de cerca de veintiocho años, alguien que afirmaba que regularmente ocurrían milagros en sus servicios, estaba enferma –seriamente enferma, con problemas cardíacos. Sus devotos seguidores estaban asombrados, pero oraban. Los que eran indiferentes oraban poco, pero hablaban de ella.

«A otros sanó», los críticos decían en son de burla, «¡pero ya veremos si se puede sanar a sí misma!» Y en Carlton House, el corazón de la Fundación Kuhlman, en diciembre de 1975 –normalmente el mes más lento del año– resulto ser aun más lento que la mayoría. Ah, había mucho trabajo que hacer en la oficina; pero a causa de su enfermedad, las reuniones públicas de Kathryn se detuvieron. Nadie podía tomar su lugar.

Mucho se puede decir simplemente viendo el calendario de citas de Kathryn, iniciando con una breve nota el sábado 22 de noviembre: «KK Hosp».[2] Nadie en Pittsburgh podía estar más triste que aquella que había estado cerca de Kathryn casi durante la mitad de su vida: Maggie Hartner –la mujer que el doctor Robert Lamont afirmaba que podría dirigir U.S. Steel. Maggie jamás había enfrentado un diciembre tan traumático en sus sesenta años de vida. El cancelar las apariciones de Kathryn casi nunca se había escuchado. Pero tenía que hacerlo, y cada cancelación sólo añadió dolor a su corazón ya lastimado –y no sólo por Kathryn, sino también por el ministerio.

Durante la mayor parte de la agonizante enfermedad de Kathryn –y dos días antes de que se cumplieran tres meses– fue alejada de su amiga Maggie. Con o sin la aprobación de Kathryn e inclusive sin comprenderlo –eso aún no se ha aclarado– un vendedor de autos de Tulsa, Tink Wilkerson, se encargo de ello.

Maggie y otros fieles casi habían imaginado que Kathryn era inmortal, o que Dios aún no había terminado con ella. Y creían lo mismo que Kathryn, que Cristo volvería por sus santos para llevarlos al cielo antes de que Kathryn muriera. Ninguno de ellos podía creer en diciembre de 1975 que Kathryn había hecho su última aparición en público, que jamás participarían de un servicio de milagros o que no escucharían su peculiar y fuerte risa, que no verían su amplia sonrisa conforme se dirigía a su oficina. Ni tampoco podían creer que jamás iban a volver a sentir el dolor de sus agudas palabras cuando estaba molesta con algo. Inclusive ahora desearían escuchar eso con beneplácito.

Pero con cada cancelación, las cosas se veían más sombrías. El domingo 7 de diciembre Kathryn debía estar en Youngstown. Una palabra en su agenda personal lo decía todo: «Cancelado». Kathryn estaba en un hospital de Los Angeles.

Diez días después, el evento de gala del año para la oficina de la Fundación –la fiesta anual de Navidad– también fue cancelada. ¿Cómo podían celebrar los devotos empleados y voluntarios, inclusive el nacimiento del Señor, cuando su líder estaba enferma y a un continente de distancia? Kathryn regresaría a Pittsburgh para las vacaciones de Navidad, pero había poco que celebrar. Era una mujer muy enferma.

Un programa normal de Kuhlman para enero y febrero de 1976 –un paso que muchos creen que contribuyó a su muerte– fue borrado subsecuentemente. Esto incluía nueve apariciones fuera de la ciudad, dos reuniones en el Shrine Auditorium de Los Angeles, una reunión en la Universidad del Sur de California, dos servicios en Oklahoma, y cuatro días de grabaciones –hasta dieciséis programas– en los estudios de la CBS en Los Angeles. Entonces los especialistas decidieron que se necesitaba intervenir de inmediato. Irónicamente, no habría un milagro para aquella que era bien conocida por sus servicios de milagros.

Pero, ¿por qué no se realizó la cirugía en Pittsburgh, en lugar de hacerlo en Tulsa, a más de 1.500 kilómetros de aquellos más cercanos a ella?[3] Inclusive Oral Roberts hizo tal pregunta. Pittsburgh tenía mejores doctores y mejores hospitales, pero sus amistades de Pittsburgh no estaban tomando éstas decisiones. Tink Wilkerson las tomaba.

Y el lugar de la operación sólo fue uno de los misterios en el capítulo final de Kathryn. Sin muchas respuestas a las preguntas, Wilkerson se llevó a Kathryn a Tulsa en su nuevo jet, un día después de Navidad. Después de la cirugía de corazón, el día 27 de diciembre, Kathryn apenas se quedó en el Hillcrest Medical Center. El ministerio, en todos los aspectos prácticos, terminó a las 8:20 P.M. el viernes 20 de febrero de 1976, cuando murió Kathryn Johanna Kuhlman.

Alguien en la oficina Kuhlman tomó un bolígrafo y escribió en el calendario: «KK se fue "a casa"». Lo increíble acababa de suceder. En esta ocasión Kathryn Kuhlman no se iba a su hogar en Pittsburgh o en Concordia; se iba a su hogar celestial. Todo el mundo sabía que cuando Kathryn hiciera ese viaje, nadie la acompañaría. David du Plessis y Benny Hinn vinieron a Pittsburgh para las reuniones patrocinadas por la Fundación, pero no era lo mismo. David Verzilli se veía como maestro de Biblia, no como un dínamo de alta energía como lo era Kathryn.

Nada podía estar más claro. Un ministerio construido alrededor de una persona normalmente termina cuando su fundador es descreditado, se retira, o muere. Así sucedió con Billy Sunday, Charles Price, Everett Parrott, Maria B. Woodworth-Etter, y muchos más. La excepción es cuando el ministerio establece una escuela o una denominación como lo hizo Aimee Semple McPherson, o un seminario como en el caso de Charles E. Fuller.

A través de toda su vida Kathryn Kuhlman evitó el construir algo con lo que la recordaran. No dejó escuelas, edificios de iglesias, ni una denominación. Cuando se preguntó si se habían colocado más placas en honor de Kathryn –como la de Concordia, Missouri– Maggie Hartner respondió afirmativamente «Hay miles y miles de monumentos, pero no son monumentos construidos con piedras y ladrillos. Son monumentos vivientes, hombres y mujeres que conocieron a Jesús como su Salvador personal debido a que Kathryn Kuhlman era leal a su Señor al esparcir el Evangelio».[4]

El mayor perfil ciudadano de Pittsburgh, la mujer que creía en los milagros, ahora estaba en sus recuerdos. Pero, ¡ahhh! ¡qué recuerdos!

Los elevados puestos que Kathryn Kuhlman tuvo en su último año de ministerio fueron mucho más numerosos de los que la mayoría de los ministros experimentan en toda una vida. Además de sus servicios regulares de milagros en Pittsburgh y en Los Angeles, y el programa de televisión, anduvo por todo el país y por el mundo –incluyendo la Segunda Conferencia Mundial del Espíritu Santo en Israel– intentando llenar al menos una fracción de las muchas peticiones que le llegaban cada mes.

Una de las cosas sobresalientes de 1975, y de la vida de Kathryn, había sucedido en mayo cuando, por la invitación del alcalde Oran Grasgon, ella y la gente que la rodeaba fueron a Las vegas y llenaron el Centro de Convenciones. Fue un servicio tan memorable que Kathryn accedió a que lo grabaran en video: *Dry Land, Living Water* (Tierra seca, agua viva) uno de los tres servicios que aún se conservan.[5]

El alcalde, quien había asistido a uno de los servicios de Kathryn en el Shrine Auditorium de Los Angeles, estaba complacido de que su ciudad se pudiera emocionar por Dios de la misma manera en que se emocionaban por las estrellas del entretenimiento. Proclamó el día sábado 3 de mayo como «El día de Kathryn Kuhlman en Las Vegas». Las personas de todas las clases querían escuchar a Kathryn. «Todos estaban allí», escribió un reportero de *Logos Journal*. «Los operadores de casinos, las prostitutas, las nudistas, los encargados del black jack. Además de la comunidad cristiana que había trabajado fuertemente antes de su llegada... y el alcalde estaba en la primera fila».[6]

Se le preguntó a Kathryn si planeaba convertir a Las Vegas, la cual a menudo es llamada «La Ciudad del Pecado». «El pecado no es más grande en Las Vegas que en Los Angeles», le dijo Kathryn a las ocho mil personas que llenaban el centro. «Parece que la única diferencia es que aquí tiene más publicidad».[7]

Después de charlar con el agradable alcalde Grason en un calentamiento típico de un servicio de milagros, Kathryn invitó a Sunny Simons al micrófono, una chica de coro y esposa de un operador de casinos. Mientras asistía a una reunión en Los Angeles –dijo entre los suspiros, los «Alabado sea Dios» y los «Aleluyas»– fui sanada de esclerosis múltiple. El testimonio de Sunny era el clamor de cientos de enfermos y lisiados que habían perdido todas las esperanzas.

Luego vino el turno de Kathryn.

Si alguien pensó que sería más suave en el tema de la salvación y en el uso del nombre de Jesús entre una mezcla de gente como ésta, se equivocaron. Y fue de la misma manera que cuando fue invitada a *Tonight Show*, *Dinah Show Shore*, y otros espectáculos. Kathryn sólo pasaría una vez por Las Vegas, ¡y entregaría el Evangelio con poder! Cientos de personas en Las Vegas, al igual que en las fieles ciudades de Youngstown, Pittsburgh y Franklin, se habían puesto de acuerdo para orar que el Espíritu Santo conmoviera a la ciudad. No muy lejos de allí un sacerdote católico dio una misa por la reunión del día anterior.

Las personas que estuvieron en el servicio dijeron que

las oraciones habían sido respondidas. Docenas dieron testimonio de haber sido sanados conforme Kathryn empezó a señalar una sección tras otra, mientras decía que ciertas sanidades se estaban llevando a cabo. Una anciana que vino a la plataforma con su esposo, para informar de una sanidad, hizo salir lo mejor del humor de Kathryn. El hombre era un poco receloso y le preguntó si su esposa realmente había sido sanada. «¿Va a estar bien»? le preguntó. No fue la pregunta correcta para hacérsela a Kathryn. Se volvió a la audiencia con su sonrisa carismática y les dijo: «¡Ahora saben porque se arrepintió Dios de haber hecho al hombre!»

Otro informe de sanidad vino de un científico agnóstico que estaba completamente sordo. «Había perdido la fe en todo», confesó con lágrimas. «Ahora creo».

Entre mil y dos mil personas también creyeron cuando Kathryn le dijo a la audiencia que el milagro más importante era el nacer de nuevo. «¿Quieres la maravillosa seguridad de la salvación?», preguntaba mientras las lágrimas recorrían su rostro. «¿No te gustaría saber que tus pecados han sido perdonados?»

«Sí», contestó una gran masa de personas al ponerse de pie y moviéndose después hacia la plataforma. Había jugadores, coristas, ricos y pobres, algunos que ya no les interesaba vivir, otros con el olor del licor en su aliento, jóvenes y ancianos. Algunos que estaban desesperados por recibir la sanidad física, ahora estaban listos para probar algo que Kathryn Kuhlman decía que era más importante.

Conforme las personas se amontonaron alrededor de la plataforma, Kathryn los guió en una oración, no muy diferente a la que hacía al inicio de su ministerio en Idaho cincuenta años atrás, un día de camino al norte de Las Vegas. Muchas más personas se reunieron alrededor de la plataforma de las que podían caber en la antigua misión Bosie, pero estaban allí por la misma razón. Querían encontrar al Salvador de Kathryn.

Los sentimientos se habían elevado, y tal vez, el representante de la audiencia fue el guardia de seguridad uniformado, con un revolver atado a su cintura. Conforme el solista Jimmy McDonald cantó la antigua canción de seguridad, *It Is Well With My Soul* (Está bien, con mi alma está bien), las lágrimas empezaron a deslizarse por el rostro del guardia. Olvidando que estaba de guardia, alzó ambas manos y se unió a McDonald:

«Mis pecados, ah, la felicidad de éste
  glorioso pensamiento;
No parte de mis pecados, sino todos ellos
Han sido clavados en la cruz, y ya no
  los oiré más,
  Alaba al Señor, alaba al Señor, oh alma mía.»

Y luego se unió a miles de otros en el coro: «Está bien, con mi alma está bien».

Un comediante judío del Circo Maximus le había rogado a su audiencia que asistiera a la reunión de Kathryn. Dijo que él iba a estar allí y luego añadió, «Kathryn Kuhlman es toda una mujer».[8] Las ocho mil personas que salieron del Centro de Convenciones después de casi cinco horas de servicio estaban de acuerdo: «Kathryn era toda una mujer».

Si la historia de Kathryn Kuhlman pudiese terminar con una alta nota por su triunfo en Las Vegas, el terminar este libro sería fácil. Pero 1975 –su último año de ministerio– fue dañado por la controversia pública con Dino Kartsonakis y Paul Bartholomew, una diferencia con el líder carismático Bob Mumford, los errores morales de empleados de mucho tiempo, y la muerte de su talentoso director del coro, el doctor Arthur Metcalfe.

Sin embargo, para aquellos que estaban dentro del ministerio Kuhlman, otra crisis hizo que las otras cosas parecieran poca cosa en comparación con los eventos que cambiaron el curso del ministerio. Fue cuando el relativamente

desconocido Dana Barton «Tink» Wilkerson, Jr. un vendedor de autos de Oklahoma, y su esposa Sue llenaron el vacío que quedó después de despedir a Paul Bartholomew, el
administrador personal de Kathryn. No fue que las personas de Pittsburgh no apreciaran el cuidado que los Wilkerson tenían de Kathryn durante esos críticos momentos. Sí
lo apreciaban. Lo que a ellos no les gustó fue el control que
la pareja tomó sobre Kathryn y, finalmente –como muchos
de ellos lo afirman– el sacar ventaja de una mujer enferma
que era incapaz de tomar decisiones sensatas.

Wilkerson, quien también estaba en la Mesa Directiva
de la Universidad Oral Roberts y vendedor de autos exitosos, siguiendo los pasos de su padre, dijo que Kathryn le
había pedido un consejo legal en Mayo de 1975. Se volvieron casi inseparables hasta su muerte, diez meses después.
Del 6 de mayo hasta el 26 de diciembre –el día en que
Kathryn voló de Pittsburgh a Tulsa para ingresar al Hillcrest Medical Center– Tink dijo que sólo había pasado 35
días en Tulsa. Los otros 234 días estuvo en carretera o en
Pittsburgh con Kathryn.

Tink y Sue Wilkerson creían que cuidaban de Kathryn
como tal vez nadie podía hacerlo. Estaban sirviéndole a
Dios. «Siendo cristianos», le dijo a un reportero de Pittsburgh, «siento que fue una misión ordenada. Pero nuestra
primera motivación fue que éramos sus amigos».[9]

El ser amigos es una cosa, pero lo que los admiradores
de Kathryn no podían comprender es por qué Kathryn volvía a escribir su testamento de dos años atrás, diez días antes de su cirugía del corazón y dejar todo lo que tenía a los
Wilkerson. Se habían conocido diez años atrás, pero fueron
amigos cercanos durante menos de un año.

Muchas preguntas sin respuesta surgieron en Pittsburgh, Los Angeles y Tulsa. Y quedaron sin respuesta.

Después de que Tink y Sue empezaran a viajar con
Kathryn, los empleados de mucho tiempo en Pittsburgh
–desde la veterana de treinta y dos años al servicio Maggie

Hartner para abajo– sintieron un cambio no muy sutil en el comportamiento de Kathryn hacia ellos. Lentamente eran desplazados. «Aunque había días en que [Kathryn] venía a la oficina, ya no era lo mismo», escribió Buckingham. «Maggie visitó menos frecuentemente la casa de Fox Chapel, donde durante años ella y Kathryn iban a relajarse, sentarse, hablar y pasar la noche. Ahora Kathryn limitaba sus conversaciones íntimas a los Wilkerson».[10]

David Verzilli, siempre leal al ministerio, rápidamente se dio cuenta de la tensión que estaba partiendo el ministerio mientras él estaba a cargo del servicio dominical de Youngstown. Todo empezó cuando él presentó a Tink a la congregación de Youngstown y le pidió que diese su testimonio. Después de todo, Kathryn le había dado una posición administrativa no oficial. Habrían pensado que Verzilli acababa de nominar a Wilkerson como el sucesor final de Kathryn. Maggie estaba airada mientras Tink hablaba y le costó tener que esperar para verse con Verzilli después del sermón para expresarle su disgusto.[11]

Después de la muerte de Kathryn, los reporteros de Pittsburgh tuvieron pocas dificultades para descubrir que los empleados de Pittsburgh no gustaban de Wilkerson. Un reportero de *Christianity Today* citó a un empleado que parecía hablar por todos ellos: «Sentimos que nos la había robado», dijo amargamente.[12]

Pero otros no estaban de acuerdo.

Verzilli le dijo a un reportero de Pittsburgh después de la muerte de Kathryn, que él realmente admiraba a Wilkerson y añadió que al principio estaba disgustado, al pensar que Wilkerson había invadido la vida de Kathryn. «Pero cuando ella estuvo enferma», añadió, «él la tomó y se entregó a si mismo. Eso me gustó».[13] La señora de Gene Martin estuvo de acuerdo. Un año atrás, Kathryn necesitaba a alguien, dijo ella, «alguien que supiera de negocios».[14]

Tink y Sue Wilkerson pensaban que ellos eran lo que Dios había ordenado. Y aparentemente Kathryn pensaba lo mismo.

Ellos jamás se atreverían a decirle algo a Kathryn, pero algunos pensaban que estaba perdiendo la unción del Espíritu Santo durante los últimos meses. Tal vez, la relación con los Wilkerson jamás hubiera sucedido si hubiese estado cerca del Señor, murmuraban otros.

Jamie Buckingham pensó que el Espíritu Santo se estaba levantando y luego citó a Ruth Fisher, una empleada de mucho tiempo, quien parecía substanciar la afirmación.[15] Un temor que Kathryn compartía en ocasiones era el de llegar a un escenario, lista para un servicio de milagros y encontrarse con un auditorio vacío. Nadie con una imaginación tremenda hubiera podido concebir que eso sucediera. Otro temor era llegar al escenario y que el Espíritu Santo no estuviese con ella. Siempre mantuvo que «si Dios no está conmigo, estoy acabada».

¿Era posible, como lo sugirió Buckingham, que Kathryn hubiese llegado al lugar cuando Dios «ya no fluía», y que hubiera perdido su unción? Pero no era así, según Gene Martin, el hombre de preparación de los servicios de milagros. Y el director del coro, Paul Ferrin, también fue la excepción de los cargos. Los dos estaban de acuerdo en que Kathryn había perdido algo físicamente, pero su último servicio en el Shrine Auditorium el 16 de noviembre de 1975, fue tan poderoso como cualquier otro. Tal vez divagaba más, pero sus sermones siempre divagaban, argumentaban otros. Ellos no vieron ningún cambio en su relación con el Espíritu Santo.

Cuando Kathryn ministró a los estudiantes de la Universidad Oral Roberts en Tulsa, Oral Roberts ilustró su afinidad con el Espíritu Santo como si estuvieran atados juntos. «Es como si estuviesen hablándose los dos y no se pudiera distinguir dónde empezaba Kathryn y dónde terminaba el Espíritu Santo. Había una unidad».[16]

Charles Crabtree vio esa unidad, y eso lo convenció de que tenía una mala actitud hacia ella.[17] Mientras pastoreaba la Primera Asamblea de Dios en Des Moines, Crabtree había criticado a Kathryn. «He escuchado de sus vestidos de $1.500», dijo, «y cómo sale al escenario cantando "Cuan Grande es Él"». Para Crabtree eso era algo contradictorio. Él no se encontraba en la ciudad cuando el comité de Kuhlman se reunió y lo eligió como presidente de un servicio de milagros que se iba a efectuar. No quería tal posición, pero ahora no podía renunciar sin crear un incidente. Como debía, se preparó para la reunión y luego se reunió con Kathryn en la parte trasera del Auditorio de Veteranos, antes de que empezara el servicio. Aquí tuvo la oportunidad de verla de cerca. «¿Por qué te escogió Dios?», le preguntó Crabtree de forma crítica. «No lo sé», Kathryn le respondió honestamente. «Se lo he preguntado cientos de veces. Miles de veces. Y no lo sé». Luego Crabtree escuchó y observó a la mujer que prefería, sobre todas las cosas, ser conocida como «una sierva del Señor». Obviamente estaba bajo una gran presión conforme caminaba de un lado a otro, orando, y esperando en Dios.

Las personas habían viajado grandes distancias y habían esperado durante horas para entrar al edificio. Muchos de ellos estaban sufriendo. Los doctores le habían dicho a algunos que su enfermedad era terminal. El tiempo se había pasado y ya tenía que haber empezado, pero Kathryn continuaba caminando y orando. «¡No puedo salir!», le dijo finalmente al asombrado Crabtree.

Seguía esperando la unción.

Crabtree jamás se olvidará de la escena. «Tuvimos que aguantar la reunión hasta que sintió que tenía la unción». Cuando llegó, se podía decir que casi explotó a través de las puertas y dirigiéndose al escenario en medio de las fanfarrias normales y la ovación emocional.

Ahora director de Decade of Harvest (Década de la cosecha), el programa de evangelismo de las Asambleas de Dios, Crabtree añadió, «¡Jamás la volví a criticar!»[18]

Si había o no una pérdida de la unción del Espíritu Santo durante las últimas reuniones de Kathryn, eso permanece como un punto subjetivo de parte de aquellos que estuvieron con ella durante mucho tiempo. ¿Y quién puede asegurarlo? Pero no hay duda de que 1975 vio a Kathryn empezar a sufrir de serios problemas físicos.

Aunque Kathryn jamás compartió cosas de estas con sus congregaciones –y ciertamente sólo con algunos cuantos de sus empleados– los doctores le habían dicho que tenía un corazón crecido y una válvula mitral defectuosa. La válvula, le explicaron, controla el flujo de sangre de la aurícula izquierda al ventrículo izquierdo; de allí la sangre pasa a través de otra válvula a la aorta, y de ahí al resto del cuerpo. Es un mecanismo pequeño pero extremadamente importante.

Kathryn siempre evitó los hospitales, lo cual indudablemente sucedió por tener un ministerio de sanidad y el pensar que los enfermeros perderían la fe en sus reuniones si sabían que era paciente de alguien. Su primera manera de pensar la condicionó para esto cuando enseñaba que los doctores y los hospitales eran para aquellos que «no habían aprendido a alcanzar y tocar el manto del Señor»,[19] Algo típico de los predicadores que oran por los enfermos es que mantienen en secreto sus propios problemas. Una vez, cuando el predicador de radio C.M. Ward estaba en el hospital, sin confesarle a su audiencia que era un ser mortal y que se enfermaba al igual que ellos, hizo el programa *Revival Time* desde su cama en el hospital. Los oyentes jamás lo supieron. De la misma manera, los que trabajaban con Kathryn sabían que debería tener un problema grande antes de convertirse en una paciente. Eso sucedió en julio y nuevamente en noviembre.

La vista perfecta siempre es 20/20, y en el caso de Kathryn reveló que después del problema cardíaco de julio, debería haber cancelado algunas reuniones, incluyendo la Conferencia Mundial del Espíritu Santo en Israel, cuando ella ministró en Jerusalén y Tel Aviv. No sólo debería haber cancelado las reuniones, sino que también debería haber buscado ayuda médica.

Después de regresar a los Estados Unidos proveniente de Israel, dirigió su reunión mensual en el Shrine Auditorium el 16 de noviembre. Como sucedió, fue su última reunión pública. Y antes de salir del edificio, Kathryn hizo algo que siempre se quedaría en la memoria de Dorothy Martin.

Dorothy, quien trabajaba en la oficina de Kathryn en Hollywood, recuerda haber visto a Kathryn mientras salía del vestidor después de que casi todo el mundo había salido del auditorio. Lentamente caminó hacia la orilla del escenario. «La observé mientras levantaba su cabeza y luego miraba lentamente los asientos vacíos en la galería de arriba», le dijo Dorothy a la amiga de Kathryn, Rhoda Lee.[20] Fue como si durara una eternidad. Dejó caer su mirada a la segunda galería y repitió el mismo movimiento lento y ritual. Luego hizo lo mismo con la planta principal, sin prestar atención a las pocas personas que quedaban. «Sabía que había estado enferma», dijo Dorothy, «pero aun así me preguntaba qué le sucedía». Ella sabría la respuesta en unos cuantos días.[21]

Durante 400 domingos Kathryn había llenado este auditorio con personas de todas las clases de la sociedad. Aquí, ella y miles más pensaban que era vocero de Dios para la humanidad herida. Ahora era como si ella supiera que nunca más estaría en este escenario para dirigir un servicio de milagros con gran energía.

Después de ésta última reunión en el Shrine Auditorium, Kathryn tuvo problemas a través de varias grabaciones de televisión. Al terminar un pesado día frente a las calcinantes luces y las videocámaras, Kathryn estuvo en la habitación de su hotel en condiciones críticas. Tink y Sue Wilkerson la llevaron inmediatamente del hotel al Hospital St. John's en Los Angeles, donde recibió cuidados constantes en la unidad de cardiología. Después, conforme mostró una mejoría, parece que se inclinó por escribir un nuevo testamento, un proyecto desconocido para todos los de Pittsburgh.

Normalmente, las revisiones de un último testamento son menores. Se añaden nuevos beneficiarios o se hacen correcciones para actualizar el instrumento. Sin embargo, si alguien escribe por completo un testamento, probablemente se debe a que algo drástico ha sucedido, especialmente si el documento tenía menos de dos años, como sucedía con el de Kathryn Kuhlman.

En su testamento del 23 de enero de 1974 –en el cual fueron testigos dos empleados, Margaret E. Dillon y Ruth E. Fisher– era obvio que Kathryn quería perpetuar el ministerio de la Fundación por mucho tiempo más después de que terminara el último servicio de milagros. Excepto por una valiosa pintura de 1881 de W. Bourguereau –la cual se la dejaba a Jerome y Helen Stern por haber sido amigos de su hermana Myrtle Parrott– y artículos tangibles que serían distribuidos por Maggie Hartner, la herencia iría a una Fundación. William Houston y el Banco Nacional de Pittsburgh fueron nombrados administradores y E. Gene Martin fue nombrado coadministrador.

Kathryn nombró a su hermana Myrtle y a cuatro empleados –Marguerite Hartner, Charles Loesch, Maryon Marsh, y Walter Adamack– para que recibieran el 5% anual del valor real en el mercado del fideicomiso. Al morir el último de los cinco, el balance del capital iría a la Fundación Kathryn Kuhlman.[22]

El nuevo testamento sería del 17 de diciembre –sólo siete días antes de que Kathryn tuviera una cirugía de corazón abierto– y le daría a los cinco un total de $145.000: Myrtle Parrott $50.000, Maggie Hartner $40.000, Charles Loesch $20.000, Maryon Marsh $25.000 y Walter Adamack $10.000.[23]

Como Kathryn excluyó a la Fundación al escribir el nuevo testamento, no fue sino hasta dos semanas después de su muerte que la Fundación supo del segundo testamento. Primero, Margaret Dillon y Ruth Fisher aparecieron en la corte el 25 de febrero, para iniciar el proceso de prueba del testamento de Kathryn de 1974. Todo salió como se esperaba.

Pero, los seguidores de Kuhlman jamás olvidarán lo que sucedió una semana después. Aún con la profunda impresión de la muerte de Kathryn, la gente de la Fundación de pronto fue informada que el abogado de Tulsa Irvine E. Ungerman y su cliente, D.B. Wilkerson, Jr. aparecieron en la oficina de Registro de Testamentos en Pittsburgh con el misterioso nuevo testamento. El testamento de 1974 fue declarado nulo.

Wilkerson, quien afirmaba haberse enterado del nuevo testamento dos días después del funeral, fue interrogado por numerosos reporteros. Los miembros de la mesa directiva de la Fundación naturalmente estaban preocupados, pues el futuro de la Fundación estaba en juego. Manteniendo su historia, Wilkerson dijo que Kathryn le pidió que llamara a su abogado personal en Tulsa, el 11 de diciembre –no a su abogado en Pittsburgh– cuando se encontraba enferma en Los Angeles.

«Realmente quería creerle», escribió Jamie Buckingham, «sin embargo, algunas de las cosas que me dijo eran difíciles de tragar .... dijo que estaba "tan sorprendido como todos" cuando descubrió que Kathryn había hecho un nuevo testamento y que lo nombraba el beneficiario principal.»[24]

En Pittsburgh, en la mañana del 17 de abril, un encabezado en la primera página probablemente resumía los sentimientos de las personas en la oficina de Carlton House «La Fundación resiente el testamento de Kuhlman». Después de repartir $256.000 a los tres miembros de la familia y a veinte empleados, Kathryn le dejó el resto de las propiedades –incluyendo las piezas de arte y los terrenos– y el dinero que quedó a Sue y Tink Wilkerson.[25] Los empleados de la Fundación se sorprendieron por la revelación y se quejaron de que no hubiese quedado nada para que la Fundación siguiera operando y cómo varios empleados de mucho tiempo fueron misteriosamente dejados fuera del testamento.

El diario sacó otra historia en la primera página al día siguiente. «Herederos sospechan del testamento de Kuhlman. No hacen nada». La mesa directiva se reunió y discutieron la posibilidad de luchar contra el nuevo testamento, pero se votó en contra de cualquier reto legal. Tal vez no hicieron nada en la corte, aunque hablaron mucho.

Inclusive alguien lanzó a la controversia el rumor de que Tink Wilkerson era hijo natural de Kathryn. «Puedo decir sin equivocarme», respondió Tink, «que eso es sólo una calumnia. No hay bases para decirlo. Es completamente un mito.»[26]

En Tulsa su madre lo corroboró y le aseguró a un reportero que investigaba, que ella dio a luz a Tink en Forth Smith, Arkansas, el 30 de mayo de 1931. Luego, la señora Wilkerson empezó a mostrar la tensión que había causado el involucramiento de Kathryn con su hijo. «Mi hijo no es un estafador», afirmó. «Esa mujer sólo necesitaba un amigo .... desearía que jamás hubiera escuchado hablar de ella. No necesitamos esa clase de publicidad».[27]

La gente de Pittsburgh pensaba diferente.

Charles Loesch, empleado de Kuhlman durante treinta años, no habló oficialmente, pero muchos de los fieles estaban de acuerdo con él. «Siento que se aprovecharon de ella por todos lados», se citó a Loesch.

Aunque Loesch tenía destinado recibir $20.000, dijo que no iba a aceptar el dinero. «Simplemente no lo quiero». Y añadió que deseaba ver que el dinero fuera a parar a personas que se lo merecían y que no fueron nombradas en el testamento.

Loesch, quien fue sanado en una de las reuniones de Kathryn, dijo que no había estado con ella para recibir parte de su dinero. «La amaba y amó el trabajo que hacía. Su vida estaba estrictamente dedicada al Señor».[28] Con esa adulación de su mujer predicadora, Charles Loesch sin duda habló del sentimiento de miles más como él. La controversial y misteriosa, aunque muy amada, Kathryn Kuhlman, tal como fue en vida, así fue en su muerte.

Oral Roberts me dijo que fue con su esposa a visitar a Kathryn en el Hillcrest Medical Center justo antes de su muerte. Como era uno de las pocas visitas que Wilkerson admitía en su habitación, Roberts y su esposa fueron al lado de Kathryn y oraron.

«Cuando Kathryn nos reconoció y vio que estábamos alli para orar por su recuperación», recordaba Roberts, «colocó sus manos como una barrera y luego señaló hacia el cielo». Después de retroceder hasta el otro lado de la habitación, la señora Roberts dijo: «No quiere nuestras oraciones. Quiere irse a casa».[29] Los médicos creían que Kathryn había perdido el deseo de vivir, y Myrtle Parrot, la responsable de haber puesto a su pequeña hermana en el ministerio más de cincuenta años atrás, envió el mismo mensaje: «Tink, Kathryn quiere irse a casa».[30]

Y a casa se fue el viernes 20 de febrero de 1976, a la edad de casi sesenta y nueve años. Tink Wilkerson se hizo cargo de los arreglos del funeral en Kirk O'the Heather, en el Forest Lawn Memorial Park de Glendale, California y allí fue sepultada. Aun aquí la controversia rodeó a Kathryn Kuhlman. Wilkerson, de acuerdo a Buckingham, ordenó que nadie debía ver el cuerpo sino Wilkerson y su esposa. Al planear el servicio, Wilkerson le pidió a Oral Roberts que hablara. Pero Roberts no estaba preparado para lo que encontraría en Wee Kirk O'the Heather. «Cuando llegué a la capilla», me dijo Roberts, «supe que Tink me había nombrado el orador principal».[31] Puesto que Roberts había conocido a Kathryn sólo por un corto período, dijo que sentía que otros de Pittsburgh deberían de haber recibido el papel principal. Se sintió honrado en poder dar un tributo a

Kathryn, dijo él, pero se sentía fuera de lugar.[32] Dejando a David Verzilli y a otros fuera del servicio funerario, fue sólo una pequeña bofetada para la Fundación. En unos cuantos días se enterarían del nuevo testamento, una controversia que continúa en la actualidad.

A pesar de la presión obvia sobre Roberts, este hizo lo mejor que pudo para honrar a Kathryn. Más tarde imprimió extractos de su tributo en su revista *Abundant Life* (Vida abundante). Tal vez las personas de la Fundación creyeron que era la persona equivocada para estar en el púlpito, pero apreciaron sus comentarios. «Lo mortal está muerto», Roberts les dijo a los 150 invitados, «pero Kathryn está más viva que cualquier otra persona del mundo». Luego terminó como si estuviera hablando con Kathryn.

«Kathryn, conforme miras el rostro de Jesús en esta mañana, y caminas por la orilla del río, y ves aquel fruto que es para la sanidad de las naciones, quiero que recuerdes que para muchos de nosotros que aún estamos aquí, estamos más cerca del Espíritu Santo de lo que alguna vez lo hayamos estado.

»Entendemos mejor a Jesús. Y cualquiera que haya tenido un miembro de su cuerpo sanado, o un corazón reparado, o un ojo u oído abierto, o un alma salvada, siente algo que no puede expresar con palabras. Y existen personas a las cuales no sabes qué tocaste, pero somos tus hermanos y tus hermanas. Estamos contentos de que hayas andado entre nosotros, pero sobre todo estamos contentos de que el Espíritu Santo sigue caminando entre nosotros y somos uno contigo.»[33]

En contraste con el pretencioso monumento de Aimee Semple McPherson en Forest Lawn's, a 800 metros de allí, la tumba de Kathryn tiene una sencilla placa de bronce.

Kathryn Kuhlman
Creo en los milagros, porque creo en Dios
20 de febrero de 1976.[34]

Miles de admiradores de la sierva de Dios alrededor del mundo, aún se hacen eco al tributo de Roberts: «Estamos contentos de que hayas andado entre nosotros».

Diecisiete años después de la muerte de Kathryn Kuhlman, la Fundación continuaba operando, no en Carlton House –pues fue demolida para la construcción de una autopista– sino en una oficina pequeña. Maggie Hartner y tres más continúan un ministerio de oración, publicación y enviando libros, cintas y otros materiales de su fundadora. El programa de televisión I Believe in Miracles continuó por un poco de tiempo después de la muerte de Kathryn, pero fue discontinuado por causa del costo. Las cintas estuvieron en cincuenta estaciones de radio hasta 1982, pero esas transmisiones también se detuvieron por falta de fondos.

Unas 500 videograbaciones de televisión pueden verse en los Archivos del Centro Billy Graham en Wheaton College, Wheaton, Illinois. Otras películas anteriores y recordatorios han sido donados a los Archivos por la Fundación. Los Archivos piden a las personas interesadas que se pongan en contacto primeramente.

Muchos de los que la apoyaban en el principio de su ministerio han muerto, pero los muchos que aún están con vida y que la conocieron continúan con la adulación. Algunos dicen que jamás han encontrado otra iglesia u otro ministro para llenar el vacío que dejó la dama predicadora. Con respecto a que alguien tome su lugar, están de acuerdo con Ralph Wilkerson, quien dijo: «Si alguien viene diciendo: "Tengo el manto de Kathryn Kuhlman", cuidado; no le crean». Y añadió que el ministerio de Kuhlman no podía ser duplicado.[35]

Tink Wilkerson, el hombre que entró para manejar la vida de Kathryn durante los últimos diez meses, en 1992 fue encontrado culpable por dos cortes de distrito de los Estados Unidos en Oklahoma, por varios fraudes relacionados con la operación de su negocio de autos. Sería liberado de la penitenciaría federal en julio de 1993. Al tener correspondencia con él en 1992, supe que planea escribir un libro sobre Kathryn Kuhlman, el cual, tal vez, responda algunas de las preguntas que se presentan en este y en otros libros.

QUINCE

La gente de Concordia recuerda a Kathryn Johanna Kuhlman

*«Sentía que debía sacudir el polvo de mis pies
[al salir de una casa de Concordia].»*
—HELEN KOOLMAN HOSIER[1]

*«Hay algunas cosas por las cuales debería estar
orgullosa Concordia, pero esta "sierva del Señor",
no es una de ellas.»*
—JAMIE BUCKINGHAM[2]

*«Es injusto y totalmente falso el decir que Kathryn Kuhlman
era despreciada en su pueblo natal.»*
—LARRY C. SKOGEN[3]

PUEDE SONAR EXTRAÑO, pero los residentes de Concordia, Missouri, aún no están seguros de cuándo o dónde nació su ciudadana más famosa.

Kathryn Kuhlman siempre dijo que ella nació en el pueblo, pero jamás decía el año. Dice una leyenda que inclusive San Pedro se dio por vencido y no supo el año de su nacimiento cuando Kathryn llegó a la puerta del cielo, el 20 de febrero de 1976. Las investigaciones señalan el 9 de mayo de 1907 como la fecha probable, y una granja al sur de Concordia como el posible lugar del nacimiento de Kathryn.

Otra pregunta que nos regresa a Concordia es cómo veían las personas a su celebridad. El biógrafo Jamie Buckingham escribió que la gente de Concordia se rebeló en contra de la idea de tener una placa en recuerdo de Kathryn. Basado en este incidente y en otra información que recogió, Buckingham veía a Kathryn como una persona *non grata* en la comunidad donde ella pasó sólo sus primeros diecisiete años de vida. Otra biógrafa de Kuhlman, Helen Koolman Hosier, sentía que «debería sacudirse el polvo de sus pies», después de encontrarse con una mujer que no era admiradora de Kuhlman. Hosier vio su experiencia como algo similar a lo que Jesús le dijo a sus discípulos que enfrentarían al visitar ciertos hogares, en Mateo 10:14: «Y si alguno no os recibiere, ni oyere vuestras palabras, salid de aquella casa o ciudad, y sacudid el polvo de vuestros pies». La sorprendida Hosier entrevistó a otros que tampoco eran seguidores de Kathryn, e incluyó su experiencia en Concordia en un capítulo titulado: «Sin Honor».[4] A otro capítulo lo tituló «¡Concordia! ¿Puede salir algo bueno de ese lugar?»

Kathryn no estaba postulada para una posición en Concordia, pero si lo hubiera estado, parece que hubiera salido mucho mejor de lo que indicaban las encuestas de Buckingham y Hosier. Citando del libro de Buckingham, *Daughter of Destiny* (Hija del destino), Larry Skogen, ahora profesor de historia en la Academia de la Fuerza Aérea de los Estados Unidos, escribió: «Es injusto y totalmente falso el decir que Kathryn Kuhlman era "despreciada" en su pueblo natal».[5] Skogen argumenta que el hombre de negocios Rudy Plaut, de Concordia, lo ayuda a elaborar su caso en la controversia de la placa de Kuhlman. Mientras se trabajaba en el proyecto, Plaut dijo que él «jamás encontró el ánimo al que Buckingham guía a sus lectores a creer que existió».[6] Plaut y otros creen que la controversia sobre la placa fue sacada fuera de proporción. Las donaciones para que se erigiera fueron dadas por gente de Concordia, al igual que por otras personas que no eran de allí. Kathryn podía levantar la ira de algunos ciudadanos a causa de los comentarios que hacía sobre Concordia en la radio y en la televisión, pero aparentemente ella no quería degradar a su pueblo natal.

«Siempre he estado orgullosa del hecho de haber nacido en Concordia», le escribió al editor de *The Concordian*, tres años antes de su muerte, «donde las personas aun son "lo mejor del mundo" y continúan siendo la sal de la tierra, con sus sanos principios y una moral que no ha cambiado a través de estos tiempos tan variables.»[7]

La Universidad Oral Roberts le había otorgado a la señorita Kuhlman un doctorado honorífico en 1972. Pero le dijo a otra persona de Concordia: «El que las personas de mi pueblo natal me honren con la sugerencia de [una placa], es más emocionante».[8]

En mis propias entrevistas con la gente de Concordia, tanto con aquellos que conocieron a Kathryn en su niñez como con las generaciones más jóvenes, encontré indiferencia, pero no hostilidad. Admito que mis entrevistas se llevaron a cabo dieciséis años después de la muerte de Kathryn, y algunas de las personas que Buckingham y Hosier entrevistaron ya habían muerto.

La gente de Concordia que conoció a Kathryn, de los cuales varios de ellos hablaron conmigo, recordaban su niñez y su adolescencia antes de que se fuera del pueblo en 1924 –y antes de que empezara a predicar. La mayoría de las actitudes con respecto a Kathryn, ya fueran negativas o positivas, provenían de lo que se les había dicho a las personas, de lo que habían leído, o de lo que habían escuchado y visto en la radio y en la televisión.

El sentimiento general hacia Kathryn, probablemente, no es diferente al que experimentan otras celebridades en sus lugares natales. Y al igual que otras comunidades que producen celebridades, en Concordia usted puede escuchar y creer todo lo que quiera sobre Kathryn Kuhlman.

Algunas de las actitudes negativas en contra de Kathryn, no hay duda de que provienen de la promoción desvergonzada de la sanidad divina. Cuando la gente de Concordia leyó que Kathryn se convirtió en una «sanadora por fe» (un término que ella misma rechazaba), y acerca de sus grandes reuniones en las cuales el énfasis era la sanidad, muchos de ellos se disgustaron. El decir que toda la gente de Concordia rechazaba la sanidad divina no es verdad. La mayoría simplemente creía que se debía practicar en una sesión de oración más tranquila –no en el auditorio más grande y en las ciudades principales de América.

No hay duda que a otros no les gustó por el hecho de que Kathryn era una mujer en el púlpito, algo que no se veía en las cinco iglesias de Concordia a principios de este siglo. Su carrera de predicadora, la cual empezó poco antes de que se cumpliesen los primeros diez años de que las mujeres podían votar en las elecciones nacionales, fue un esfuerzo pionero y no aceptado en ese entonces, como tampoco lo fue al final de su vida. No importaba lo que dijera o hiciera, Kathryn jamás convencería a algunas personas de Concordia que una mujer podía ser llamada a predicar por el mismo Dios que llamaba a los hombres.

Otros no aprobaban el estilo de vida de Kathryn. No predicaba el evangelio de la prosperidad, pero lo vivía. Cuando se volvió rica y famosa, su estilo de vida en una visita a Beverly Hills no era muy diferente a una visita a Concordia. Si vivía de esa manera cuando regresó a Concordia para mostrar su éxito y afluencia, sólo Kathryn lo sabe.

Algunas personas pudieron estar celosas, piensa el amigo de su niñez, Roland Petering, cuando llegó a Concordia en su Cadillac negro, a principios de los años cincuenta, o posteriormente en una limosina con chofer.

Encontré a pocos seguidores de Kathryn en Concordia, pero a varios que estaban preparados para defender la reputación de Kathryn y de su familia. Una de ellas fue Saverna Miller, de ochenta y dos años de edad. No sabía quien podía hablar en contra de Kathryn y de su familia, ¡pero era mejor que no lo hicieran frente a ella! La señora Miller, quien creció en una granja pero se quedaba en Concordia con su hermana mayor durante la semana para asistir a la escuela primaria luterana, aún se inspira con Kathryn, su amiga de la niñez. «¡Tuvo a Jesús en su corazón y en su mente toda la vida!» exclamó. Más tarde en nuestra conversación, la señora Miller describió la relación de Kathryn con el Señor de otra manera: «¡Tenía a Jesús enfrente de sus ojos!»

La hermana de Saverna vivía a dos casas de Kathryn, así que Saverna, Kathryn y otros amigos de la vecindad jugaban juntos después de la escuela. Y cuando se trataba de jugar, Kathryn jamás trató de obligar a otros para que cumpliesen con sus deseos. «Lo que decidiéramos le parecía bien a ella», dijo la señora Miller. «Era maravilloooooosa», añadió, alargando el «maravillosa» como si ella le hubiese enseñado a Kathryn a pronunciar esa palabra.

Los diarios y revistas escribieron muchas cosas sobre Kathryn que no eran verdad, dijo la señora Miller. «Créame lo que le digo. Yo no miento. ¡Yo le digo toda la verdad!» Deténganse en la casa de la señora Miller durante la época de la cosecha y les dará un paseo por su patio. «Este es un trébol rojo» les dirá con orgullo, «que me dio Emma Kuhlman. Brota cada año».[9]

El nativo de Concordia, Alan Rohman, antiguo banquero y ahora propietario de la tienda Sears en Harrisonville, Missouri, recuerda a Kathryn por su generosidad.

Cuando él era estudiante de bachillerato, a principio de los años cincuenta, una de sus responsabilidades en la tienda de sus padres era el entregar alimentos por el pueblo, en la camioneta de la familia. Durante las visitas ocasionales de Kathryn a su madre, Emma Kuhlman, ella llamaba a la tienda de los Rohman para darles una lista de alimentos. Para esta época, Mamá Kuhlman ya se había mudado de la casa grande de la calle St. Louis, y vivía en una más pequeña al otro lado del pasaje, en la calle Orange. Alan Rohman recuerda haber ido en la camioneta y estacionarse cerca del Cadillac negro de Kathryn. No era únicamente la idea de hacer una entrega a una celebridad lo que le gustaba de este viaje, «era la única cliente de Concordia que me daba una propina, y siempre eran cinco dólares –¡mucho dinero para un chico en bachillerato en el año 1951!»[10]

Otra persona de Concordia que nació mucho después de que Kathryn se fuera del pueblo en 1924, es Gloria Schulze Dover. Sus padres compraron la casa Kuhlman en 1942, y ella creció allí, en la misma casa que vivió Kathryn. Se convirtió en una admiradora de Kuhlman y continúa siéndolo. «Kathryn era una atracción en Concordia», piensa Gloria. «Era demasiado exuberante para algunos, y cuando visitaba a su madre, iba al patio trasero por las mañanas y saludaba a los pajarillos».[11] Algunas personas no podían comprenderlo.

Gloria creció en una iglesia Luterana pero se convirtió en carismática en 1972, después de mudarse a Kansas City. Sufriendo de problemas en los pies, aun cuando le habían hecho una cirugía correctiva, creyó que Dios la podía sanar en una reunión de Kathryn. Con esa esperanza en mente, ella y una vecina tomaron un autobús rentado para ir a Tulsa y asistir a uno de los servicios de sanidad de Kathryn.

Era casi una tontería pensar que podían encontrar a Kathryn entre tanta gente, pero Gloria tenía el presentimiento de que se la encontraría. «Mientras estábamos sentadas cerca del frente, antes de que empezara el servicio, decidí ir al cuarto de baño».

Cuando caminaba por el pasillo, Gloria dio la vuelta en una esquina y casi chocó con Kathryn. Aprovechó la oportunidad para decirle a Kathryn que vivió en su casa de Concordia. «La manera en que me saludo fue irreal. Había personas pidiéndole que se acercara, pero les decía: "Lo siento, pero ahora estoy con una amiga"». El tener a alguien de Concordia de visita en una de sus reuniones elevaba las emociones de Kathryn. Cuando le preguntó a Gloria por qué estaba allí, Gloria le contó el problema de sus pies. «Bien, veremos lo que sucede», le dijo Kathryn con una sonrisa.

A los quince minutos de haber iniciado el servicio, de pronto Kathryn se detuvo y dijo que sentía que Dios estaba sanando a una persona con problemas en los brazos. Gloria ni siquiera había pensado en su hombro y brazo derecho. Se había caído de una escalera desde cinco metros de altura, dislocándose el hombro y fracturándose la clavícula. Después de dos operaciones y de terapia, aun tenía mucho dolor y no tenía movimiento hacia atrás en el brazo. «Los doctores me dijeron que podía tomar aspirinas pero me advirtieron que iba a tener que vivir con el dolor». Ahora, animada por su vecina, Gloria estiró su brazo hacia atrás y tocó su hombro izquierdo. Eso habría sido imposible minutos antes. Cuando Gloria pasó a la plataforma para informar de su sanidad, Kathryn la presentó a la audiencia como «mi amiga de Concordia que vino hasta Tulsa para verme».

Al haber crecido en la iglesia luterana, Gloria no estaba lista para lo que venía después. «El poder de Dios vino sobre mí», explicó, y me contó como había caído al piso. «Después de que me recuperé, Kathryn dijo: "Me gusta mucho, voy a dejar que Dios lo haga nuevamente!"» Y cayó otra vez.

Gloria dijo que jamás fue sanada de los problemas de sus pies, pero jamás se olvidaría de la sanidad que recibió en su brazo. «Hasta ahora tengo mejor movimiento en el brazo derecho que en el izquierdo. Y creo que Dios sabía que necesitaba mi brazo más que mis pies.»

Veinte años después de la experiencia que cambió su vida en Tulsa, Gloria continuaba orando regularmente con sus compañeros de oración. Lee los libros de Kathryn, mira sus videocasetes y escucha los audiocasetes.[12]

Basado en las palabras de Gloria Dover y en la de otros, hay personas de Concordia que tienen a Kathryn en gran estima, a pesar de los pocos que la criticaron a través de los años. Tal vez el grabar las palabras de Larry Skogen en la placa de Kuhlman sería más importante que la fecha de su nacimiento. «Es injusto y totalmente falso el decir que Kathryn Kuhlman era "despreciada" en su pueblo natal».

No era nativo de Concordia, pero es muy probable que el contador de Milwaukee, Frank Markarian, estuviera listo para mudarse a Concordia si su sueño de construir un monumento en recuerdo de Kathryn Kuhlman se cumpliera. Los contadores generalmente no pasan a la historia como grandes personas. Al igual que el peluquero o la maquilladora; ellos conocen a muchas personas de negocios, pero rara vez sus nombres se ven escritos en las noticias de la noche. Markarian comenzó a cambiar todo eso en 1982, cuando se esparció el rumor de que había tenido un sueño maravilloso, el cual involucraba a Kathryn Kuhlman y a Concordia, Missouri. De hecho, Markarian describió su sueño como una visión de Dios.

Este fiel seguidor de Kuhlman veía la placa de Kathryn como un gesto loable del Community Betterment Association, pero difícilmente encajaba con la mujer que puso al pueblo en el mapa. Así que en 1982, seis años después de la muerte de Kathryn, Markarian anunció un programa de cuatro fases para darle a Kathryn el estatus que ella se merecía. Primero, cambiaría la Fundación Kathryn Kuhlman de Pittsburgh a Concordia; segundo, compraría y convertiría en museo y biblioteca la casa de la niñez de Kathryn;

tercero, convertiría la antigua granja Kuhlman en una granja y parque memorial; y finalmente, haría que los restos de Kathryn fueran traídos de California a Concordia.[13]

¿Quién era Frank Markarian? ¿Y por qué se había involucrado tanto en el monumento de Kuhlman –o en lo que indudablemente se convertiría en una capilla de sanidad? Nacido en 1913, descendiente de armenios, Markarian llegó a América en 1923, y se volvió un miembro activo de la Iglesia Apostólica Armenia. Como miembro de la denominación de la Iglesia de la Santa Resurrección, en Milwaukee, trabajó en el consejo y como tesorero de la iglesia. Se postuló para puestos políticos y en una ocasión fue regidor del Sur de Milwaukee. Era un recién llegado con respecto a ser seguidor de Kuhlman, asistiendo a su primer servicio de milagros en 1974. Al igual que miles de otros que quedaron encantados con su ministerio, Markarian empezó a asistir a otras reuniones por todo el país, sosteniendo a la Fundación y escribiéndole cartas a Kathryn –treinta y siete de ellas durante los dos años antes de su muerte, en 1976. Jamás se casó y de pronto Markarian creyó que estaba enamorado de Kathryn y se lo expresó en sus cartas.

«Le escribí cartas de amor, largas cartas de amor», dijo Markarian en 1983. Pero cuando llegó un día a Pittsburgh, para conocer y hacer una cita con Kathryn, dijo: «Su personal no me dejó verla y me desanimaron».[14]

Sin saber que Kathryn estaba muriendo en un hospital de Tulsa en Febrero de 1976, Markarian admitió, al pedir disculpas, que le había enviado una docena de tarjetas por el día de San Valentín. Posteriormente Markarian dijo que Kathryn apreció en sus sueños y le expresó el amor que sentía hacia él. Allí fue cuando nació la idea de la capilla en Concordia.

Armado con su folleto *Greatness of Kathryn Kuhlman* (La grandeza de Kathryn Kuhlman) –el cual cita nueve fuentes, incluyendo a Oral Roberts, David Wilkerson, y a la revista Time– Markarian visitó la pacífica Concordia y discutió sus propósitos con la cámara de comercio, el consejo de la ciudad, el editor del periódico, Gary Beissenherz, y con cualquier otra persona que estuvo dispuesto a escucharlo. Dispuesto a incluir el proyecto en su testamento y donar $100.000, Markarian le mostró al pueblo de Concordia que hablaba en serio respecto a su proyecto. Le dieron una audiencia. La cámara de comercio empezó a calcular los turistas en potencia que llegarían a la ciudad. El alcalde de Concordia, Woodrow Kurth, no se comprometía, diciendo que el consejo no tenía objeciones al monumento «previendo que no le costaría nada a la ciudad». El precavido Kurth también quería dejar en claro que si el proyecto se terminaba, la propiedad pasaría a la ciudad. Markarian aceptó la respuesta de Concordia como algo positivo y salió de la ciudad para dirigirse a Pittsburgh y comunicar su visión a la Fundación Kathryn Kuhlman. Pasar por Maggie Hartner y la mesa directiva de la Fundación era otra cosa.

Cuando el diligente Markarian le dijo a Maggie y a los demás sobre su visión –la cual lo incluía a él como presidente– encontró poco apoyo y nada de espacio para negociaciones. El contador de setenta años de edad hubiera encontrado más fácil correr diez yardas en contra del equipo de fútbol de los Acereros de Pittsburgh que argumentar su caso con la Fundación. Al ver que no convencería a los líderes de la Fundación con su ambicioso plan, Markarian llevó su visión al abogado Joseph A. Battist, y finalmente a la Corte de Peticiones del Condado de Allegheny.

El abogado de la fundación William Houston dijo que la idea no era factible. Los libros de Kathryn, así como sus videos y audiocasetes y otros materiales ya habían sido enviado a los archivos del Centro Billy Graham del Wheaton College en Wheaton, Illinois, y no a Concordia, Missouri.

«Cuándo él habla de salvar, ¿qué hay que salvar?» preguntó Houston. La Fundación tenía algunas propiedades físicas, pero ya se habían hecho arreglos. «Está proponiendo una atracción turística, todo se resume a eso», añadió

Houston. La contestación legal de la Fundación afirmó que los planes de Markarian eran «el producto de las fantasías románticas que él busca materializar a través de involucrarse en la operación de la Fundación».

El abogado Battist, quien decía creer que la visión de Markarian era inspirada por Dios, le dijo a los reporteros que su cliente no se daría por vencido. «El sabe del éxito logrado por los libros y cintas de la señorita Kuhlman, y sabe cuantas personas aún necesitan ser salvas». Y Markarian estaba seguro de que muchos cristianos responderían con donaciones para que se materializara la visión.

Markarian le recordó a los reporteros que cuando Kathryn murió, Oral Roberts profetizó que su ministerio sería más grande después de su muerte de lo que fue en vida.[15] «Yo voy a hacer que se cumpla esa profecía», añadió. Pero la Corte de Peticiones del Condado de Allegheny estuvo de acuerdo con la Fundación, y varias apelaciones también fueron negadas.

«Algunas veces Dios pone obstáculos en nuestros caminos», pensó Markarian, «para hacernos más fuertes y más decididos». Finalmente, el sueño de Markarian jamás se materializó. Aunque él continuó avanzando en su ambicioso plan para Concordia, había muchas cosas en contra para terminarlo. Murió de cáncer en el hospital de Milwaukee, el 21 de agosto de 1988, a la edad de setenta y cinco años.[16]

Actualmente Concordia sigue igual que la última vez que Kathryn visitó su pueblo natal en los años setenta. Al menos hay cinco sitios históricos en el itinerario para los admiradores de Kuhlman, y para los curiosos que llegan alguna vez al pueblo: la granja de la familia, a unos seis kilómetros y medio al sur del pueblo, la casa de la niñez de Kathryn, la iglesia metodista, las tumbas de los Kuhlman en el cementerio Bautista y la placa de Kathryn J. Kuhlman.

El Departamento de Conservación de Missouri, quien compró la granja para una reserva de juegos, ofreció regalar la casa a cualquier persona que quisiera llevársela de la propiedad. Como no hubo quien la quisiera, la casa fue demolida en 1992.

La casa de la niñez de Kathryn en el 1018 de la calle St. Louis aún permanece en pie y en buenas condiciones. Mark Schulze, un regidor de la ciudad y dietista de Lutheran Good Shepherds Home, es el dueño de la casa Kuhlman junto con sus familiares, una de ellas es Gloria Ann Dover.

Frank Markarian no fue el primero que quiso comprar la propiedad, recuerda Schulze. La Fundación Kuhlman discutió la posibilidad de comprarla mientras aún vivían sus padres. Su padre era un inmigrante alemán «testarudo» y no tenía ningún interés en venderla. «Esta es mi casa», le dijo Fritz Schulze a la Fundación, «¡Y voy a quedarme en mi casa!»[17] Cerca de allí está la antigua Iglesia Metodista, el edificio que Kathryn mencionó a menudo como el lugar sagrado en el que se había convertido cuando tenía catorce años. El edificio se mantiene cerrado porque los buscadores de recuerdos de Kuhlman estaban llevándose astillas de la madera.

Sepultados en el cementerio bautista están Joe y Emma Kuhlman –los padres de Kathryn , Myrtle, Geneva y Earl– y los dos hijos de Earl, que murieron al nacer.

El sitio histórico más reconocido es la placa en Main Street (Calle Central), entre el palacio municipal y otra placa que recuerda a los hombres que fueron asesinados por los bushwhackers durante la Guerra Civil. Erigida pocos meses después de su muerte, la placa de Kathryn tiene la siguiente leyenda:

KATHRYN KUHLMAN
Lugar de nacimiento: Concordia, Missouri
Miembro de la Iglesia Bautista
Ordenada como ministro por la
Alianza de Iglesias Evangélicas
Conocida por su
creencia en el Espíritu Santo
Erigido en 1976

El interés en el pueblo natal de Kathryn Johanna Kuhlman no ha cesado. Los residentes que hablan con los visitantes que piden direcciones para ir a la Iglesia Metodista o a la casa de los Schulze, saben que están interesados en algo más que en su arquitectura del tiempo en que el siglo cambiaba; quieren ver por ellos mismos dónde jugaba la traviesa pelirroja durante sus primeros diecisiete años de vida, el pueblo que ella llamaba cariñosamente «mi mundo maravilloso», y el lugar donde las personas son «¡lo mejor del mundo!» Especialmente quieren ver la Iglesia Metodista, dónde Kathryn decía que se encontró por primera vez con el Espíritu Santo y nació de nuevo.

Tal vez de la única cosa que se lamentan los visitantes es que no se haya materializado la visión de Markarian.

O algo aun mejor: que Kathryn Kuhlman con su estilo efervescente y su particular saludo no esté allí para mostrarlo ella misma.

La Fundación Kathryn Kuhlman

A PESAR DE UN PAR de anuncios de que iban a cerrar sus puertas en 1976, y luego en 1982, la Fundación Kathryn Kuhlman continuaba operando en Pittsburgh, en 1993. De ninguna manera como en sus años de auge en Carlton House; ahora tiene una casa mucho más pequeña en Brownsville Road. La Fundación es dirigida por la asociada de Kathryn durante mucho tiempo y secretaria ejecutiva, Maggie Hartner. Los cuatro empleados reciben peticiones de oración, envían sermones de Kathryn Kuhlman en forma de libros, y envían audiocasetes y literatura como continuación de su testimonio. El programa de televisión continuó brevemente después de la muerte de Kuhlman, pero los costos eran prohibitivos. Durante seis años las cintas de radio fueron repetidas en cerca de cincuenta estaciones, pero las contribuciones no fueron suficientes para mantener el programa en el aire.

Para las personas que preguntan cómo pueden conocer a Dios y ver suplidas sus necesidades, Maggie Hartner exclama: «¡Tenemos el privilegio de decirles que la respuesta está en JESÚS!» Con un poco de imaginación se podría pensar que suena como un mensaje de otra era, como un eco del antiguo Carnegie Music Hall, a través de los ríos Monongahela y Allegheny, donde una pequeña pelirroja de Missouri empezó su ministerio mundial en julio de 1948.

Los lectores que deseen escribir a la Fundación pueden dirigir sus cartas a: The Kathryn Kuhlman Foundation, P.O. Box 3, Pittsburgh, Pennsylvania 15230, o llamar al (412) 882-2033.

NOTAS

Introducción

1. Fotografía, Papa Paulo VI y Kathryn Kuhlman, 11 de octubre, 1972, colección Kuhlman, Archivos del Centro Billy Graham.
2. Los 500 videos del programa de Kathryn Kuhlman, *I Believe in Miracles* pueden verse (pero no duplicarse) en los Archivos del Centro Billy Graham. Wheaton College, Wheaton, Illinois.
3. Bob Cleat, «Kathryn Kuhlman: Her ministry in Retrospect», (Kathryn Kuhlman: Una mirada restrospectiva a su ministerio) *National Courier*, 15 de abril, 1977, 11-12. Refiriéndose al libro de Jamie Buckingham *Daughter of Destiny* (Hija del destino).
4. Ann Butler, «Kathryn Kuhlman Calls Her Critic a "Deceiver"» (Kathryn Kuhlman llama a su crítico un mentiroso) *The Pittsburgh Press*, 24 de noviembre, 1974, E-1.

UNO
El primer paso hacia un ministerio de sanidad

1. Emily Gardner Neal, «Can Faith in God Heal the Sick?» (¿Puede la fe en Dios sanar a los enfermos?) *Redbook*, noviembre, 1950, 28-31, 93-95.
2. «4.500 llenan mezquita para escuchar a la mujer que "sana por fe"», *Pittsburgh Sun-Telegraph*, 6 de diciembre, 1948, 6.
3. *Ibid.*
4. *Ibid.*
5. Señora Everett [Myrtle] Parrot, «The Wooing of the Spirit on a Life», (El cortejo del espíritu en una vida) *The Latter Rain Evangel*, junio, 1935, 20.
6. *Ibid.*
7. *Ibid*, 21, y registros del Instituto Bíblico Moody.
8. R. Bryant Mitchell, *Heritage and Horizons* (Herencia y horizontes) (Des Moines: Open Bible Publishers, 1982), 170. Durante la reunión de St. Louis cuando fue destruída la tienda, el músico de Parrot, Audrey Mieir, compuso el coro favorito «Have Faith in God» (Tened Fe en Dios). *The Audrey Mieir Song Book* ed. y comp. Carl Ferre (Burbank: Manna Music, Inc., 1977), 26, 93.
9. Kathryn Kuhlman, *The Whole Armour of God* (Toda la armadura de Dios) (Pittsburgh: la Fundación Kathryn Kuhlman, 1981), 11, 12.

10. Entrevista con Ann Drummond, 11 de diciembre, 1991, Springfield, Missouri.

11. Entrevista grabada de Jamie Buckingham con Kathryn Kuhlman y Myrtle Parrott, dieciembre, 1974, Colección Kuhlman, Archivos del Centro Billy Graham, Wheaton College, Wheaton, Illinois.

12. Jamie Buckingham, *Daughter of Destiny* (Hija del destino) (Plainfield, NJ; Logos International, 1976), 26-27.

13. Entrevista telefónica con David Verzilli, 18 de enero, 1993.

14. Entrevista grabada de Buckingham con Kathryn Kuhlman y Myrtle Parrott.

15. William Cooper, «Faith on Wholesale Basis Pays Dividends to Missouri Evangelist» (El remate de fe le da dividendos a la evangelista de Missouri), *The Pittsburgh Press*, 5 de agosto, 1948.

16. Entrevista grabada de Buckingham con Kathryn Kuhlman y Myrtle Parrott.

17. Kathryn Kuhlman, *A Glimpse into Glory* (Una vistazo a la gloria) (Plainfield, NJ; Logos International, 1979), 9-11.

DOS
El entrenamiento en el oeste
Un secreto bien guardado

1. Entrevista telefónica con Roy Southard, setiembre 1992.

2. Entrevista telefónica con Lottie Anthony y otra amiga de Kathryn, setiembre-octubre, 1992.

3. Registros del Instituto Bíblico Simpson, 1924-26. La escuela ahora se llama Simpson College y se encuentra en Redding, California. Un ministro retirado, Albert Knudson, me contó que su padre se sintió guiado a comprar la mansión de veintiséis habitaciones del presidente de la Metropolitan Life Insurance Co. Su familia compuesta de cuatro personas vivió sola hasta que invitaron a la nueva escuela para que utilizaran el edificio. Se quemó en los años ochenta.

4. Allen Spragget, *Kathryn Kuhlman, The Woman Who Belives in Miracles* (Kathryn Kuhlman, la mujer que cree en los milagros) (Nueva York: New American Library, 1970), 113.

5. Buckingham, *Daughter*, 148.

6. Helen Kooiman Hosier, *Kathryn Kuhlman: The Life She Led, The Legacy She Left* (Kathryn Kuhlman: la vida que llevó, la herencia que dejó) (Old Tappan, NJ: Fleming H. Revell, 1976), 50.

7. Entrevista telefónica con Helen Eckes Roth, 22 de diciembre, 1992. El padre de Helen, John Eckes, era primo en primer grado de la madre de Kathryn. Cuando Howard, el hermano de Helen, quién también es dentista, estaba muriendo de cáncer, Kathryn fue al hospital para

orar por él. Y según dice el amigo de Kathryn, Roland Petering, Kathryn visitó a uno de los hombres más odiados en los Estados Unidos en 1928, William Edward Hickman, quien estaba en espera de ser ejecutado por el asesinato de una niña en Los Angeles.

8. Entrevista telefónica con Lem Stroud, 7 de enero, 1993.
9. Está registrado que la International Church of the Foursquare Gospel de Aimee Semple McPherson, aceptó el relato del secuestro. *The Vanishing Evangelist* (La evangelista perdida) por Lately Thomas, y la película *The Disappearence of Aimee* (La desaparición de Aimee) mostraron el lado escandaloso.

TRES
Creciendo en la ciudad de la armonía

1. William Walkenhorst, Libro de Memorias sin publicar 1876, como lo citó Hosiser, 28.
2. Myrtle Nolte Schickelman, *The Borgstadts* (Libert, Mo., 1980). Este árbol genealógico da como la fecha de nacimiento de Joe Kuhlman en 1865; el obituario en su diario *The Concordian*, del 3 de enero de 1935, dice 1866.
3. Hosier, 24. Hosier toma la mayor parte de su información histórica del libro de memorias de William Walkenhorst.
4. *Welcome to Concordia* (Bienvenidos a Concordia) (Concordia, Mo.: Cámara de Comercio, 1992). Un folleto de cuarenta páginas preparado para Wunderbar Days en 1992, el cual tuvo celebraciones históricas desde mayo hasta diciembre.
5. *Ibid*, 34; el Minute Book, iniciado el 4 de febrero, 1922, Iglesia Bautista, Concordia; según Larry C. Skogen en «Kathryn Kuhlman: A Bio-bibliography», un documento escrito en el departamento de historia, Central Missouri State University, Warrensberg, Mo., Kathryn es nombrada (aunque se deletrea como «Kathryne») el 29 de setiembre, 1939, en una lista como «inactiva», pero en una fecha posterior, aunque desconocida, se le da el estatus de «activa».
6. Parrot, «Wooing of The Spirit» (El cortejo del Espíritu) 18. El artículo es sobre su propias experiencias espirituales. Cuando vivían en la granja antes del año 1910, Myrtle escribió que sus padres no asistían a la iglesia.
7. Entrevista con Ann Drummond, 11 de diciembre de 1991, Springfield, Missouri.
8. Entrevista telefónica con Fern Cullon, 5 de octubre, 1992.
9. Entrevisa grabada de Buckingham con Kathryn Kuhlman y Myrtle Parrott.
10. Entrevista telefónica con Fern Cullon, 5 de octubre, 1992.

11. Entrevista telefónica con Roland Petering, 14 de julio, 1992.

12. *Ibid.* Ver el capítulo 13 sobre relatos de personas que se caían al piso, o eran «golpeadas en el Espíritu».

13. *Ibid.*

14. Cartas de Kathryn Kuhlman a Gary L. Beissenherz, 14 de marzo, 1973, Biblioteca de Concordia.

15. James E. Adams, «Faith Healer's Vanity Survives on Plaque in Her Hometown» (La vanidad de la sanadora por Fe sobrevive con placa en su pueblo natal), *St. Louis Post-Dispatch*, recorte sin fecha.

16. Bill Hazlett, «Kathryn Kuhlman muere a los 66», *Los Angeles Times*, febrero 21, 1976, 1; «Lugar de nacimiento de Kathryn Kuhlman», bienvenidos a Concordia (1992), 29.

17. Entrevista grabada de Buckingham con Kathryn Kuhlman y Myrtle Parrott.

18. *Ibid.*

19. *Ibid.*

20. *Ibid.*

21. *Ibid.*

22. *Ibid.*

23. *Ibid.*

24. Entrevista de Larry Ahlborn con un residente de Concordia.

25. Skogen, «Kathryn Kuhlman: A Bio-bibliograohy», 3, 4, 5, Skogen cita la cinta de Kathryn, «An Hour with Kathryn Kuhlman» (Una hora con Kathryn Kuhlman), y Buckingham, *Daughter*, 17,18.

26. Parrott, «Wooing of the Spirit» (El cortejo del Espíritu), 20. Está claro que Myrtle escribió este artículo cuando todavía vivía su padre, pero no fue publicado sino hasta seis meses después de su muerte. Kathryn le dijo al cuerpo de estudiantes de la universidad Oral Roberts, a principios de los años setenta, que su padre había perdido prácticamente todo lo que tenía y que sólo le había dejado un billete de un dólar. Esta grabación en video es la única referencia en que he visto a Kathryn hablar sobre las pérdidas de su padre.

CUATRO
Kathryn en el púlpito

1. Raymond Browning, *My Christian Experience* (Mi experiencia cristiana) (Louisville: Pentecostal Publishing Co., s.f.), 5.

2. Kuhlman, *A Glimpse into Glory*, (Un vistazo a la gloria), 11.

3. Buckingham, *Daughter*, 35-37. Años siguientes a los problemas matrimoniales, Everett se divorció de Myrtle en 1953, citando diferencias irreconciliables, Parrott vs. Parrott, Corte del Condado de Josephine (Oregon), sometida el 23 de Septiembre, 1953.

4. Kuhlman, *A Glimpse into Glory* (Un vistazo a la gloria), 61.

5. *Ibid*, 62.

6. *Ibid*, 64.

7. Maria B. Woodworth-Etter, *Signs and Wonders* (Señales y maravillas) (Indianapolis: Maria B. Woodworth Etter, 1916), 211. De un sermón, «Women's Rights in the Gospel» (Los derechos de una mujer en el Evangelio).

8. *Eugene Register*, 3 de agosto, 1924, citado en el artículo de R. Bryant Mitchell, *Heritage and Horizons* (Herencia y horizontes) (Des Moines: Open Bible Publishers, 1982), 63

9. *Time*, 1 de septiembre, 1924, citado por Geoffrey Perrett, *America in the Twenties* (América en los años veinte) (Nueva York: Simpson & Schuster, Inc., 1982), 198.

10. Kuhlman, *A Glimpse into Glory*, (Un vistazo a la gloria), 12, 13.

11. Hosier, 51.

12. Kuhlman, *op cit*, 11.

13. *Ibid*.

14. *Ibid*, 12.

15. Neal, 93.

16. *Ibid*.

17. Entrevista telefónica con la hermana de Helen, Esther Stratton, 13 de octubre, 1933.

18. «Multitud en iglesia impone record de asistencia». *Twin Falls News*, 24 de enero, 1933

19. Neal, 93.

20.*Ibid*.

21. Alice W. Egbert, «Una nota de agradecimiento» Un recorte en *Twin Falls News*, sin fecha. Un año antes, Kathryn y Helen habían dirigido reuniones en la Iglesia Bautista de Twin Falls. Cuando se iniciaron las reuniones de 1933, Las Chicas de Dios ya habían contratado a Earl Hewitt como su representante.

22. «Se inicia campaña evangelística en una iglesia local». *Twin Falls News*, 7 de enero, 1933.

CINCO
En Denver, desde las montañas hasta el valle

1. Registros de las Asamblelas de Dios. Hewitt salió de las Asambleas de Dios en 1941, por sentir que tanto él como su iglesia eran tratados como si no fueran parte de la familia de la denominación.

2. Richard Carmichael, «Ministro congregacional recibe el pentecostés», *The Latter Rain Evangel*, enero 1932, 23; entrevista telefónica con Adele Carmichael, 19 de noviembre, 1992.

3. *Ibid*.

4. Entrevista telefónica con Lottie Anthony, 1º de noviembre, 1992. C. Rusell Archer, quien se convirtió en pastor de varias personas que estuvieron en el Tabernáculo en Denver, 1943, incluyendo la pareja Fooks, dijo cómo los Fooks dieron generosamente de su tiempo para instruirlo en teología y griego, lo cual le añadió más a su entrenamiento de la universidad bíblica y lo ayudó a prepararse como líder de las Open Bible Standard Churches. (Entrevista telefónica, 8 de noviembre de 1992).

5. «Programa Completamente Muscial para los Servicios de Kuhlman», *Pueblo Chieftain*, 21 de julio, 1933, 10.

6. Neal, 93.

7. William Henry Bernhardt, ed., «The Denver Revival Tabernacle», *Denver Cults: 1934-1937* (investigación no publicada por The Iliff School of Theology, 1937), 65, 66. Bernhardt aparentemente consideraba una secta a cualquiera iglesia que se apartara de la corriente de las denominaciones principales.

8. Entrevista telefónica con Lottie Anthony, 1º de noviembre, 1992.

9. Entrevista telefónica con Lucille Anderson Milton, 18 de noviembre, 1992.

10. Correspondecia y llamadas telefónicas con Paul y Marjorie Ferrin, 1992, 1993, y entrevistas telefónicas con Margaret Tubs Downum, 1992

11. De entrevistas con varias personas que asistieron al Tabernáculo.

12. Entrevista telefónica con Lucille Anderson Milton, 18 de noviembre, 1992.

13. Kathryn Kuhlman, *Nothing is Imposible with God* (Con Dios nada es imposible) (Old Tappan, NJ: Fleming H. Revell Co., 1974), 10.

14. Buckingham, *Daughter*, 60.

15. Watson Argue, compilador, «The Get Acquainted Page» (La página para familiarizarse), «The Story of a Girl Evangelist and the Work God Gave Her», (La historia de la muchacha evangelista y la obra que Dios le dio). *The Latter Rain Evangel*, marzo 1937, 12-13; «La Historia desde el principio». *Tabernacle Journal*, noviembre 26, 1936, 7.

16. Entrevista telefónica con William Watson, 12 de diciembre, 1991.

17. *Ibid.* El hijo y el nieto de Brown son sus copastores en Greeley y Yakima.

18. *Ibid.*

19. Entrevista telefónica con Lottie Anthony, 18 de octubre, 1992.

20. *Ibid.*

21. Entrevista grabada con Millie Heldman, abril 1992, Phoenix, Arizona.

22. *Ibid.*

23. *Ibid.*

24. Kathryn Kuhlman, «My First Healing» (Mi primera sanidad), *Guideposts*, 1971, reimpreso en *Logos Journal*, setiembre-octubre 1971, 4-5.

25. *Ibid.*

26. «Se probó accidente fatal a ciudadano importante», *The Concordian*, 3 de enero, 1935, 1; entrevista telefónica con Lottie Anthony, 1º de noviembre, 1992. Arthur Gulliford, el padre de Helen, había muerto unos meses antes. Trágicamente, tres años después de la muerte de Kathryn, su hermana menor, Geneva, murió al ser arrollada por un auto mientras cruzaba una calle en Long Beach, California.

27. Circularon rumores en el Tabernáculo de que primeramente Helen se enamoró de Waltrip, pero fue Kathryn quien le ganó el corazón. Buckingham escribió que Waltrip vino por primera vez a Denver en 1937. Pero anuncios de periódicos muestran que estuvo allí desde setiembre de 1935: «Escuchen a Burroughs A. Waltrip, el pulpitero de Louisiana», *Denver Post*, 21 y 28 de setiembre, 1935, 7. Para noviembre de 1936 ya había predicado más de doscientos sermones en cuatro campañas y estuvo allí un total de treinta semanas, *Tabernacle Journal*, 26 de noviembre, 1936, vol. 1 no. 7.

SEIS
Fuera de curso con el señor Waltrip

1. Entrevista telefónica con Dennis Brown, 25 de febrero, 1992.

2. Oficina de Registros, Universidad Hardin-Simmons, entrevista telefónica, 16 de marzo, 1992; entrevista telefónica con Glen Adams, 15 de marzo, 1992, solista en las reuniones de tiendas y lider de canto con Burroughs y Jessie Waltrip en 1932 y 1933. Burroughs era hijo de Reuben Albert Waltrip, un ministro metodista que murió de influenza, junto con su hija de ocho años, en 1918, cuando Burroughs era adolescente, *West Texas Conference Journal of the Methodist Episcopal Church South for 1918*, 89.

3. Entrevista telefónica con la señora Carl Sentman, mayo 1992.

4. Rex. G. White, «Una mujer predicadora debe vigilar sus pasos», *Detroit News Pictorial*, 28 de noviembre, 1937. Este artículo con siete fotografías fue encabezado con: «La vida no es un lecho de rosas para la chica evangelista».

5. Buckingham, *Daughter*, 80. Kathryn le dijo a sus amistades que Jessie había dejado a Waltrip, lo cual le daba derecho a poder casarse nuevamente. En mi llamada telefónica con Jessie Waltrip el 14 de agosto de 1992, ella negó esa acusación. Si Waltrip hubiese regresado a Texas en 1938, según lo que supo Thelma Schweizer, de Mason City, en una visita a Austin, es probable que lo hubieran alquitranado y llenado de plumas. (llamada telefónica, 14 de marzo de 1992).

6. *Ibid.*, 129.

7. Kathryn Kuhlman, «La tentación de Jesús», programa de radio *Heart to Hart* número 813, s.f.

8. B.A. Waltrip VS. Jessie Anabelle Waltrip, Decreto No. 13868, Corte de Distrito, estado de Iowa, Condado de Marion, 29 de junio, 1937. A la señora Waltrip se le otorgó la custodia de los dos hijos y Waltrip debía pagarle por cada niño 30 dólares al mes para su manutención. El hecho de que Waltrip utilizara sólo sus iniciales para él y para su hijo, Burrough Allen Waltrip, Jr. en los papeles de divorcio es muy propable que haya sido un esfuerzo por esconder las noticias del divorcio. Buckingham escribió que la señora Waltrip y los niños estuvieron con Waltrip en Denver durante el otoño de 1937, y que el divorció ocurrió después (*Daughter*, 77). Pero la señora Waltrip me dijo que ni ella ni los niños lo vieron jamás después de divorciarse. También la señora Thelma Schweizer, miembro de la mesa directiva de Radio Chapel en 1938, me dijo el 14 de marzo, 1992, que el rumor en Mason City era que Waltrip se había divorciado de su esposa «muy poco» antes de casarse con Kathryn, el 18 de octubre de 1938. Pero el decreto fue otorgado casi dieciséis meses antes de que Waltrip se casara con Kathryn. Como la señora Waltrip no contestó la demanda, el divorcio fue otorgado menos de dos semanas después de que Waltrip lo solicitara.

9. «Waltrip hace planes para Radio Chapel en esta comunidad», *Mason City* (Iowa) *Globe -Gazette*, 30 de Agosto, 1937, 1. Puesto que la mujer predicadora más conocida en el país, la evangelista Aimee Semple McPherson, para este entonces tenía cuarenta y siete años y ya estaba establecida en el pastorado, no hay duda de que Waltrip se sintió seguro al llamar a Kathryn «la joven evangelsita de más éxito en el país». Para diciembre de 1938, Waltrip afirmó que más de 500 personas se habían convertido a través del ministerio de la Capilla.

10. «Waltrip renuncia como director de Radio Chapel», *Globe-Gazette*, 13 de diciembre, 1938, 1. Esta historia en las noticias informó que un médico, E.E. Chapell, le había prestado a la iglesia 30.750 dólares.

11. «La señorita Kuhlman estará aquí», del *Globe-Gazette*, 17 de febrero, 1938, 3.

12. «La joven evangelelista rubia llega a Radio Chapel», *Globe-Gazette*, 19 de febrero, 1938, 16. Waltrip terminó su ayuno después de dieciséis días, cuando anunció que se habían recibido 10.000 dólares. Lottie Anthony dijo que Waltrip le comunicó que Radio Chapel tendría que cortar con la iglesia de Kathryn, en Denver.

13. «La señorita Kuhlman estará aquí el domingo», 19 de marzo, 1938, 2; y «La pianista Helen Gulliford en los servicios de Radio Chapel» *Globe Gazette*, 22 de marzo, 1938, 17. Un anuncio de tres columnas también promocionaba: «La joven evangelista de América» en el número del 19 de marzo.

14. «Radio Chapel frecuentemente en los encabezados de 1938», *Globe Gazette*, 31 de diciembre, 1938, 4B.

15. Historias en *Globe Gazette*: «Waltrip anuncia que Keduce asistirá al servicio del martes», 19 de setiembre, 1938, 2. «Waltrip contraataca a los enemigos de Radio Chapel con el sermón del "hombre loco"», 21 de setiembre, 1938, 5; «Waltrip es demandado por 2.100 dólares», 24 de setiembre, 1938, 1.

16. Buckingham, *Daughter*, 82-83.

17. «Líder evangelista renuncia por matrimonio», *Denver Post*, 4 de noviembre, 1938, 41. En el artículo aparecieron fotografías de Kathryn y Waltrip.

18. Entrevista telefónica con Lottie Anthony, 6 de setiembre,

19. Entrevista telefónica con Keith Williams, 1992. Después Williams recuerda haber asistido a una recepción privada en el Hotel Hanford, donde Kathryn pasó dos horas hablando por teléfono (con Helen Gulliford y Lottie Anthony en Des Moines y con personas de Denver, explicando su decisión de casarse con Waltrip). Williams, como crisitiano nominal antes de que Waltrip viniera a Mason City, dijo que le había entregado su vida a Dios en la tienda y que posteriormente Waltrip lo invitó para que se convirtiera en su asistente. Kathryn y Waltrip lo ordenaron en la Capilla. Más tarde fue al seminario y fundó escuelas bíblicas en las Filipinas.

20. «Burroughs A. Waltrip contrae matrimonio con la señorita Kathryn Kuhlman, la evangelista rubia lo asistirá en la operación de Radio Chapel», *Globe-Gazette*, 19 de octubre, 1938, 2. Departamento de salud y de licencias matrimoniales del estado de Iowa, Burroughs A. Waltrip y Kathryn Kuhlman. Waltrip dijo cumplir treinta y seis años en su próximo aniversario; Kathryn le dijo al oficinista que cumpliría veintiséis en su próximo cumpleaños (de hecho, cumpliría treinta y uno). Kathryn debió pensar que su ministerio en Denver había terminado, ya que dio a Concordia, Missouri, como su lugar de residencia para la licencia matrimonial.

21. Entrevista telefónica con la señora Lester Johnson, Mason City, 13 de marzo, 1992. Según la señora Johnson y otras personas de Mason City, la madre de Waltrip (él la llamaba «Mumsy») vivía con él y se había encariñado con la congregación de Radio Chapel. Hubo informes que decían que se desmayó, supuestamente por el divorcio y nuevo matrimonio. Kathryn también se desmayó a la mitad de la ceremonia, según lo dicho por Buckingham. (*Daughter* 84), y Lottie Anthony.

22. Entrevistas telefónicas con Lottie Anthony, 18 de octubre y 1º de noviembre, 1992.

23. «"No me iré: me quedaré en un esfuerzo por salvar el sueño de mi capilla"», *Globe-Gazette*, 14 de diciembre, 1938, 1.

24. *Ibid*.

25. Otras historias en *Globe-Gazette*: «EXTRA: Waltrip renuncia como

director de Radio Chapel», 3 de diciembre, 1938, 1. «Se consiguen 1.000 dólares –Retraso de la venta de la capilla por el comisario», 19 de diciembre, 1938, 1. «Dicen que salarios "irrasonables" causaron la crisis», 19 de diciembre, 1938, 2. Cuando se habló por teléfono con Thelma Schweizer, me dijo que se quedó en la mesa directiva sólo por querer devolver algo de dinero al doctor Chapell y a otros. Si hubieran permanecido más tiempo podrían haber sido responsables de la deuda.

26. Buckingham, *Daughter*, 86.

27. Entrevista telefónica con Margaret Tubbs Downum, 26 de febrero y 25 de mayo, 1992. Kathryn la puso a cargo de la Iglesia de los niños en el Tabernáculo; también era solista con Keith Williams, 1992.

28. Entrevista telefónica con Keith Williams, 1992.

29. «A la vista el cierre de Radio Chapel», *Globe-Gazette*, 15 mayo, 1939, 2.

30. Entrevista telefónica con la señora Carl Sentman, mayo 1992. «Era demasiado caro cambiar la marquesina, así que Carl continuó la iglesia bajo el nombre de Radio Chapel mientras estuvieron en el edificio». Después, la congregación de Sentman se cambió a otro edificio. Una estación de televisión compró el antiguo edificio de Radio Chapel para sus estudios y oficinas –haciendo a un lado el consejo de Waltrip, de que jamás debería convertirse en un sitio comercial.

31. «Waltrip se despide de Mason City», del *Globe-Gazette*, 17 de mayo, 1939, 1.

SIETE
Dando la media vuelta en un callejón sin salida

1. «Waltrip en el sur», Mason City (Iowa) *Globe-Gazette*, 17 de junio, 1939, 7.

2. Mientras investigaba en la oficina de la Iglesia Evangélica Alianza Cristiana y Misionera, 25 de junio, 1992, conocí al que fue por mucho tiempo, y ahora retirado, director ejecutivo de ECA, Glen Seaborg, quien me contó que se convirtió al salir del bachillerato en una reunión de Kathryn en Joliet, en 1933.

3. «Mujer sanadora por fe agita el Este», *Denver Post*, 15 de octubre, 1952, 44.

4. Los anuncios en los periódicos de Sacramento hablaron de Waltrip como «un notable evangelista», «ganador de almas dinámico», y como «dinámico pulpitero»; un mes después en San Diego, donde sus sermones se centraron en el Espíritu Santo y en la profecía («Rusia, ¿qué está haciendo detrás de la Cortina de Hierro», «¿Fracasarán las Naciones Unidas?», etc.), fue promocionado como «El Evangelista profético más grande de América», «El profeta de primera página», y «El gran evangelista profeta de América».

5. Entrevista telefónica con Jessie Waltrip, 14 de agosto, 1992. Hablando de que Kathryn pensaba que Jessie había abandonado a Waltrip, Jessie me dijo lo que yo ya sospechaba, que había sido al revés. Jessie me dijo que sólo vio a Kathryn una vez. Burroughs Waltrip no solamente olvidó a sus dos hijos, jamás los volvió a ver. Además, voluntariamente no quiso ver a sus nueve nietos.

6. *Ibid.*

7. Ann Butler, «Una amiga hasta el fin .... Y luego algunos», *The Pittsburgh Press Roto*, 16 de marzo, 1980, 31.

8. Entrevista telefónica con Lottie Anthony, 1º de noviembre, 1992.

9. Carta de David Verzilli, 25 de mayo, 1992 y entrevista telefónica del 19 de junio, 1992.

10. Entrevista de Herman Bailey con J. Melvin Stewart en el programa de televisión, «Action Sixties», *Clearwater*, Florida, 1987.

11. Butler, «Amiga hasta el fin», 31.

12. Carta de David Verzilli, 25 de mayo, 1992.

13. Buckingham, *Daughter*, 88.

14. Bill Brisee, «El editor de Mailbag recuerda una historia fascinante», *Globe-Gazette*, 10 de setiembre, 1979; mi llamada telefónica a Thor Jensen, 21 de julio, 1992. Jensen conoció a Waltrip sólo mientras éste estuvo en Mason City, 1937-39, pero lo admiraba y piensa que sus problemas empezaron cuando se casó con Kathryn Kuhlman.

15. Entrevista de televisión Bailey-Stewart.

16. Entrevista telefónica con Lottie Anthony, 1º de noviembre, 1992.

17. Spragget, 114.

18. Buckingham, *Daughter*, 89.

19. «Sanando en el Espíritu», *Christianity Today*, entrevista con Kathryn Kuhlman, 20 de julio, 1973, 6.

OCHO
Con el rumbo correcto en Franklin

1. Waltrip no colocó la fecha en la carta a la Fundametal Ministerial Association (ahora llamada Evangelical Church Alliance), pero la respuesta de A. A. Sorensen es del 8 de mayo, 1946.

2. Según la Oficina de Registros de Hechos del Condado de Allegheny (Pennsylvania), Eva (Eve) P. Conley compró una casa en el área exclusiva de Fox Chapel en agosto de 1949, y aparentemente la cambió por una casa grande cerca de Carnegie Hall, en el 4405 de Bayard, en diciembre de 1950. Pero luego, sin explicación, el registro muestra que nuevamente se hizo propietaria de la casa de Fox Chapel en 1951. Vendió la casa de Bayard en 1953. En 1956, vendió la casa de Fox Chapel a Kathryn Kuhlman.

3. Entrevista con Harry Jackson, 19 de junio, 1992, Franklin, Pennsylvania.

4. Dos de sus famosas antecesoras –Maria B. Woodworth-Etter y Aimee Semple McPherson– mantuvieron los apellidos de sus esposos (Woodworth y Semple) después de volverse a casar al fallecer sus esposos. De su matrimonio en 1938, hasta su separación de Waltrip, Kathryn ha sido conocida como Kathryn Kuhlman Waltrip.

5. Entrevista con Harry Jackson, 19 de junio, 1992.

6. Clarence Pelaghi, «Kathryn Kuhlman, fama que surgió de Oil City», *Oil City Derrick*, 25 de febrero, 1976, 7.

7. Anuncio, *Oil City Derrick*, 15 de junio, 1946.

8. Llamada telefónica con Burnett Thompson, 11 de enero, 1993. Un pianista de nombre Joe no llegó a un servicio en el verano del 46, por ello se le pidió a Thompson que tocara. En años recientes ha estado involucrado con Congregassional Prayer Breakfast y anteriormente fue el asistente administrativo del Congresista Bill Whitehurst (Virginia).

9. No hay duda de que Kathryn haya sido influenciada en sus prácticas de adoración por Chales S. Price, el evangelista de baja educación que escuchara en los años veinte, quien dirigió su propio servicio de cantos sencillamente para darle continuidad al servicio. Otra característica de las reuniones de Price, y que frecuentemente sucedía en los de Kathryn, era la experiencia de «ser golpeados en el Espíritu» (ver más sobre este tema en el capítulo 13).

10. Carta en los archivos de Kathryn Kuhlman. Escrita cerca de 1982, Archivos del Centro Billy Graham, Wheaton College, Wheaton, Illinois.

11. Martha Arkwright, «Ministerio de evangelista tuvo éxito en la localidad», *Oil City Derrick*, 25 de febrero, 1976, 7, y mi entrevista telefónica, 8 de agosto, 1992.

12. Entrevista telefónica con Alice Westlake, 19 de junio, 1992.

13. Arkwright, «Ministerio de Evangelista», 7.

14. Carta de David Verzilli, 25 de mayo, 1992; entrevistas telefónicas, 19 de junio, 1992, 18 de enero, 1993.

15. Matthew J. Maloney, et. al. vs. Kathryn Kuhlman, et al., demanda legal en la Corte de las Peticiones Comunes del Condado de Venango, Pennsylvania, 5 de junio, 1948; Buckingham, *Daughter*, 107-112. Buckingham dijo que hubo una sangrienta batalla por la posesión del edificio antes de que la orden de la corte fuese expedida; otros piensan que más bien fue como una pelea a gritos y amenazas. Maloney continuó operando el Tabernáculo hasta que fue vendido a la Alianza Cristiana y Misionera.

16. «Las personas invaden el tabernáculo de Oil City», recorte de periódico no identificable, 1° de enero, 1949, Archivos del Centro Billy Graham. El Templo de Fe, de hecho, estaba en Sugarcreek, en la

autopista 417 al norte de Franklin, y no en Oil City.
17. *Ibid.*
18. Buckingham, *Daughter*, 112-113. Según Buckingham, Kathryn le enviaba flores al comisario cada año en su día de cumpleaños, hasta que murió veintinueve años después. Buckingham escribió que el divorcio fue pedido en junio de 1948, en Arizona. Después de haber buscado en los quince condados de Arizona, encontré los regitros en el Condado Clark de (Las Vegas) Nevada. El decreto fue expedido el 3 de abril, 1947 (Caso N° 34784, Burroughs Allen Waltrip vs. Kathryn Johanna Waltrip).
19. Editorial WISR, Butler, Pa. 22 de febrero, 1976. Archivos del Centro Billy Graham. WISR fue la segunda estación en transmitir los programas de Kathryn, después de irse a Franklin.
20. Programas de radio de Kathryn Kuhlman #813, 820, y 823. Logos Tapes, 3103 Highway 35, Hazlet, NJ 07730.
21. Carta de un hombre quien firmó como «Un hermano restaurado», 23 de setiembre, 1979, en la colección Kuhlman, Archivos del Centro Billy Graham.
22. *Ibid.*
23. Cartas en la colección Kuhlman, Archivos del Centro Billy Graham.
24. Entrevista telefónica con Pearl Yanosov, 8 de enero, 1993.

NUEVE
«No me llamen una sanadora por fe»

1. Velma Clyde, «Multitud llena auditorio para ver a la mujer que sana por fe», Portland *Oregonian*, 30 de mayo, 1971, 21.
2. Entrevista con Oral Roberts, 30 de mayo, 1971, 21.
3. Spragget, 110. Kathryn Kuhlman, entrevista con Greg Smith, Kansas City, 10 de mayo, 1972. A principios de su nueva fase de ministerio en Franklin, Kathryn no señalaba secciones del edificio donde se estuviera llevando a cabo una sanidad en específico –como lo empezó a hacer después. Las personas sencillamente le decían sobre su sanidad. A principios de este siglo los pentecostales ocasionalmente informaban sobre una persona sanada sin que se hiciera una oración específica por ellos, *Latter Rain Evangel*, agosto de 1913, 6. El nuevo método de Kathryn para ofrecer ayuda a los enfermos no era una novedad, pero fue ella quien desarrolló la idea y la creencia que debería de ocurrir en cada servicio.
4. Kathryn Kuhlman, *I Believe in Miracles* (Englewood Cliffs, NJ: Prentice-Hall, Inc., 1962), 38-43. Spragget, 68-70. Kathryn Kuhlman, *Heart to Heart with Kathryn Kuhlman* (Pittsburgh: The Kathryn Kuhlman Foundation, 1983), 23, 24. Spragget entrevistó a Orr en 1964 y cita al

Departamento de Trabajo e Industria de Pennsylvania, Petición No. 27413, 11 Marzo, 1927.

5. En contraste con la llegada de personas a Franklin a finales de los años cuarenta, la asistencia al Tabernáculo en 1992, el cual es una congregación de la Alianza Cristiana y Misionera, es de cerca de cien personas.

6. Price escribió varios libros sobre la sanidad por fe, sus libros, la revista*Golden Grain* y sus recortes de periódicos están en los Archicos de las Asambleas de Dios, Springfield, Mo.

7. Tres informes largos sobre sanidad en reuniones, que dirigieron los Parrott en Oregon a principios de los años treinta, fueron publicados en *The Latter Rain Evangel*; «Miracles of Healing Wrought» (Sanidades de manufactura milagrosa), setiembre 1933, 21-22. y «Miraculously Healed of a Horrible Disease» (Milagrosamente sanado de una horrible enfermedad) enero 1934, 23-24. Una historia en la primera página del *Atlanta Constitution* del 14 de mayo, 1948, con dos fotografías. «Sanador por fe atrae a muchedumbre» mencionaba a Everett Parrott en una reunión de las Asamblea de Dios de Atlanta.

8. Bernhardt.

9. Anuncio, *Oil City Derrick*, 15 de junio, 1946.

10. Kathryn Kuhlman, *The Lord's Healing Touch* (El toque de sanidad del Señor) (autopublicado, s.f.), 10-11, 14, 27. Datos en el texto indican que este libro fue publicado antes de que iniciara el nuevo ministerio de Kathryn en Franklin, en 1947: no mencionó nada sobre sanidades instantáneas mientras las personas estaban sentadas en el servicio; más bien la práctica era la unción con aceite y la imposición de manos (Santiago 5:14). Y se refiere a la Segunda Guerra Mundial como al «jardín de la victoria» en un contexto.

11. Entrevista telefónica con Lottie Anthony, 1º de noviembre, 1992.

12. Buckingham, *Daughter*, 101.

13. John Kobler, «The Truth About Faith Healers» (La verdad sobre los sandores por fe), *McCall's*, febrero 1957, 77.

14. *Miracle Magazine*, enero 1955. Fraude de Allen por 1.000 dólares en Tennessee, y su relación tanto con *Voice of Healing* y las Asambleas de Dios, se vio dañada. La causa de su muerte en 1970 fue diagnosticada como cirrosis del hígado.

15. «Sanando en el Espíritu», 1081.

16. Entrevista con Oral Roberts, 5 de junio de 1992.

17. Entrevista telefónica con Millie Heldman, 11 de enero, 1993.

18. Kathryn Kuhlman, *God Can Do It Again* (Dios puede hacerlo otra vez) (Englewood Cliffs, NJ: Prentice-Hall, 1969), 5-6.

19. *Ibid.* 254.

20. «Sanando en el Espíritu», 1080. Kathryn ministró a mi suegra en una reunión privada a finales de los años sesenta. Aparentemente, a

través de una palabra de sabiduría, Kathryn reconoció que tenía cáncer de pecho, y oró. Pero jamás se efectuó la sanidad.

21. William Cooper, «Los cojos, enfermos y cargados van a mujer evangelista», recorte de periódico de Pittsburgh no identificado, apróximadamente en agosto de 1948.

22. Grant Wacker, «La tradición pentecostal», *Caring and Curing*, editores Ronald L. Numbers y Darrel W. Amundsen (New York, Macmillan Publishing Co., 1986), 515-516.

23. Ann Butler, «She Believes in Miracles» (Ella cree en los milagros) *The Pittsburgh Press Roto*, 3 de febrero, 1974, 20.

24. Lorraine Cauguin «Kathryn Kuhlman, mujer de milagros» *The Woman*, octubre 1972, 86-87. Citada en la discusión de doctorado de Katherine Jane Leisering, «Un estudio histórico y crítico de la carrera de predicación en Pittsburgh de Kathryn Kuhlman», Universidad de Comunicaciones de la Universidad de Ohio, 1981, 99.

25. Entrevista telefónica con Robert Lamont, 21 de enero, 1993. Lamont le dijo a Kathryn que cuando habló con las personas que se marchaban del edificio sin ser sanadas, la gente hablaba con aprecio de las canciones, de la adoración, del gozo, y de todo lo que Dios estaba haciendo en sus vidas. Había sido una bendición para ellos.

26. Kuhlman, *God Can Do It Again* (Dios puede hacerlo otra vez).

27. Buckingham, *Daughter*, 179.

DIEZ
Una base amistosa en Pittsburgh

1. Butler, «Ella cree en los milagros», 18. Este suplemento de la revista dominical tenía a Kathryn Kuhlman en la portada y la identificaba como «Kathryn Kuhlman, superestrella».

2. La Biblioteca Harry Truman, en Independence, Missouri, tiene dos cartas que se relacionan con Kathryn Kuhlman. Un admirador de Malden, Masssachusetts, invitó al presidente y a su familia a escuchar a Kathryn en la Guerra Coreana, ya que Kathryn, según el que escribía, tenía las respuestas para terminar con el conflicto. La segunda carta fue escrita en Húngaro (traducida en el Departamento de Estado) y le rogaba al presidente que no confiara en los rusos.

3. William Cooper, «Los cojos, enfermos y cargados van a mujer evangelista», recorte de periódico de Pittsburgh no identificado.

4. Entrevista grabada con Millie Heldman, abril 1992.

5. Kuhlman, *I Believe in Miracles*, 97-98.

6. Entrevista grabada con Millie Heldman, abril 1992.

7. Entrevista telefónica con Bill Hall, 18 de junio, 1992.

8. «País, estado y nación», *Bulletin Index*, 6 de noviembre, 1948,

9. *Ibid.*

10. Lew Kent, «La mujer predicadora» *North Pittsburgh Times*, 10 de febrero, 1949.

11. Entrevista telefónica con Audrey Mieir, 9 de diciembre, 1992.

12. Butler, «Amiga hasta el final», 38.

13. William Cooper «Faith on Wholesale Basis Pays Dividends to Missouri Evangelist» (El remate de fe le da dividendos a la evangelista de Missouri), *The Pittsburgh Press*, 5 de agosto, 1948, 8.

14. *Ibid.*

15. Buckingham, *Daughter*, 118-119.

16. Notas de la secretaria Susan Miller indican que un día de campo el 7 de agosto, 1955, en el Templo de Fe, se necesitaron –entre otras cosas– 140 platos de ensalada de papa, 103 platos y 6 platones grandes de frijoles, 50 platos de pollo frito, 28 jamones, 500 tartas, 400 pasteles, y 570 litros de café.

17. Eva (Eve) vendió la propiedad de Fox Chapel a Kathryn en 1956, Contrato, Eva P. Conley a Kathryn Kuhlman, Libro de Hechos del Condado de Allegheny, Pennsylvania, Vol. 3518, 258-59. La propiedad de Fox Chapel fue valuada en aproximadamente 150.000 dólares a la muerte de Kathryn en 1976. El *Pittsburgh Press* sacó las fotografías de la propiedad en Bigelow y Bayard en su edición del 6 de mayo, 1984, y estaba en el mercado por 425.000 dólares.

18. Neal, 93-96. Emiliy Gardner Neal en 1956 escribió sobre su propia investigación de la realidad espiritual en *A Reporter Finds God through Spiritual Healing* (Una reportera encuentra a Dios a través de la sanidad espiritual). Y se convirtió en la escritora fantasma en el libro de Kathryn *I Belive in Miracles*.

19. Kent, «La mujer predicadora».

20. Citado de *Los Angeles Times*, 3 de marzo, 1976, por Todd Vernon Lewis, discusión en doctorado sobre: «Comunicación carismática y sanadores por fe; un estudio crítico del comportamiento retórico», Universidad Estatal de Louisiana, 1980, 224.

21. Leisering, 129-30.

22. *Ibid*, 134.

23. *Ibid*, 140.

24. *Ibid*, 206.

25. Entrevista con Marjorie Close, 18 de junio, 1992.

26. *Ibid.*

27. «Mezquita llena con 4,500».

28. Entrevista telefónica con el doctor Robert Lamont, 21 de enero, 1993. Posteriormente Lamont trabajó como presidente del Fondo Presbiteriano de Ministros durante dieciocho años.

ONCE
Los críticos lanzan sus mejores argumentos

1. «El escritor ve a las mujeres como agradables, pero como las criaturas más crédulas», Archivos del Centro Billy Graham, Wheaton College, Wheaton, Illinois.

2. «Kathryn Kuhlman, ¿buena o mala para nuestra gente?» *The Pittsburgher*, diciembre 1953, 13.

3. Fotografía, Papa Paulo VI y Kathryn Kuhlman, 11 de octubre, 1972. Colección Kuhlman, Archivos del Centro Billy Graham.

4. Certificado otorgado a Kathryn Kuhlman, 29 de abril, 1973, de la ciudad de Los Angeles, colección Kuhlman, Archivos del Centro Billy Graham.

5. «Renuncia diácono en disputa», y «Pastor enemigo del evangelista amenazado en iglesia» recortes sin fecha del *Sun-Telegram*, Archivos del Centro Billy Graham.

6. Buckingham, *Daughter*, 133. Los relatos de Buckingham sobre el desafío está en las páginas 124-135.

7. Recorte no identificado de un periódico de Pittsburgh. El *Akron Beacon Journal* dejó asombrados a los lectores de su historia, colocando un página completa con fotografías en su edición del 24 de agosto, 1952, con el encabezado, «¿Sanadora o charlatana?»

8. Buckingham, *Daughter*, 134.

9. Entrevista telefónica con Charles Billington, 19 de febrero, 1952. Dallas Bullington murió en 1971, cinco años antes de la muerte de Kathryn. Kathryn no fue la primer mujer «sanadora» con quien tuvo disputas Billington. Antes tuvo otra con la evangelista pentecostal Ethel Willets.

10. Major J. Divine, «Father Divine» (Padre Divino) (1880-1965), Afroamericano, nació con el nombre de George Baker, operaba habitaciones comunales, Peace Mission Kingdoms, los cuales albergaban y alimentaban a los desválidos. *Dictionary of Christianity in America*, editores, Daniel G. Reid, Robert D. Linder, Bruce L. Shelley, y Harry S. Stout. (Downers Grove, Ill.: InterVarsity Press, 1990), 359. La semejanza con el ministerio de Kathryn Kuhlman probablemente terminó con programas para ayudar a los necesitados, la devoción de los seguidores y la práctica de la sanidad por fe.

11. «Kathryn Kuhlman: ¿Buena o mala para nuestra gente?» 13.

12. *Ibid*, 12.

13. «Una persona impresionada de Pittsburgh: Impresiones de Kuhlman», *The Pittburgher*, marzo 1954, 11.

14. «Kathryn Kuhlman», *The Pittsburgher*, abril 1954, 6, 7.

15. Butler, «Amigas hasta el final», 37.

16. Doctor William A. Nolen, «En búsqueda de un milagro», *McCall's* setiembre 1974, 83.

17. *Ibid*, 106.

18. *Ibid*, 106-107.

19. *Ibid*, 107.

20. *Ibid*.

21. William A. Nolen, *Sanidad: Un Doctor en Busca de un Milagro* (New York; Random House, 1974). Además de investigar los servicios de mialgros de Kathryn, el libro de Nolen tambien incluye sus investigaciones sobre el sanador por medio de la mente, Norbu Chen, y los cirujanos síquicos Filipinos. Nolen empieza su libro con una frase interesante: «No quiero morir. Jamás. Como dice un ministro amigo mío, "El Cielo es mi hogar, pero no siento nostalgia por él"». Nolen murió después de una cirujía de coronarias en 1986, a los cincuenta y ocho años, irónicamente, diez años después de la muerte de Kathryn Kuhlman y de la misma causa (llamada telefónica con el antiguo asociado de Nolen, Dr. Fred Scnell, Lichtfield, Minnesota, enero 1993).

22. Jim Robinson, «Faith vs. Medicine in Healing» (Fe vs. medicina en la sanidad) *Chicago Tribune*, 20 de octubre, 1974, Sec. II, 6.

23. Ann Butler, «Kathryn Kuhlman Calls Her Critic a 'Deceiver'» (Kathryn Kuhlman llama a su crítico un mentiroso) *The Pittsburgh Press*, 24 de noviembre, 1974, E,1. Kathryn se rehusó a discutir con Nolen después de varias entrevistas, diciendo: «Ya terminé con la promoción de su libro».

24. Dr. H. Richard Casdorph, *The Miracles* (Los milagros) (Plainfield, NJ: Logos International, 1976).

25. *Ibid*, 25-33; y entrevista telefónica, 22 de diciembre, 1992.

26. El doctor fue identificado posteriormente como E. B. Henry y como suegro de Don H. Gross, el escritor del artículo en T*he Pittsburgher* donde se discutía el caso de Henry. Gross también utilizó la sanidad en el capítulo 11 de su libro *The Case for Spiritual Healing* (New York: Thomas Nelson and Sons, 1958). La historia de Henry posteriormente fue relatada en el libro de Spragget *Kathryn Kuhlman, The Woman Who Belives in Miracles* (Kathryn Kuhlman, la mujer que cree en los milagros), 77-81. Henry practicó la medicina hasta su muerte en 1963, a la edad de setenta y tres años.

27. Don H. Gross, «Un médico es sanado», *The Pittsburgher*, nviembre 1954, 6-7, 69-71.

28. Kathryn Kuhlman, *A Glimpse into Glory*.

29. *Ibid*, 63. Este es otro caso de Kuhlman enfrentando rivalidad. Cuando le pregunté a un hombre de Concordia sobre la opinión que tenía Earl Kuhlman sobre el ministerio de Kathryn, me respondió, «Earl decía que era un timo».

30. Kathryn había contratado al músico Dino y más tarde por sugerencia de éste contrató a su cuñado Paul Bartholomew (Rusell Chandler,

«Antiguos colaboradores demandan a Kathryn Kuhlman». *Los Angeles Times* 3 de julio, 1975, ver II, 2.). El *Times* tuvo una correción al día siguiente, declarando que Bartholomew era el único que la acusaba en el caso.

31. Buckingham, *Daughter*, 262.
32. Chandler, «Antiguos colaboradores demandan», 2.
33. Buckingham, *Daughter*, 266.
34. Chandler, «Antiguos colaboradores demandan», 1.
35. *Ibid*, 1. Lois Armstrong, «Kathryn Kuhlman es acusada de no mantener la fe», *People*, 11 de agosto, 1975, 10.
36. Chandler, «Antiguos colaboradores demandan», 2.
37. *Ibid.* Si las propiedades de Kathryn eran tan valiosas como lo afirmó Dino en julio de 1975, bajaron considerablemente en los ocho meses siguientes, ya que en el inventario las propiedades tuvieron un valor de 700.000 dólares.
38. *Ibid.*
39. *Ibid.*
40. Rusell Chandler, «Arreglada demanda en contra de evangelista», *Los Angeles Times* 22 de setiembre, 1975, Sec. II, 3. Buckingham dijo que Kathryn accedió a pagar a Batholomew 75.000 más 16.230,70 por comisiones. El matrimonio que Dino dijo que Kathryn había tratado de impedir –el de él y Debby Keene– terminó en divorcio. En 1991-92 se estaba promocionando a sí mismo como «El primer pianista y showman de América», en el teatro de Branson, Missouri. Aunque Dino me dijo que su agenda estaba demasiado apretada para poder hablar conmigo sobre el proyecto de este libro, escribió palabras halagadoras sobre Kathryn: «Verdaderamente Dios utilizó su vida de forma milagrosa. He visto muchas vidas cambiadas como resultado de su ministerio» (correspondencia, 18 de enero, 1993). Después de una conversación telefónica con Paul Bartholomew con respecto a este libro, prefirió no contestar más mis llamadas telefónicas ni contestar a mis cartas.
41. *Ibid.*
42. Buckingham, *Daughter*, 272.
43. Kathryn Kuhlman, *Great Pilot Are Made in Rough Seas* (Los grandes pilotos se hacen en los mares tempestuosos) (Pittsburgh: The Kathryn Kuhlman Foundation, 1987), 7.
44. Lester Kinsolving, «Religion Today», *Pittsburgh Post-Gazette*, julio 1970.
45. Ruth Walney, «No desde la época de Billy Sunday...», *Pittsburgh Pots-Gazette*, 9 de julio, 1970.

DOCE
El amor es algo que se hace

1. Samuel A. Weiss, «El amor es algo que se hace». Prólogo, Kathryn Kuhlman, *I Believe in Miracles* (Englewood Cliffs, NJ: Prentice-Hall, Inc., 1962), 9. Weiss cita a Kloss, superintendente de la escuela para niños ciegos de Pennsylvania del Oeste.
2. Entrevista con Bev Dietrich Watkiss, 18 de junio, 1992, New Stanton, Pennsylvania. El abuelo Dietrich, quien sufría de cáncer, le habían dado seis meses de vida, pero Bev dice que fue sanado al asistir a los servicios de Kathryn y vivió otros seis años, murió de un infarto.
3. Entrevista telefónica con Wandell St. Clair, 27 de setiembre, 1992.
4. «Evangelista añade 3.036 a fondo», *The Pittsburgh Press*, s.f. recorte con fotografía de la colección Kuhlman, Archivos del Centro Billy Graham, Wheaton College, Wheaton Illinois.
5. Entrevista telefónica con Alton G. Kloss, superintendente retirado. Cuando le pregunté a Kloss si alguna vez Kathryn discutió la posibilidad de que los niños ciegos fueran sanados, él contesto que Kathryn siempre enfatizaba que ella no efectuaba la sanidad; era una especie de canal. Kloss y su esposa aparecieron en tres programas de televisión de Kathryn. Hasta donde recuerda Kloss, Kathryn jamás visitó la escuela de Pittsburgh.
6. Correspondencia, Patrick T. Brooke, Controlador, Wheaton College, 24 de setiembre, 1992.
7. Hosier, 72.
8. David Wilkerson, «Un tributo a Kathryn Kuhlman», *La Cruz y el Puñal*, febrero 1973, 14. Siendo difícil que dos personalidades fuertes trabajen juntas, Kathryn y Wilkerson terminaron con su relación.
9. Informes de prensa, recortes de periódicos, colección Kuhlman. Archivos del Centro Billy Graham; correspondencioa con Maggie Hartner, 30 de junio, 1992. *Kathryn Kuhlman: A Legacy* (Kathryn Kuhlman: Una herencia) (Pittsburgh: The Kathryn Kuhlman Foundation, s.f.). Mientras estaba en Vietnam, Kathryn Kuhlman visitó las áreas de batalla en helicópteros y vehículos militares. Parte de su visita fue filmada y se encuentra en los Archivos del Centro Billy Graham, Wheaton College, Wheaton Illinois. También visitó Hong Kong y se reunió con estudiantes y maestros en el techo de la escuela.
10. Entrevista telefónica con Gart Hunt, 15 de febrero, 1993.
11. *Ibid.*
12. *Ibid.*
13. *Ibid.*
14. Gene Martin, entrevista grabada en 1974, Archivos del Centro Billy Graham; correspondencia y entrevistas telefónicas con Gene Martin, febrero 1992.

15. *Ibid.*
16. *Ibid.* entrevista con J. Phillip Hogan, antiguo director ejecutivo de la División de Misiones al Extranjero, Asambleas de Dios, 13 de febrero, 1993. Hogan describió la relación que tuvo su agencia misionera con Kathryn Kuhlman como algo muy positivo.
17. Correspondencia con Maggie Hartner, 30 de junio, 1992.
18. *Ibid.*
19. Buckingham, *Daughter*, 208.
20. *Ibid.*
21. Entrevista telefónica con Robert Lamont, 21 de enero, 1993.
22. *Ibid.*
23. *Ibid.*
24. *Ibid.*

TRECE
Tocando vidas en todo lugar

1. «Miracle Woman» (Mujer milagrosa) *Time*, 14 de setiembre, 1970. Fotografía de página completa, además de un artículo que muestra a Kathryn orando por un hombre en una reunión de Los Angeles.
2. Aunque Kathryn honró a Aimee Semple McPherson en un programa de televisión entrevistando a los hijos de Aimee, Rolph McPherson y Roberta Salter (#V236, 15 de febrero, 1973), obviamente no le gustaba que las compararan. Un antiguo empleado me dijo que si alguien llamaba a Kathryn «Hermana Kuhlman» le decía que ella no era su hermana. Cuando se le preguntaba si Aimee tuvo alguna influencia en ella, la respuesta breve de Kathryn era, «No, porque jamás la conocí» («Sanidad en el Espíritu», 1.077), y cambiaba de tema. Lo que Kathryn no decía fue que asistió a la escuela de Aimee y escuchaba sus sermones en el Templo Angelus. Reporteros y editores a menudo comparaban a Kathryn con Aimee (Lester Kinsolving, «La sucesora de la hermana Aimee», *Pittsburgh Post-Gazette*, 4 de julio, 1970.
3. Para cuando Aimee tenía treinta y un años, ya había pasado a través de caminos dolorosos. Su primer esposo, Robert Semple, murió un mes antes de que naciera su hija Roberta, en Hong Kong. El matrimonio de Aimee con Harold McPherson terminó en divorcio. y Aimee quedó sola con sus dos hijos pequeños. Trágicamente, cuatro de las mujeres evangelistas más conocidas en este siglo pasaron a través del divorcio –Aimee tuvo dos, las otras dos mujeres aparte de Kathryn Kuhlman y Aimee Semple McPherson fueron Maria B. Woodworth-Etter y Uldine Utley.
4. Una gran diferencia en sus puntos de vista fue cómo promover y enseñar a sus seguidores sobre el bautismo del Espíritu Santo, o la experiencia pentecostal/carismática. Mientras Aimee le rogaba a su

audiencia que buscaran la experiencia, Kathryn rara vez mencionaba lo que consideraba una práctica divisoria. Ella era pentecostal pero evitaba el tener un problema por tal experiencia.

5. Aimee Semple McPherson, de cincuenta y cuatro años, murió en sus sueños después de predicar en Oakland, California, el 26 de setiembre de 1944, después de una «aparente sobredosis accidental de una receta médica» (Cecil M. Robeck, Jr., «Aimee Semple McPherson» *Dictionary of Pentecostal and Charismatic Movements*, editores, Stanley M. Burgess y Gary McHee [Zondervan: Grand Rapids, 1988], 569).

6. Kathryn Kuhlman, *Victoria en Jesús y el toque de sanidad del Señor* (Pittsburgh: The Kathryn Kuhlman Foundation, 1986), 7.

7. Maude Aimee Humbard, *Maude Aimee ... I Look to the Hills*, (Akron: Rex Humbard Ministry, 1976), 116-117.

8. «Kathryn Kuhlman llena Arena de Cleveland», libro pequeño de fotografías sin fecha, de The Kathryn Kuhlman Foundation.

9. Cobina Wright, «Un servicio para los enfermos», *Los Angeles Herald-Examiner*, 29 de agosto, 1965; Dan L. Thrapp, «Mujer predicadora habla de sus "Servicios de milagros"» *Los Angeles Times*, 12 de setiembre, 1965.

10. David Edwin Harell, *All Things Are Possible, The Healing and Charismatic Revivals in Modern America* (Todo es posible, la sanidad y los avivamientos carismáticos en la América moderna) (Bloomington, Ind.: Indiana Univeristy Press, 1975), 91.

11. Ernie Tavilla, laico de las Asambleas de Dios y director internacional de Full Gospel Business Men's Fellowship International, me dijo en una entrevista telefónica en enero de 1993, sobre su involucración con Kathryn Kuhlman en la controversia. Había estado muy allegado a Bob Mumford, Derek Prince y otros líderes de Christian Growth Ministries, quienes promovían las enseñanzas de pastoreo. Mientras patrocinaba a Munford y a Prince en reuniones através del noreste, Tavilla empezó a notar enseñanzas de pastoreo que no eran conforme a las Escrituras. En 1975, Kathryn lo llamó y le pidió información sobre la enseñanza. Había recibido dos cartas de mujeres que la habían estado apoyando durante años, pero que ahora le decían que habían comprendido através de las enseñazas del pastorado que las mujeres no debían estar en lugares de liderazgo y que sus diezmos deberían ir a sus pastores. Tavilla le dijo a Kathryn lo que sabía al respecto y la previno de que era algo que estaba creciendo con rapidez. Kathryn terminó de hablar con Tavilla y llamó a Dan Malachuk con su ultimátum sobre la reunión en Israel.

12. Buckingham, *Daughter*, 284-288. En lo que hubiera asombrado a Kathryn si hubiese estado con vida, posteriormente Mumford pidió disculpas publicamente por los extremos y los resultados que había tenido el movimiento del pastorado (Robert Digitale, «An Idea

Whose Time Has Gone?» [¿Una idea cuyo tiempo se ha terminado?] *Christianity Today*, 19 de marzo, 1990, 38-40, 42). Intenté entrevistarme con Mumford, pero no estaba dispuesto a discutir la controversia Kuhlman diecisiete años después; me escribió el 21 de agosto de 1992 «Honestamente no estoy interesado en involucrarme con este libro, confío que me comprenderá».

13. Spragget, 119.
14. Correspondencia de Maggie Hartner citada por Leisering, 110.
15. Buckingham, *Daughter*, 248.
16. Kathryn Kuhlman, *Captain LeVrier Believes in Miracles* (El Capitán LeVrier cree en los milagros) (Minneapolis Bethany Fellowship, Inc., 1973), 63.
17. Entrevista telefónica con Richard Roberts, 2 de febrero de1993. Cuando le pregunté a Roberts sobre ser «golpeado en el Espíritu», me dijo que conforme empezó a predicar a principios de los años ochenta, alguien profetizó correctamente que esta experiencia también sería parte de su ministerio.
18. *Ibid*.
19. Entrevista telefónica con Jill Walker, 2 de febrero de 1993.
20. Mis cuatro interrogatorios a Benny Hinn en 1992 no fueron respondidos.
21. Leisering, 140.
22. Charles y Frances Hunter, *The Two Sides of a Coin* (Los dos lados de la moneda) (Van Nuys, California: Time Light Publishers, 1973), 31.
23. Francis MacNutt, «Vencido por el Espíritu», *Charisma*, octubre 1992, 48.
24. Entrevista telefónica con Russ Bixler, 8 de enero, 1993.
25. William Taylor, *Ten Years of Self-Supporting Missions in India* (Diez años de misiones autosostenidas en India) (New York; Phillip & Hunt, 1882), 106-11.
26. *Ibid*.
27. Correspondencia con Raymond Bates, 18 de mayo, 1992.
28. Dennis y Rita Bennett, «Falling Under the Power ... A Valid Experience?» (Cayendo bajo el poder .... ¿Una experiencia válida?) *Logos Journal*, mayo/junio 1978, 68. El sacerdote episcopal Dennis Bennett fue identificado con el inicio del movimiento carismático, después de un informe sobre su bautismo en el Espíritu Santo en Van Nuys, California. Apareció en la revista *Time*.
29. Aimee Semple McPherson, recorte de su artículo que apareció en un número de *The Bridal Call*, 5. Rolph McPherson envió el recorte como respuesta a mis preguntas sobre caer en el Espíritu, 30 de abril, 1980.
30. Entrevista telefónica con David Verzilli, 18 de enero, 1993.
31. Entrevista con Oral Roberts, 5 de junio, 1992. Tulsa, Oklahoma.
32. Entrevista con James Hamill, 15 de agosto, 1992, Tulsa, Oklahoma.

33. Entrevista con David Womack, diciembre de 1992.
34. Entrevistas telefónicas con Lottie Anthony, Lem Stroud, Wendell St. Clair, y David Verzilli, 1992.
35. Ezra Copin, *Slain in the Spirit* (Golpeado en el Espíritu) (Harrison, Ark.: New Leaf Press), 8.
36. Correspondencia con David du Plessis, 1980. Du Plessis dijo que no oraba por que las personas fueran bautizadas en el Espíritu Santo al menos que estuvieran sentadas, (por temor a que calleran en el piso) como lo estaban las 120 personas en el día de Pentecostés.
37. Al preguntarles si alguna vez habían visto que Kathryn se cayera, dos antiguos asociados me dijeron que jamás la habían visto en el piso, pero que sí la habían visto agarrarse de personas o del piano para no caerse. Sin dar detalles, Kathryn le dijo a la reportera Ann Butler que sí había sido golpeada en el Espíritu (*Pittsburgh Press Roto*, 3 de febrero, 1974, 22).
38. Wayne Warner, «El día de María en la corte», *The Woman Evangelist, The Life and Times of Charismatic Evangelist Maria B. Woodworth-Etter* (La mujer evangelista, la vida y época de la evangelista carismática Maria B. Woodworth-Ettter) (Metuchen, NJ: The Scarecrow Press, 1986), 216-33. El fiscal la acusó de pretensiones falsas, porque María oraba por los enfermos y recibía ofrendas en los mismos servicios. En una nota positiva, la defensa llamó a varios testigos a declrar, quienes testificaron que habían sido sanado en las reuniones de María.
39. Entrevista telefónica y narración grabada con Ernie Tavilla, 21 de enero, 1993. Tavilla, quien es capellán voluntario del equipo de béisbol los Medias Rojas de Boston, se consideraba a sí mismo como un «constructor de puentes» entre las diferentes tradiciones cristianas.
40. Idem; Robert D. Whitaker, Franklin S. Prosnitz, James A. Rosenthal, «14.000 personas en "Servicio de Milagros" de la evangelista Kuhlman», *The Providence Sunday Journal*, 16 de junio, 1974, 1.
41. Kenneth May, «Amanecer canadiense», Kuhlman, *God Can Do It Again* (Dios puede hacerlo otra vez) 48-63.
42. Judy McWhinney, «Los milagros ocurren, dijeron 4.000 personas», Toronto Telegram, 5 de agosto, 1969.
43. Mary Pettigrew, «Mírenme todos, estoy caminando», Kuhlman, *God Can Do It Again*, (Dios puede hacerlo otra vez), 231-250.
44. «Los "Sanados por la fe" dicen como sucedió», *Toronto Telegram*, 5 de agosto, 1969.
45. Entrevista telefónica con Mary Pettigrew, 6 de enero, 1993. Según la señora Pettigrew, Kenneth May –quien había sido sanado de la enfermedad de Hodgkins– vivió hasta los años setenta y murió de un ataque al corazón.

CATORCE
Hacia casa

1. Ann Butler, «Kathryn Kuhlman: Faith's Miracle to Ill» *Pittsburgh Press*, 26 de febrero, 1976, 21.
2. Agenda de Kathryn Kuhlman, Archivos del Centro Billy Graham, Wheaton College, Wheaton, Illinois.
3. Inclusive dieciséis años después de la muerte de Kathryn, me encuentro con personas que piensan que la cirujía se llevó a cabo en la Ciudad de Fe de Oral Roberts, en vez de Hillcrest Medical Center. La Ciudad de Fe fue construída cinco años después de la muerte de Kathryn.
4. Correspondencia con Maggie Hartner, junio 1993.
5. El video de Las Vegas puede ser visto en los Archivos del Centro Billy Graham, Wheaton, Illinois, pero desde 1992 no está disponible para su duplicación. La misma política se sigue para los 500 programas en video de, *I Believe in Miracles* (Creo en los milagros), los cuales también están en Wheaton.
6. «Kathryn Kuhlman en Las vegas», *Logos Journal*, julio-agosto 1975, 34. La publicidad que apareció en el número de marzo-abril de *Logos Journal* fue corregida en el número siguiente: Dino tocando el piano no sería mostrado en Western Airlines; Paul Bartholomew no estaría a cargo de los viajes aéreos ni del centro de reservaciones de la convención; y el doctor Arthur Metcalfe no dirigiría el coro. Para cuando el número fue a la imprenta, Dino y Bartholomew habían sido despedidos y Metcalfe había muerto.
7. John Dart, «Religión en Las Vegas: Las iglesias crecen», *Los Angeles Times*, 18 de mayo, 1975. La historia tiene una foto de Kathryn Kuhlman presentando al alcalde Gragson. Gragson es bautista, continúa viviendo en Las Vegas y me contó los buenos recuerdos de la gran reunión en 1975.
8. «Kathryn Kuhlman en Las Vegas», 34-36. Irónicamente, ya que autobuses y aviones rentados trajeron a las personas a Las Vegas desde lugares tan lejanos como Minneapolis –se estiman unas 3.500 personas de fuera– cientos de personas, incluyendo las de la localidad, fueron regresadas del Centro de Convenciones ya repleto.
9. Ann Butler, «"Tink": el hombre en quién confió la evangelista Kathryn Kuhlman», *The Pittsburgh Press*, 11 de abril, 1976, 1.
10. Buckingham, *Daughter*, 289.
11. Entrevista telefónica con David Verzilli, 19 de junio, 1992.
12. Edward E. Plowman, «Probado», *Christianity Today*, 23 de abril, 1976, 46.
13. Ann Butler, «Herederos sospechan del testamento de Kuhlman. No harán nada», *The Pittsburgh Press*, 18 de abril, 1976, 1.

14. *Ibid.*
15. Buckingham, *Daughter*, 281.
16. Oral Roberts, «Un Tributo a Kathryn Kuhlman», *Abundant Life*, mayo 1976, 3. Este tributo es un extracto de lo que Roberts presentó en el servicio funeral.
17. Entrevista con Charles Crabtree, 30 de diciembre, 1992. Springfield, Missouri.
18. *Ibid.*
19. Kathryn Kuhlman, *El toque sanador del Señor*, publicado en privado, s.f., 27.
20. Entrevista telefónica con Rhoda Lee, 15 de abril, 1993.
21. *Ibid.*
22. Testamento de Kathryn Kuhlman, 23 de enero, 1974, Registro de Testamentos, Condado de Allegheny, Comunidad de Pennsylvania, vol. 524, 933-942. Aunque los Stern no fueron nombrados en el segundo testamento, Helen Stern me dijo que Tink Wilkerson les dio la pintura.
23. Testamento de Kathryn Kuhlman, 17 de diciembre, 1975. Registro de Testamentos, Condado de Allegheny, Comunidad de Pennsylvania, vol. 526, 739-748. Otros beneficiarios en el nuevo testamento fueron: su hermana Geneva Dickson (10.000 dólares), su cuñada Agnes Kuhlman (5.000 dólares), Ruth Fisher (10.000 dólares), Steve Zelenko (25.000 dólares), Don Bernard (10.000 dólares), Diane Scot (2.500 dólares), Margaret Dillon (10.000 dólares), Carol Gay (5.000 dólares), Connie Siergiej (2.500 dólares), Ted Siergiej (2.500 dólares), Marie Hartner (2.500 dólares), Linda Nestler (2.500 dólares), Charles Beebee (2.500 dólares), James Miller (2.500 dólares), Paul Ferrin (2.500 dólares), Lee Harity (2.500 dólares), David Verzilli (10.000 dólares), Arthur Loesch (2.500 dólares), James McDonald (5.000 dólares), y Sue y D.B. Wilkerson Jr. («todo el resto y lo que quede de mis propiedades»). El que recibió la mayor parte de dinero por la cantidad de tiempo que pasó con Kathryn Kuhlman fue el abogado de Tulsa, Irving E. Ungerman, quien le cobró al estado 94.184,50 dólares (Programa de distribución, 14 de octubre, 1977, vol. 317, 661).
24. Buckingham, *Daughter*, 5.
25. Abundaron las exageraciones con respecto a las posesiones de Kathryn. Buckingham –al escribir en 1976 sin el beneficio del inventario de la corte– aceptó la cantidad dada por una fuente de información, cuyo nombre no da, que las posesiones valían más de dos millones de dólares. (*Daughter*, 3.) El último inventario de la corte reveló que el valor de las propiedades era de 723.543 dólares. Buckingham también escribió que él «encontraba difícil de tragarse» lo que Tink le había dicho, de que Tink sólo se quedaría con 40.000 dólares (*Daughter*, 5). De hecho Wilkerson recibió 102.633,33 dólares, según

el recibo de la distribución final (Auditoría Vol. 317. 784, Corte de Huérfanos División de la Corte de Peticiones Comunes del Condado de Allegheny Pennsylvania), 14 de abril, 1981. La porción de Wilkerson incluye 3.064,03 dólares en efectivo; el resto fue en joyas (8.309 dólares), un abrigo de leopardo (1.500 dólares), una estola de piel de marta cebellina (4.000 dólares) muebles y obras de arte (85.460 dólares), y libros y discos (300 dólares).

26. Butler, «Tink», 18.
27. *Ibid.*
28. Butler, «Herederos sospechan de testamento», 1, 4.
29. Entrevista con Oral Roberts, 5 de junio, 1992. Tulsa, Oklahoma.
30. Buckingham, *Daughter*, 304.
31. Entrevista con Oral Roberts, 5 de junio, 1992. Tulsa, Oklahoma.
32. *Ibid.*
33. Roberts, 5.
34. Entrevistas telefónicas con Dick Fisher, Forest Lawn Cementeries, 22 de dciembre, 1992 y 9 de abril, 1993, según Fisher, Kathryn compró su parte en el cementerio en 1969.
35. Russell Chandler, «Aparentemente no hay una segunda señorita Kuhlman», *Los Angeles Times*, 1 de marzo, 1976, Sec. 2, 1.

QUINCE
La gente de Concordia recuerda a Kathryn Johanna Kuhlman

1. Hosier, 30.
2. Buckingham, *Daughter*, 14.
3. Skogen, 8.
4. Hosier, 29-34. Los historiadores se refieren a las biografías no críticas, como la que escribió Hosier, como a «hagiografía», término que viene de libros laudatorios escritos sobre los santos. No es una sorpresa que The Kathryn Kuhlman Foundation y sus seguidores hayan preferido el libro de Hosier, junto con el de Roberts Liardon *Kathryn Kuhlman: A Spiritual Biography of God's Miracle Working Power* (Kathryn Kuhlman: Una biografía espiritual del poder milagroso de Dios) (Tulsa: Harrison House, 1990) sobre el libro más objetivo de Buckingham, *Daughter of Destiny* (Hija del destino).
5. Skogen, «Kathryn Kuhlman: A Bio-bibliography», 8.
6. *Ibid.* Rudi Plaut, quien era judío, se rió cuando Skogen le leyó la declración de Buckingham que decía que Plaut era «un admirador devoto de Kathryn Kuhlman» (*Daughter of Destiny*, 12) El papel de Plaut vino como miembro de la Community Batterment Association y como voluntario del comite para recaudar fondos para la placa de Kuhlman.

7. Carta, relacionada con la propuesta de la placa de Kuhlman, para Gary L. Beissenherz, 14 de marzo, 1973.
8. Carta a Harry R. Voit, 31 de julio, 1972.
9. Entrevista telefónica con Saverna (la señora de George) Miller, 1 de octubre, 1992. Trabajó en el comité de flores con la señorita Kuhlman durante los festivales de otoño.
10. Entrevista telefónica con Alan Rohman, 3 de octubre, 1992. Mientras asistía a la universidad, Rohman, jugó en un equipo de béisbol de verano entrenado por Earl, el hermano de Kathryn.
11. Entrevista telefónica con Gloria Dover, 4 de octubre, 1992.
12. *Ibid.*
13. «Seguidor propone conmemoración de Kuhlman», *The Concordian*, Concordia, Mo., 20 de mayo, 1982.
14. Lawrence Walsh, «Abogado de Kuhlman llama a demanda "Fantasías románticas"» *Pittsburgh Press*, 20 de febrero, 1983, A-9.
15. Roberts, 5.
16. «Seguidor propone conmemoración de Kuhlman», *The Concordian*; Lawrence Walsh y Ann Butler, «Seguidor de Kuhlman demanda para salvar a la fundación», *Pittsburgh Press*, 30 de enero, 1983; Associated Press, «Contador busca el avivamiento de la fundación de la evangelista». *Oil City* (Pa) Derrick, 9 de febrero, 1983; «Seguidor de Kathryn Kuhlman aún continúa decidido en cambiar la fundación aquí», *The Concordian*, 23 de junio, 1983; Ruth Rodewall, «Seguidor de Kuhlman persiste en esfuerzo conmemorativo», *The Concordian*, 8 de julio, 1987.
17. Entrevista telefónica con Fritz Schulze, 13 de setiembre, 1992.